石原莞爾の変節と満州事変の錯誤

—最終戦争論と日蓮主義信仰—

伊勢弘志 著

芙蓉書房出版

はじめに

　本書は、満州事変の首謀者として知られる石原莞爾を対象に、これまで明らかにされていなかった石原莞爾の信仰と戦争計画を掘り下げ、同時代の陸軍をめぐる環境と問題とを代表した将校としての石原の人物像に迫る。また、「最終戦争論」が石原によって構想された意義を改めて意味づけることを目的として、満州事変研究における今後の課題を提示する。

　石原莞爾を題材とした著作はこれまでにも多く刊行されてきた。二〇〇五年からの一〇年間に限っても四〇冊に迫る数があげられ、近年はまた増加の傾向にあるようである。そして今後も関心の対象となり続けるのであろう。これほどまでに採り上げられる人物は稀であるし、石原研究の蓄積も決して少なくはない。しかし、石原の言動には未だ解き明かされない謎が多く、受ける評価も様々である。

　人物研究の中でも、石原ほど評価を分かつ対象は珍しいのではないだろうか。事実、石原には評価の付し難い矛盾した言動が多いのだが、同時に注目すべき課題も多い。通常において軍隊は指揮官が指導し、参謀が計画し、下士官が運営し、兵が動くという構造であるが、満州事変やその後の影響において、石原の果たした役割は明らかにこれを逸脱していた。革新的な将校の中でも最も活動的で、関東軍の役割を歴史的文脈のなかに捉え、国家の改革についてもその後の展望までを先見的に語った将校であったともされている。

しかし、そうした影響や石原自身の動機は、どのように形成され、またどのような意味があったのかという問いに対して、石原を語る多くの著作のほとんどは、実は未だに解答していないと言わざるを得ない。石原の評価が困難な原因は、満洲国の建国の際から石原に表れた持論の変節によってである。この「最終戦争」の説明をめぐる変節については未だ明確な解釈が付されておらず、今後はその問題に焦点をあてるべきと思われる。

石原は日蓮主義信仰に支えられた独自の戦略を構築し、独走的な実力行使によって満州事変を実行した。その後、満洲は独立することが予定されるが、満州事変の「首謀者」である石原は当初より独立を望んでいたわけではなく、建国には強く反対していた。ところが、建国の方針が決定されるとわずか数週間の内に独立建国を熱心に支持するようになり、「五族協和」による東亜連盟運動の推進を企図した。以後は、あたかも東亜連盟の実現こそが満洲占領の目的であったかのように語られ、石原がなぜ建国に反対していたのかは不明となっている。

さらに後には、信仰していたはずの日蓮教義の独断的解釈を始め、信仰の母体であった国柱会の上層部からも批判を受けることになる。最終的には「最終戦争論」そのものをも放棄し、日蓮の予言が間違いであったら「キリストが世界を統一する。われわれは甘んじて運命に服従すべきだ*1」であるとか、最終戦争が起きなければ「天皇と心中しようと思わない*2」などと述べて、戦後には日本の非武装を支持するまでに至った。

これまで石原の日蓮信仰の問題は学術研究においては扱われ難く、信仰を主に検証したものはわずかしかない。例えば、入江辰雄氏や白土みどり氏は石原の恒久平和実現への姿勢を認めて、満州事変の動機も石原の信仰心に求めたが、これらの研究では信仰の善性が強調され過ぎたためかその評価は定着せず、その後の研究においては継承されなかった*3。

満州事変についての研究においても、石原の戦争計画と宗教思想は全く別々に扱われていることがほとんどで、先行研究における石原の信仰問題は、一個人の宗教と戦略論に関連はないとして信仰問題を切り捨ててしまう一方で*4、石原における宗教の影響を無視すれば、石原の思想と行動さらには太平洋戦争に至る日本の政治史の重要な一面が欠落するとの指摘がなされており、全く見解が分かれたままである。こうした矛盾する指摘を残したために石原の人物研究は停滞せざるを得なかったし、またこうした研究状況の中では石原の変節問題を直視する研究はさらに限られていくことになったのである。

石原に変節があった事実については、マーク・ピーティー氏によって「石原の見解には首尾一貫しないところがあり満州領有論との矛盾もあるので、石原の独立擁護への変心を、時間的に順を追って後づけることは難しい*5」と、石原の独立建国に対する反対から擁護への変節は指摘されている。また、戦後の非武装論（最終戦争構想の放棄）についても西山茂氏によって、それが石原の「自説の変更」であったということが明確に指摘された*6。但し、いずれもその原因の解明には至っていない。

またピーティー氏は、石原の「最終戦争に関するコメントは、歴史的根拠が極めて貧弱であり、その前提の多くが非常に疑わしい*7」とした上で、石原は当時の他の将校と同様に、元来アメリカに対して優越感を持っており、実際のアメリカにはほとんど興味を持たず、最終戦争論の中ではアメリカが最終戦争に勝利する可能性が認められていなかったと評価している*8。確かに石原は古いアジア観に依拠し、アメリカに対する具体的な研究調査などを行っていた様子もなかった。しかし、満州事変が国家利益を追求する拡大方策に他ならなかったとしても、そのような観点からだけでは石原が何故に「五族協和」や「王道楽土」をあれほどまで熱心に主張したのかを理解することができないとする指摘もあり、そこでは石原の王道論的なアジア連帯論が日蓮信仰と結び付いていることを強調したうえで、石原がアメリカとの間に決戦の起こる事を断言しているのは日蓮主義信仰の影響に他ならないとしている*9。

このような指摘がある通り、石原の変節の問題には、それが解明されなければ満州事変の主体者の決起動機が得られないという、軍事史のみには留まらない研究上での重要な要素が含まれているにも拘わらず、石原本人が満洲領有の必要性を多分に宗教的な言説を用いて説明したために日蓮主義の教義と不可分となり、そのため日蓮信仰が石原についての学術研究においては扱われ難いという上述の研究状況によって解明されてこなかった。即ち、満州事変がどのように起こされたのかという問題については、主体者の動機の考察を欠落させたまま、機会からのみ説明されてきたのである。

満州事変が如何につくられていったのかを解明することは、満洲領有が支持された時代状況の理解に寄与する点において史学研究上の意義ももち得るが、先ずは当時の陸軍の評価を一躍押し上げた満州事変と、陸軍が置かれた環境を理解する前提として、満州事変を主導した石原の思索を説明することが必要である。

他方で日蓮主義研究は近年までに進展してきており、その進展に伴って石原の宗教的背景が解明される必要のあることは再認識されている。なかでも日蓮主義信仰とナショナリズムの関係を説明した松岡幹夫氏は、石原が「究極的に信奉したものが日蓮の教えではなかった」ことを分析し、「宗教的意識を、軍事思想家としての立場から歴史主義的な戦争史観へと展開する方途を模索するうち」に自身にとっての最適な宗教思想である国柱会の信者となった事を説明している*10。しかし同書では、石原の信仰は「状況に応じて否定されたり肯定されたりする」もので、それは「なりゆき」に任せる日本人の思考様式に求められると解釈されており*11、変節の問題は、石原が単にその都度の状況に辻褄を合わせた結果に過ぎないものと理解されているのか、追求されることがなかった。また、石原の行動原理が「元来の霊感」にあったとする解釈から、信仰の動機については検討されることがなく、何故に石原が信仰を必要としたのかが問われなかった。そして、これらの問題を残したまま関連著作は増えていくために石原莞爾や満州事変についての著作は個別分散化したテーマ設定によって刊行が続いている状況が見受けられる。

石原の戦争計画と不可分な信仰の動機が説明されなければ、もはや「最終戦争論」の評価すら困難なのであり、そのため本書は、石原の一大特徴でありながらも論じられてこなかった信仰問題の分析を通して、石原の言動の変遷と日蓮主義信仰の影響、そしてこれまで語られてこなかった石原の人物像を明らかにする。

註

1 石原莞爾『石原莞爾全集』第七巻（石原莞爾全集刊行会、一九七七年）、四七一～四七二頁。

2 同前、四六九頁。

3 入江辰雄『日蓮聖人と石原莞爾』（たまいらぼ、一九八四年）。白土みどり『石原莞爾の戦争放棄論：戦争と宗教・科学と宗教篇』（島津書房、一九八一年）。これらの研究では石原の「王道楽土」を実現するという姿勢を全面的に認めて信仰を評価する。

また、満州事変の侵略性を強調しつつも石原にとっての信仰の重要性を主張する研究として、五百旗頭真「石原莞爾における日蓮宗教（一）〜（二）」『広島大学政経論叢』第一九・二〇巻（広島大学政経学会、一九七〇年、および「石原莞爾における支那観の形成（一）」『広島大学政経論叢』第二一巻（広島大学政経学会、一九七二年）や、秦郁彦「戦争終末思想の再検討」『軍事史学』（軍事史学会、一九九五年）が挙げられる

4 入江昭『日本の外交』（中央公論社、一九六六年）、一一一頁参照。

5 マーク・ピーティー『「日米対決」と石原莞爾』大塚健洋他共訳（たまいらぼ、一九九三年）、一三二頁。

6 西山茂「上行のアドヴェンティスト・石原莞爾」『石原莞爾選集8』（たまいらぼ、一九八五年）所収、三三一頁参照。

7 前掲『「日米対決」と石原莞爾』、七三頁。

8 同前、七五頁参照。

9 前掲「石原莞爾における日蓮宗教（一）」、一二一〜一二三頁参照。

10 松岡幹夫『日蓮仏教の社会思想史的展開』（東京大学出版会、二〇〇五年）、一一〇・一二二頁。

11 松岡、同前、一二八頁。

石原莞爾の変節と満州事変の錯誤
―最終戦争論と日蓮主義信仰―　目次

第一章

＊「つくられた石原莞爾像」―カリスマ神話の形成

日本史上の人物の中でも石原莞爾は一般的な認知度が高く、比較的人気を集めてきた人物である。近現代史に対する「歴史ファン」、あるいは「石原莞爾ファン」にとっては一定の英雄像が受け容れられ、石原に対する全般的な評価としても型破りな人物像が知られていることと思う。

石原に対する評価は、はじめに述べた通りに一様ではないが、当時から賞賛の対象となった華々しい軍事的成功としての満州事変とは裏腹に、その後は東條英機との対立などから失意のうちに陸軍の現役から退き、東京裁判における戦犯の対象にすらならずに歴史の第一線から姿を消したことが、かえって人気につながったところがある。つまり、満州事変の立役者でありながらその後は陸軍から追いやられるという石原の不遇が、逆説的に石原への英雄視を継続させたと言えよう。また、その不遇の原因となった東條英機に対する敗戦責任が訴追され、「悪玉」としての東條のイメージが認知されるほどに、英雄的な石原像は反比例して受け容れられていくことになったのである。終戦以前から「反東條」の姿勢を貫いた石原は、陸軍を追われる格好で郷里の山形県鶴岡市に隠棲し、敗戦後には東亜連盟の同士を引き連れて酒田市の西山に帰農したが、石原への英雄視は、石原に活躍を続けさせればアジア太平洋戦争の勝敗すら変わっていたのではないかとの期待を残させた。
石原の満洲事変の動機について、一部の世評においては、石原にとっては諸民族が協同し「大同」に生きるためには満洲を中国から分離させる必要があり、またそれは満蒙の民衆が望んでいると思われたからで、石原の構想では当時の満洲に住む二〇万の日本人を中心に満蒙を中国から独立させ、日本は独立した満洲に権益を返還して、各民族による協和を基礎とする「東亜大同の思想」を実現するはずであったと言われる。そして、こうした大義が石原に陸軍中央からの命令を無視してまで事変を強行させた理由であるとされるなど、その後に展開される東亜連盟運動こそが満洲事変の動機であるとされることもしばしばである。

満洲事変という出来事は、陸軍のわずかな出先部隊に過ぎない関東軍が主体となって、独断専行により軍事行動を起こし、その後も本国政府の制止を振り切って吉林・ハルビン・チチハル・錦州を次々に攻略し、半年足らずのうちに日本の衛星国家としての満洲国建国までを行った稀有な事例である。そして当時からその「成功」は賞賛された。しかし石原のカリスマ性は、満洲事変による経歴だけでなく、日本の敗戦を具現化させるはずの「東京裁判」の過程におけるエピソードによってつくられた部分も極めて大きい。酒田で農業を行っていた石原は、持病の悪化から一九四六年初頭から東京飯田橋の逓信病院に入院していたが、その病室に訪れた英米の検事らに対して少しも怖じた様子がなく、日本の戦争責任を裁く検事を反対に怒鳴りつけるなどしたことがあった。また石原は自身が戦争指導を行っていたなら、日本は敗戦することがなかったと公言して憚らなかったことや、最も重い戦争犯罪を負うべきは原爆を投下したトルーマン米大統領であると発言したとされ、こうした終戦後のエピソードが伝わるうちに、戦犯として裁かれる

「卑屈な元指導者」らとは反対に英雄像がつくられた一面があるのである（但し、実際の「法廷記録」では、石原は満州事変において謀略を行ったことを徹底して否認している*1）。

このように「つくられた英雄像」は、石原と陸軍幼年学校以来の旧友であった横山臣平が遺した著作の中で、「天才」・「学識抜群」・「研究心旺盛」と絶賛されたことで決定づけられた。例えば、横山は石原を評して「彼は不世出の理想的軍人であるが、とくに偉大な点は、私心がなく事を為すにあたり、まず正義を第一とし、大局的な視野の下に、先の先までのことを洞察して、判断を下し、自分一個の功名を考えず、ただ国家国民のために最善を尽くしたい、という一念しかなかった*2」と惜しみない賛辞を贈っており、石原は天才的な閃きのある人物であると同時に、神がかり的に卓抜した兵学者として描かれている。そして、満州事変以降の日本の道程は、天才兵学者・石原の意図から逸脱したが故に悲惨な結末を迎えたものとして、失策や敗因の根本原因が全て石原の計画通りにならなかったことに向けられるかのような著述となった。その横山による『秘録石原莞爾』は一九七一年に芙蓉書房より刊行されたのであったが、石原を身近に知るはずの横山の証言が、戦後社会の一部における戦前の捉え直しの中で、また一層石原を英雄に仕上げたのである。本書ではこうした問題も踏まえながら、つくられた虚像ではなく、実像を求めるべく以下に石原の思索と当時の環境とを分析していく。

1　石原莞爾の生い立ちと郷土

石原莞爾の人物像を知るために、概説的とはなるが、本書においても石原の生い立ちについては説明しておきたい。

石原は一八八九(明治二二)年一月一八日に山形県鶴岡町に生まれた(戸籍では一七日生まれとされている そうである)。父の啓介は、鶴岡警察署の警部補で、石原家は三河武士の末裔とされていた。東北地方の各地では、近代の幕開けとしての明治維新を抑圧として受け容れねばならない事情があったことはよく言及されることであるが、かつての維新志士の一人であった副島種臣は東北地方の気質が「沈潜の風」であり、強情にして地味であると同時に、教養の修得に専念して反骨精神を養う性質であると評した。

また、石原の生まれた庄内という土地柄についてよく指摘されるのが、西郷隆盛との関係である。幕末期の庄内藩は江戸市中取締りを担当した藩であったが、江戸の警備組織として結成された新徴組が庄内藩御預かりとなり、一八六七(慶応三)年には倒幕運動の取締りのために三田の薩摩藩邸を焼打ちして、鳥羽・伏見の戦いの原因をつくった。それ以来庄内と薩摩には因縁があったのだが、新政府軍が庄内藩に進軍した際には、西郷隆盛が藩主の退去に配慮を尽して敗者を虐げるようなことがなかったため、その後庄内では西郷の人格が高く評価されることになった。庄内藩主は家督を譲り転封した後、一八六九(明治二)年に鹿児島に西郷を訪ねてその薫陶を受け、それらを筆記した『南洲翁遺訓』を作成し、一八九〇(明治二三)年に編纂されることになる。このような土地柄が石原莞爾の人格に影響を与えたのかは全く定かではないわけであるが、石原の強情な気質はこの「東北気質」として理解されることが多いようである。

但し、父の啓介は莞爾少年に対して、

「東北には、ずいぶん、すぐれた人物がいたが、薩長政府にそむいたために、賊という汚名をかぶせられてしまった。維新後、薩長政府は、四民平等というて、士農工商の差別をとりのぞいた。それで農民でも、町人でも、足軽でも、どんな身分のひくい者でも、立派な地位につくことが出來たとはいえ、この恩恵に浴するのは、自分たちの藩だけで、一旦敵となった東北人のことなどは念頭におかなかった。だが、これからは、それでは通らぬ。お前の時代になったら、名ばかりの四民平等でなく、眞の四民平等が實現されて、理非曲直の明白な道義の世界をつくりあげなくては、本當でない*3」と教えていたようで、実際の貧困生活と反藩閥意識とともに東北地方の生い立ちを説明して莞爾を教育していたようである。生活に困窮していた当時の東北地方では、「口減らし」が必要な実態があり、学費の負担が少ない陸軍の学校施設に子どもを行かせることも多く、石原莞爾もそうした子どもの一人であった。

また奇行が有名な石原であるが、学業面では最初から極めて優秀であったことも知られている。少年時代に姉の小学校に付き添っていた入学前の石原に校長が試験をやらせてみるとどの一年生よりも優秀な成績で、そこから数え年六歳にして二年生に編入した。同学校（温海尋常小学校）では翌年に御真影が下賜されたが、拝賀式では警部であった父・啓介も参列した。石原は小学校を卒業した一九九八（明治三一）年に高等科一年に入学し、一九九九年には高等小学校二年に転入する。

転入先の藤島高等小学校では、近所に住む一級上の鳥海克己と毎日のように過ごした。ある日、鳥海が石原に将来の夢を訊ねると「陸軍大将になる」といったことを証言している*4。つまり、石原は実家の経済問題から進路を選択できずに陸軍幼年学校に進学することになるが、それは本人なりに受け容れた上での進路だったと言えそうである。

石原が進学した陸軍の学校とは、仙台にあった陸軍地方幼年学校で、一八九五（明治二九）年五月に勅令により創設された施設である。地方幼年学校では、旧制中学の一年生程度の入学試験を通過した者に入校が許され、入学後は三年間通学してその後に東京の中央幼年学校に二年間在学することになる。幼年学校での学習科目は一般の中学校とさほど違わなかった。

石原や横山臣平が仙台の幼年学校〔以下、陸幼〕に入校したのは一九〇二年九月一日のことで、荘内中学校二年生時に受験して（当時一三歳）、第六期生として合格した。この仙台陸幼においても石原の成績は群を抜いており、開校以来の秀才との定評があった。また少年時代より難しい本を多く読んだという*5。仙台陸幼の生徒は、仙台の第二師団の他に、旭川の第七師団・弘前の第八師団の管区となる地域から集められていたのだが、石原が入学した時は定員に達しなかったため、東京や山口・九州などからも合格者を入校させた。この陸幼で石原は南部譲吉という友人に出会うことになる。

南部譲吉とのエピソードも度々語られてはきたが、入学前日に仙台のホテルに泊まり合わせた南部が、番頭に対して癇癪を起して廊下で騒いでいる石原を目撃したのが、南部にとっての石原との出会いであった*6。また、譲吉の父の南部次郎は、青年期の石原に影響を与えた人物として石原の伝記類などには必ず登場する人物である。そもそもの南部家は盛岡藩主の一族で、維新後は新政府に出仕していた家柄で、次郎は一八七四（明治七）年の台湾出兵時には清国に渡っており、北京では李鴻章や、壬午軍乱の後に幽閉されていた大院君と交流があったと言われている。こうした経歴から、次郎は清国の政情に触れることになり、アジアの中心としての清国で革命を目指すようになる。一九八三年に山東省の芝罘に領事官が設置されると、その領事に就いた次郎は革命運動を企図して「革命党」を結党した。こうした次郎の活動はアジア主義の先駆けとなったために、その後アジア主義の巨頭となる頭山満などもしばしば南部邸を訪れていたという。

石原らがこの後に東京の中央幼年学校に移った後のことであるが、譲吉に連れられた石原は東京牛込の南部邸を訪問し、次郎と出会うことになる。当時七二歳であった次郎は、一八歳の石原に「どうだ、お前も中國人をみると、チャン〱坊主と云うのだろう」と投げかけると、「そうです」と答えた石原をたしなめて、漢民族の歴史が世界的な精神文化に寄与してきたことや、そのような観点からは列強による清国分割が日本にとっては危機的問題であることを説明して、日華が大同する必要を説いた*7。次郎から清国の話を聞かされた石原は、その後も次郎のもとに通うようになり、次第に影響を受けたとのことである。これに従えば、石原は帝国主義的教育を受けた当時の青少年の例にもれず清国を軽視していたが、清国に対する蔑視観は南部次郎によって早々に修正されたようである。

2 日露戦争と世代的位置

石原ら地方幼年学校の六期生は在学期間に日露戦争を迎えた世代であった。日露戦争が終結して講和が結ばれた一九〇五年七月は、ちょうど三年生を卒業するタイミングで、その後の九月に東京市ヶ谷台の中央幼年学校に入校するのである。このような時期での卒業と東京への異動において、彼らは日露戦争の勝利を華やかに迎えたかに思えるが、石原ら中央幼年学校の入校生らにとってその体験は全く異なるものとなった。

日露戦争中の仙台陸幼では、戦勝の報によって祝捷会などが開かれて、市民も参加するなどして盛り上がりを見せた。しかし七月の卒業後には、戦争終結とともに多数の戦病死者の存在も明らかとなった。そして、中央幼年学校入校からわずか五日目の九月五日、ロシアとの講和条約に不満を爆発させた民衆が暴動を起こし、東京市内の巡査派出所や交番に襲いかかるのである。幼年学校の生徒らは、この日比谷焼討ち事件を市ヶ谷台からまさに目撃する。この出来事はその後の石原の戦争観にも影響したように思われる。

出征兵士の中には貧窮した家庭の出身者も多く、応召兵の家族には餓死者もあった。異常気象による冷害があった東北でも、宮城県などでは人口の三分の一にあたる二九万人弱が飢餓状態となったという*8。仙台では奉天占領を祝して仙台城本丸跡の昭忠碑建設予定地で戦捷大会を開催し、五千人にものぼる参加者で賑わったが、出征兵士として世帯主をとられた多くの家族は働き手を奪われることになったことから、戦地からの送金によって生活していた。そこに日清戦争とは比較にならない数の戦病死者が出て、物価も地租も上がり、さらに新税が増加されると市民の生活は窮乏した。これが、石原が幼年学校を卒業した一九〇五年の東北の様子であった。こうして始まった東京での生活は、石原に日露戦争や戦史研究の関心を起こさせていく。

中央幼年学校当時の石原のエピソードとして特筆できるのは、一般の生徒とは異なり、学校の勉強よりも戦史や思想哲学を独自に勉強し、休日には東京の名士を訪問したことである。石原は南部邸に次郎を訪問しながらも、同郷の先輩にあたる佐藤鉄太郎の他、大隈重信や乃木希典・徳富蘇峰の自宅に、譲吉などと一緒に訪ねて行った*9。東京には名士が何人もいるのだから機会のあるうちに訪ねたいということで、譲吉も賛成したという。厳格な陸軍学校で生徒らが羽を伸ばせる週に一度の休日をこうした自己啓発に充てる石原は確かに特筆すべき生徒と言えるであろう。

一九〇七年六月に中央幼年学校を卒業した石原は、士官候補生として山形県の歩兵第三十二連隊に半年間配属された。陸幼の卒業から士官学校へ進学する半年間、陸幼卒業者が部隊に所属して隊務の訓練を行う制度であるが、この部隊配属はそれまで生徒であった石原が兵営生活に移るとともに、軍隊教育を受けながらも同時に部下を統御する幹部となったことを意味している。とりわけ当時の連隊は日露戦争の戦地から帰ってきて間もない状態であったので、戦争体験が身近にある環境での部隊勤務となったはずである。二カ月後に伍長に進級した石原は、演習時に分隊長や内務班長の業務に従事した。

この頃の着目すべきエピソードとしては、南部譲吉が軍人の道を諦めようとしたところを石原が鼓舞したことがあげられる。南部はこの士官候補生時代に軍人をやめたくなり、その理由は西洋が強国で戦争に負けることがなく、一方小国の日本は大国に対抗する力がないとして、軍人としての将来を悲観してのものであった。郷里で植木屋になろうかと悩んでいる南部に対して、石原は自分が「陸軍を改正してみせる、ドイツにでも何でも勝ってみせる」と述べて、「貴様もそれだけの気宇をもたないか」と諭そうとしたという*10。

そして、一九〇七年一二月一日に再び東京の市ヶ谷にて陸軍士官学校〔陸士〕に入校する。競争の激しい陸士の中では試験勉強の時間を確保するのに苦労するのが常であったが、石原は学校で限られた自習時間の他には試験勉強を行わず、自身の研究のために時間を費やしたという。日曜休日は名士訪問の他、上野の帝室図書館などに通って戦史や哲学の書籍を読んだ。特にドイツの赤本『ローマ史論』を熱心に読んだ。

当時のノートでは、石原が学習したヨーロッパの宗教改革史の中から、

「ルーテルヲ見ヨツヴニグリーヲ見ヨ、彼等ノ眼中ハ只人民ノ為メヲ計ルヲ熱誠ノミ、何ゾ他意アラン、コレ其偉大ニシテ絶世ナル事業ヲ為セシ根本ナリ、豊公、家康ノ如キ人皆事業ノ大ナルヲ賞ス、然レ共何ゾ知ラン其原因ノ最大ナルモノハ矢張リ、我国威ヲ挙ゲ我人民ヲ乱世中ヨリ救ハントスル至誠ヨリナルヲ*11」

と述べている。

これは、キリスト教原理に対する内心の義務に基づいて、教会が神性を政治利用したり、宗教的正統性を政治的に横領する宗教界を改革したマルティン・ルターやフルドリッヒ・ツヴィングリの姿勢に感銘を受けた様子であるが、改革や革命のような歴史的大事業を成すためには利己的な目的などではなく、国家や人民に対する「熱誠」や「至誠」がなくてはならないと述べているわけである。南部への叱咤の事例といい、石原が国家の将来に情熱を傾けている様子が垣間見られよう。

陸士では卒業までの成績の上位五番目までに恩賜の銀時計が下賜されるが、石原は成績順位が第三位であったにも関わらず、その品行によって序列第六位であった*12。石原が「恩賜組」になれたのは、この後に品行点のない陸軍大学校を卒業する際となる。

3　日露戦争と戦略研究─最終戦争史観の成立

一九〇九年六月からは、原隊である歩兵第三十二連隊に復帰して見習士官として将校（曹長）となった。半年経った一二月には少尉に任官され、新設された会津若松の歩兵第六十五連隊に転任となる。新設部隊への赴任は敬遠されがちであったが、石原は自らこれを希望して意気揚々と隊附きに向かった。この様子を幼年学校から士官学校時代の同期として過ごした成沢米三が以下のように証言している。

「若松に新しい連隊ができると、石原さんはそこへ進んで行ってしまいました。当時新しい連隊に行くのは、よくよくできの悪いものか、前任地で、はなはだ居心地のよくないような人が多く、普通の人はなかなか進んで行こうとはしませんでした。しかし石原さんは、もう型のできてしまっているところより、新しくできるところへ出かけて行って、思う存分やるのだといって若松に行ったのでした」。

この時期にも石原は軍事以外の史学や哲学の書籍を読んでおり、会津時代の愛読書は、佐藤鉄太郎の『帝国国防史論』、箕作元八『西洋史講話』で、特に後者では石原が後々まで研究テーマとして扱い続けるナポレオンの戦史に傾注した。また横山によれば、この時期から国際情勢の研究に関心を示し始めたという。他には、軍事雑誌の中で懸賞問題があると答案を発送して、次号に発表される講評と出題者意見を熱心に読んでいた。戦術についての学習を率先して行ったということである。

石原は後の「戦争史大観の序説」で、この若松の部隊が陸軍のうちで最も緊張し活気に満ちた連隊で、会津で過ごした五年に満たない当時が生涯で一番愉快であったと回顧している。会津時代の石原は、ラッパの前に起床してラッパの後に就寝する盛んな勤務をこなし、また談論でいつも周囲を盛り上げたことから隊の人気将校であった。生来の癇癪から怒鳴ることも多く、訓練は猛烈であったが、石原はこの猛訓練から兵に対する敬意を覚えたようである。

翌一九一〇年一月、会津や山形の部隊が所属する仙台の第二師団に韓国警備の命令が下った。会津の連隊は四月に出発し、着任早々の石原が率いる中隊は京城（ソウル）の北東約二五キロにある春川に駐屯することになった。石原はその後間もなく連隊旗手として連隊本部の所在地（龍山）に移った。

石原ら第二師団が渡韓してから約三カ月後に韓国併合がなされたが、朝鮮駐屯時代の石原は韓国人の立場に非常に同情的で、朝鮮総督府の治政に不満を感じて「意見具申狂」と言われたほど支配の改善を訴えた。これについて、先行研究では新設の会津若松の連隊に自ら転任し、それほどまでに朝鮮人の暮らしを想ったのは、「何のためだったのか」と問題提起されているが*13、その解答は未だ得られていない。南部次郎による影響であったのかもしれないし、他の原因があった可能性も否定はできない。

さらに翌年の一九一一年一〇月、清国では武昌を端とした辛亥革命が起こり、「三民主義」を掲げる孫文が臨時大総統となった。革命成功の報を聞くと石原は、兵士を連れて近くの丘に登り「革命万歳」を唱和している。この時の石原は、

「かねてからの中国の新生に対する念願と革命後の中国の前途に対する希望の余り付近にある山の上に当時自分の教えていた兵隊と共に登り、万歳を叫んで新しい中国の前途に心から慶びを示した*14」

そして、中国革命の由来を兵士に聞かせるとともにアジア復興の大義を説いたというが、辛亥革命を歓迎する石原の姿勢は、清朝を延命させることで世界的に起きつつある君主制崩壊の連鎖を阻止しようとして革命に干渉した当時の陸軍の上層部とは全く正反対の反応である。これについても、アジア主義的な連帯によって西洋に対抗しようとする姿勢の表れともとれるであろう。その点についても詳らかにされてこなかったのだが、一九一二年五月には二年間の韓国守備を終えて第二師団は帰国することになる。

この後の石原は、一九一五年に陸軍大学校を受験して進学することになるが、陸大を受験するには二年以上の隊付勤務が必要で、そのうえ身心強壮で頭脳も優れ、品行方正な者に受験資格が認められるとされ

ていた。各地の連隊では、部隊から陸大への進学者が出ることを誇りとする風潮があったが、新設の会津の部隊には未だ陸大入学者がいなかったために合格者の輩出が望まれた。そして、会津の連隊長が部隊の候補者として挙げたのが石原であった。

当初の石原は陸大入学の薦めに対してはっきりと断ったということもよく知られていることであるが、実際には受験することとなったわけである。石原とともに受験した将校は全国で七百余名、このうちの六〇名（陸大は三年制で全校生徒が一八〇名）が入学できることになる。石原は例によって試験勉強をまったく行わなかったというが、面接による口述試験では未だ軍事用としては開発途上であった飛行機を利用した機銃掃射について回答しており、石原はその知識をドイツの軍事雑誌から得たと答えているので*15、要するにそれまでの独自の学習はしっかりと陸大の試験勉強にもなっていたと考えられる。その結果、石原は合格することができ、一九一五年一一月に第三〇期として入学することになった（当時の校長は河合操中将）。横山臣平も合格したのだが、同期として陸士を出た者の一割にも満たない狭き門であり、会津の連隊からは石原のみの合格となった。石原は渋谷駅前の下宿から通学し、この陸大時代においても佐藤鉄太郎との交流は続いた。

一九一八（大正七）年に陸大を卒業した石原は、原隊復帰により会津で再び兵士の教育を行うようになる。この会津時代の兵士教育の過程で、石原は後の日蓮主義を信仰するきっかけを持つようになるのだが、それは次章において述べる。翌一九年には横山とともに教育総監部に配属されたが、この勤務が印刷された典範令の誤字脱字チェックという退屈な仕事で、本人には堪え難い勤務であった。そもそも陸大を次席で卒業した将校の仕事ではなかったということもあるし、そのうえ勤務態度も問題となったため、この職は直に解かれることになる。また、この教育総監部に勤務した一九一九年八月には生涯の伴侶となる国府銻と結婚している。銻は病死した軍人の娘で当時二一歳、石原は三〇歳であった。田中義一陸相に結婚願を提出し受理された。結婚式では、石原の両親が老齢のために出席できなかったので、石原の同期で前年に結婚していた樋口季一郎夫妻が親代わりとして出席している。

さて、後に独自の戦争構想を立案する石原が、陸大在学中に課題としたのは日露戦争に対する石原なりの疑問からであった。後に成立する軍事思想は、「戦争進化の法則」・「戦争の二つの性質の交互作用」・「最終戦争の勃発とそれに伴う戦争の死滅」の三つに集約されるが、その思索の端緒はこの陸大在学中の考察にある。

石原の両親に代わって結婚式に出席した樋口季一郎は、この陸大在学中の石原にしばしば日蓮を研究することを薦めたというのだが、石原は上述の三つの独創的な戦争科学の持論に基づき、この後に日蓮主義による歴史観を媒介にして築いたのが、最終戦争史観である。

石原が幼年学校時代から士官候補生時代を通して戦史に興味を持ち続け、熱心に研究したことは既述の通りであるが、陸大ではその関心が日露戦争に結び付けられたのである。

「私が、やや軍事学の理解がつき始めてから、殊に陸大入校後、最も頭を悩ました一問題は日露戦争に対する疑惑であった。日露戦争は、確かに日本の大勝利であった。しかし、いかに考究しても、その勝利が僥倖の上に立っていたように感ぜられる。もしロシアがもう少し頑張って抗戦を持続したなら、日本の勝利は危なかったのではなかろうか」＊16

石原が述べるのは、日露戦争時のロシアの国力は各段に日本に勝っていたため、もしもロシアが戦争の継続を望んだのであったなら、長期戦争の計画を立てていなかった日本の勝利は非常に疑わしかったとする疑問である。今日においては、当時の日本が戦争を継続し得なかったことは明らかであるが、石原の指摘はそれを先駆けてのものであり、その上で再び日露戦争のような好条件に恵まれることには期待できないであろうから、日本の戦争計画は国力の計算に基づいて考察されなければならないとしたのである。そして、石原はそのような疑問から独自に戦史の研究を進めるうちに、戦争には一定の法則があり、その法則への理解によって将来にわたる戦争の展開を予想し得ると考えるようになった。

石原は陸大入学より以前に、戦闘法が幾何学的な進歩を遂げてきたという仮説を立てていたのだが*17、これは戦闘部隊の隊形が「点」から「線」に、さらに「面」へと進化していくという戦闘の発展傾向を捉えてのものであった。石原は一九一四（大正三）年に陸軍の将校クラブの発刊する雑誌・『偕行社記事』に掲載された「兵力節約案」をヒントに考案したと述べており、この「兵力節約案」が「面」における戦術の世界的先駆思想であると評価している*18。

石原の戦闘の発展傾向に対する考察によれば、古代では戦闘隊形が密集していたが、ルネッサンス期には横隊戦術となり、フランス革命以後は散兵戦術へと、時代の経過に沿って段階的に進歩した。古代の密集集団は「点」であり、横隊は「実線」で、散兵を「点線」であるとして、実線と点線の戦術は二次元の戦闘であり、即ち「面の戦法」となるが、最終的には三次元の「体」へと進化して空中戦が展開されることを予想した。これが「戦争進化の法則」であるが、石原はこの三次元の戦闘法によって戦争が行われる時代を最終戦争の時代としたわけである。また、こうした戦争形態の進化に並行しつつも、他方で戦争の性質が二つのパターンによって規定されながら展開されてきたことを説いたのが「戦争の二つの性質の交互作用」である。

「二つの性質」というのは、戦争には武力的決戦で勝敗を決する短期戦と、政治・経済・社会的要因によって勝敗が左右される長期戦との二つの傾向があり、それを区別して研究すべきであるとの考察によるものである。この考察は、後の一九二二（大正一一）年のドイツ留学時に、ベルリン大学のデルブリュック教授によって示された戦争の二つの傾向としての「殲滅戦略」・「消耗戦略」に触れることになると、確信的に語られるようになる*19。

デルブリュックによれば、決戦を唯一の戦争目的とするのが殲滅戦略で、決戦を戦争の政治的目的を達成するための一手段と見なすのが消耗戦略であったが、石原はそこに自身の「戦争の二つの傾向」についての思索との一致を見たのである。さらに、デルブリュックがアレクサンダー大王からアルフレッド・シュリーフェンに至る幾人かの司令官の戦争指揮において、この戦争の二つの要素のそれぞれがどれほどまでに顕著に表れているかを示してみせると、石原は自身の発想の細部にいたるまで確証をもったと述べている。

石原は戦争の二つの傾向をそれぞれ代表すると思われたナポレオンとフリードリヒ大王に焦点を合わせて研究を継続し、その結果、長期戦争が展開される際には、軍隊の価値が低いこと、軍隊の運動力に対して戦場が広いこと、攻撃威力が敵の防御線突破に至らないこと、という三つの要因の何れかが原因となっていることを発見した。即ち、軍隊はこの何れの要因も上回る力を持たなければ短期決戦を行えないということでもある。また、石原の研究が示したところでは、戦争計画において武力に対する価値がどの程度認められるかによっても戦争が二つの傾向に分かれた。「武力の価値が大でありこれが絶対的である場合は、戦争は活発猛烈であり、男性的で力強く、陽性であり、太く短い、通常短期戦争となる。これを決戦戦争と名づける」。一方、「武力の価値が他の手段に対し絶対的地位を失い低下するに従って戦争は活気を失い、女性的で、陰性であり、細く長い、通常長期戦争となる。これを持久戦争とする」とまとめている。石原はドイツで学習した戦争の二つの傾向としての「殲滅戦略」と「消耗戦略」を、それぞれ「決戦戦争」と「持久戦争」として捉え直し、それぞれの傾向をもたらす原因について分析したのである。

　さらに、実際の戦争の上にそれぞれの傾向が表れるのには法則性があり、或る一定の時代的・時期的なパターンをもって、「決戦戦争」と「持久戦争」が交互に入れ替わると解釈した*20。つまり、二つの戦争は時代的な制約を受けることからそれぞれの時代において表れ、決戦戦争時代には決戦戦争が、持久戦争時代には持久戦争が行われるということになる。そして戦争傾向の推移に法則性を見出そうとするこの解釈は、石原の最終戦争史観につながっていくのである。

　石原の述べる法則を現実の世界に当てはめると、当時の第一次世界大戦以降は持久戦争の傾向を帯びた持久戦争時代にあり、それが約五〇年間続くと、その後に到来するのが決戦戦争時代で、来たる決戦戦争時代には大量破壊兵器の登場により戦争が進化の限界を迎える最終戦争時代に突入する。最終戦争は現実世界の極限である三次元戦争であるのと同時に究極的に進化した決戦兵器によって衝突するために、その戦争を最後として戦争が死滅すると予測したのである。

　石原は戦争を自然科学的な社会現象として捉え、戦争自体が自ずから有機体のように発育していると考えているのであるが、発達の限界に達した時に戦争は死滅するという考察には、当時既に日本に導入されていたダーウィンの生物進化論や、ベーコンの社会ダーウィニズムの影響を看取することが可能であろう。石原はフランス革命についての研究において、「世の中は、あることに徹底したときが革命の時なんです。〔中略〕持久戦争の徹底したときにフランス革命が起こりました」と述べており*21、この「徹底したときに変化が起こる」という分析にも進化論的解釈が見受けられるように思われる。あるいは、戦争の性質の把握に用いられている「男性的・女性的」、「陽性・陰性」という表現や、戦争の二つの性質を単なる二元論に留めずに各性質を交互に運動させる作用があるとする解釈などには、易の世界観の影響を見ることもできそうである。二極が交互に作用する渦の中で、自然と「点」が発生し、その発生の後には「点」が自発的に「体」へと発展を遂げていくという石原の発想には、二つの自然的な力の運動が作用して何物かを生み出すとする点において、易経や陰陽五行思想の世界観と共通するイメージを指摘することはでき得よう。何れにしても石原は、戦争の発展傾向について「軍事上の変化の原因は兵器の進歩ではない」と断言しているので*22、戦争が何かの自然的な力に後押しされながら、自発的に進化すると考えていたということである。これが石原による戦史研究の成果としての「最終戦争論」の骨子であるが、次章では、はじめに掲げた課題でもある信仰問題と如何に関わるのかを見ていく。

註

1 「極東国際軍事裁判酒田法廷記録」『人類後史への出発』（展転社、一九九六年）、所収。
2 横山臣平『秘録石原莞爾』（芙蓉書房、一九七一年）、六二頁。
3 山口重次『悲劇の将軍石原莞爾』（世界社、一九五二年）、一〇頁。

4　鳥海克己「石原莞爾君と藤軒」『続藤軒随筆』（文華堂書店、一九六六年）、三五三頁参照。
5　横山、前掲、六七～六八頁参照。
6　石原莞爾全集刊行会編『資料で綴る石原莞爾』（大湊書房、一九八四年）、七頁参照。
7　山口、前掲、三七～三九頁。
8　仙台市史編さん委員会編『仙台市史　通史編6　近代1』（仙台市、二〇〇八年）、三〇七～三一〇頁参照。
9　横山、前掲、八一頁参照。および、前掲『資料で綴る石原莞爾』、八頁参照。
10　「南部譲吉談話」松沢哲成『日本ファシズムの対外侵略』（三一書房、一九八三年）、四九～五〇頁参照。および、前掲『資料で綴る石原莞爾』、八頁参照。
11　前掲『石原莞爾研究』、二九頁。
12　横山、前掲、八一頁参照。
13　野村乙二朗『石原莞爾』、一一頁。および、秦郁彦『軍ファシズム運動史』、二二〇頁。
14　「満州建国前夜の心境」『石原莞爾資料Ⅱ（国防論策編）』〔新装版〕角田順編（原書房、一九九四年）、九〇～九二頁。
15　横山、前掲、一〇二～一〇三頁参照。
16　「戦争史大観の序説」『石原莞爾選集3』（たまいらぼ、一九八六年）、一一一～一一二頁。
17　同前、一一六頁参照。
18　老生「兵力節約案」『偕行社記事』四八〇号別冊付録（一九一四年）。上記の著者は不明確であるが、石原は「恐らく曽田中将の執筆」であると述べている〔「戦争史大観の序説」、一一六頁参照〕。
19　同前、一一三～一一四頁。
20　「最終戦争論」前掲『石原莞爾選集3』、一九～二〇頁参照。

21 同前、二一四頁。

22 同前、「最終戦争論」二一七頁。石原は軍事革命の原因を社会制度の変化に求めているが、石原の述べる進化の法則性についてはその原理を明らかにしていない。

第二章

＊「八紘一宇」と日蓮主義

先の問題提起の通り、これまで語られてきた石原に対する思想・人物評価では、大陸侵略の契機となった満州事変の首謀者としての評価が定着していながらも、同時に王道楽土の実現を目指す理想家であったとの見方も根強く残っており、またそれは石原の信仰問題と不可分であるが、本人の内心の問題やイデオロギーに関わる信仰問題は、実証史学の研究対象としては避けられがちであった。

しかし、それがために「最終戦争論」に対しても信仰と戦略が融合したものであるとの理解と、両者を分離して考察すべきとの見解が長らく混在したままである。こうした問題はまさに信仰問題を棚上げしてきたからに他ならず、これまでの研究は石原の信仰に対する熱心な態度に触れながらも、石原の動機や変節を説明できなかった。とりわけ石原の変節はあまりに急激な言説の旋回ぶりであったため、そもそも整合性をつけられるような問題ではないのではないかと思われてきたのであろう。さらに、石原の「奇行」を伝えるエピソードが多く残されていることも災いし、「天才と気狂いは紙一重」というような曖昧な理解で片づけられてきたように思われる。

石原の変節は細かく指摘すれば度々あったのだが、大きな影響のある問題として挙げられるのは、はじめに述べた三点である（満洲国建国／教義上の解釈／最終戦争論の放棄）。本書では、この満州事変の動機にも関わる変節の問題が解明されなければ、当時の陸軍が置かれた環境も理解できない点を直視して、以下に信仰問題に踏み込んだ検討を行う。

1　近代日蓮主義運動の勃興

石原は当時の東京で日蓮主義運動を展開して隆盛しつつあった宗教団体「国柱会」に入会することになるのだが、その後の信仰態度は熱烈を極め、上官の板垣征四郎や親族にまでも国柱会への改宗を迫ったほどであった。

日蓮主義運動というのは、日蓮宗系（法華系）の在家仏教教団である国柱会の創始者・田中智学（一八六一〜一九三九年）と、日蓮教団の宗派の一つである顕本法華宗の管長・本多日生（一八六七〜一九三一年）らによって組織・展開された宗教運動である〔以下それぞれ、智学・日生とする〕。

智学の日蓮主義運動は、大正期の社会において盛んに講習会を開催したり、刊行物の出版などを行うことで広く認知されていくことになるが、この日蓮主義という名称は、智学と親交のあった坪内逍遥との間でつくられた造語であった。智学は逍遥に対し、思想運動を起こすにあたって「汎く信仰も理解も含まれて居て、宗教・宗旨・教法などいうことよりも、今少し広汎な意味に用いられる*1」用語を求め、逍遥はそれに対してイズムを和訳した主義の語をあてた。ここには、信仰を単なる内的信仰に留めずに、実際の生活の中でも自ら実践してゆかねばならないとして、従来の日蓮宗の檀徒と差別化を図る意図が看取できる。また、他宗が目的としている「彼岸成就」（死後の世界での救済）の信仰よりも、「此岸救済」（現世における救済）を目的とする日蓮の教えの方が尊いとする考えが基本となっている。

これまで日蓮主義の研究は仏教思想史の中で扱われることがほとんどであったが、その中で日蓮主義運動がどのように性格づけされてきたかについて一例を挙げれば、戸頃重基氏による諸研究では、思想史の見地から日蓮主義の右翼的な政治行動が一貫して追求されており、日蓮主義の性格をナショナリスティックな国家迎合の運動として評価している*2。

国家迎合と指摘される日蓮主義運動の背景には、仏教教団が近代と同時に迎えた廃仏毀釈があり、また中でも日蓮系の教義が神道を含めた他の宗教に対して排他的な姿勢であったことが大きな要因となっている。日蓮教学によれば、万民を正法に導く方法として、「摂受」と「折伏」の二種があり、「摂受」とは相手の義を認めて争うことなく穏やかに教化する方法で、「折伏」とは厳しい戒めを以って相手を徹底的に論破することで教化する方法なのであるが、宗祖・日蓮は他の一切の宗教を否定する「法華最勝」という立場から、法華経のみが末法の世の中を救済できる唯一の経典であることを主張するのと同時に、末法の現世で万民を正法に導く（広宣流布）ためには、他の信仰を「打ち折り説き伏せ」て、法華経の教えに導く「折伏」を実施しなければならないと断言した。この排他的な教義が日蓮以来の基本的な信仰姿勢となったが、近代の廃仏毀釈を迎えると、神祇不拝を鉄則とする日蓮宗系は、明治政府の推進しようとする国家神道と対立することから特に激しく攻撃された。

こうした状況を受けた日蓮宗側からは、廃仏論に対処するために、日蓮思想がいかに国家に有益であるかを主張しようとする学僧・優陀那院日輝によって、護国思想が展開されることになる*3。日輝は廃仏論の蔓延する中で日蓮教義を近代に適応させるために、それまでの排他的な教義を廃して、神道をはじめとする他宗派とも協調関係に立ち得る穏健主義を唱えた。即ち近代への移行において、その教義を天皇制国家の論理に適応させる必要に迫られたため、日輝によって教義と国益とを結びつける理論が模索されたということである。しかし、神道を容認することは日蓮教義の基本原則に抵触することでもあったため、日輝の穏健主義は保守的な学僧らにとっては容易に肯定できない「軟化」なのであった。

智学が日蓮教義を学び始めた明治初年代には、以上のような国家中心の態度を前提とせざるを得なかったため、近代の日蓮主義運動はその開始から国家に追従する姿勢を有していたわけなのだが、但し在家の出身であった智学の場合にはその家系に清和源氏を祖とするとの言い伝えが残されており、それが智学の国家主義的な日蓮主義の背景となっていることが指摘されている＊4。

近代の日蓮宗に見られる国家追従的態度は、「仏本神迹」（仏が神の元であり、神は仏の仮の姿であるとの解釈）を説く本来の日蓮教義と対立せざるを得ないのであり、また神道を基礎とする近代天皇制のイデオロギーを受け入れることは「折伏」の根拠となる「法華最勝」の立場を維持できなくなるはずであるが、智学においては家系伝来の尊王思想も所与の前提となっていたために国体論と日蓮主義とが結びつくという新しい日蓮教義の理論展開をもたらしていく。即ち、日蓮主義は尊王思想と法華思想が矛盾しないものとして、「軟化」することなく国家に接近するのである。そして、智学や日生は近代に軟化していこうとする教団の態度を否定し、原理的な教義解釈によって排他的な日蓮の信仰に回帰すべきことを主張した。つまり日蓮主義運動とは、軟化した宗門において日蓮教義を硬派に押し戻しながらも、近代国家に接近していく運動であった。そのため、智学は布教喧伝の際に日蓮宗系の教団の中でも特に「折伏」を重視しつつ、自身らの対立する宗派と、天皇に不忠な者とを同様に扱うことで、国民一般にとっても日蓮主義に敵対する者を打ち滅ぼす闘いが必要且つ正しい行いであると主張していくのである。

優陀那院日輝の穏健姿勢を批判した日生は、智学とは異なって、宗門に属した出家の身分であったため、教学再構築による布教運動を展開すると宗派から追放されることになった。日生は神田猿楽町に創設した「顕本法華宗義弘通所」を拠点として独自に布教・教化活動を開始する。当初の日生の活動では教義解釈等によって分裂していた日蓮の各宗派を統合する必要を訴えたもので、宗義の講究と門下統合を求めて僧俗・門派を越えた組織を目指し、これが「統一団」の結成となって実現した。そして一般への布教の道場として「統一閣」を建設し、団報『統一』を創刊するなど活発な宗義講究の論壇を形成していった。この統一閣には著名な学者や文化人が講師に招かれ、数千の聴衆を集めて盛んな布教活動が展開されている。その後は一九〇九年に「天晴会」と、その婦人会としての「地明会」を設立し、軍人、政治家、名士を信徒にしてさらに積極的に社会に働きかけていった。

また智学も数名の仲間とともに研究会を結成し、様々な一般の職業に就きながらも宗教活動を継続して、一八八四（明治一七）年「立正安国会」を創設した*5。智学の活動は東京を中心として次第に発展し、近代日本が海外への国権拡張を実行しつつあった一九一〇年代を背景に展開されていくことになる。

2　日蓮主義にとっての日清・日露戦争—教義の普及と浸透

近代の日本は、条約改正を背景にしながら西欧の外交における伝統秩序としての「勢力均衡論」

(balance of power) を基調とした東アジア戦略の展開を試みた。これは近代外交を担うことになる幕末以来の留学生らが、ヨーロッパから学んできた外交テクストの実践であるのと同時に、国際法体系を通じて日本に西欧の視点を持ち込むことで、アジアを捉え直す意味をもっていた。その後の日清戦争・日露戦争における勝利がアジアに対する蔑視観を形成していくことにもなるが、国内ではこの期間に、加藤弘之・穂積八束・井上哲次郎らが家族国家観を基礎にした国体論を打ち出して、国粋論的な主張が隆盛する環境が創出されていく。また社会では、国体や神話（天皇制的言説）を含んだ論旨が受け入れられ易い状況を生み出しており、新興宗教が学校教育でも説かれているような国体神話との整合性を得れば、それだけで教団も正統性を得る傾向が現れるのである。即ち、自らの宗教の論理を政府の教育政策に便乗させることができれば、その宗教自体も政治正統性を得ることになるという謂わば正統性の横領であるが（擬似政策主体化）*6、こうした現象が智学らの国家主義的な教義を持つ宗教団体が一般社会に公的な活動領域を得る隙間を生んでおり、新興宗教が流行する下地になる。そして実際に、智学は国体論的言説が盛り上がる過程の中で、国体論と自身の教義との関わりを表明していった。

智学の立正安国会が、国家の政策論理や社会に接近していこうとした端緒は日清戦争であった。智学は、一八九四年の九月一四日に明治天皇が東京から広島の大本営に移動するに臨んで、通過予定の大阪の梅田に戦勝祈願の式場を設置し、天皇通御時に智学以下の会員が一斉に合掌して、読経と「大元帥陛下万歳」を三唱した。これが宗教的敬礼として立正安国会に定着し、以後は彼らが御真影を礼拝する時や、宮城や天皇の陵墓を通過する際に実施されるようになった*7。智学が近代の軍隊制度や学校教育で確立した「国家儀礼」を積極的に取り入れることで国粋主義的な立場に自ら接近していったことが解かる。

日露戦争時には、智学は宣戦の詔勅が渙発されると翌日の「紀元節」から三週間にわたって国禱祈願を行い、旅順攻略の提灯行列に参加しながら布教活動を実施している*8。日生も日露戦争時に戦争を擁護する議論を展開しており、日露戦争は「日蓮主義運動が実現の国家と交渉をもつ契機となった重要な出来事」*9であったことが指摘されている。それは即ち、智学や日生が日露戦争時のナショナリズムを背景に公共的な布教活動の実績を築いており、戦争を背景としたが故に日蓮主義は近代社会に活動領域を得たということを示している。

日蓮主義に限らず仏教界の戦争への対応には全般的に敏感な反応が見られ、日清戦争時には、戦争を「護国即護法の論理でとらえ」て祈禱会などを通して戦争協力体制を構築していた*10。それが日露戦争の時点になると、右の蓄積に着目した内務省も宗教界に協力を要請するようになっている*11。このように、日蓮系の各派は戦争を契機として軍隊慰問や戦死者追悼を行うことで、海外への布教をも視野に入れた「戦時布教」運動を展開していくのであり、近代の仏教勢力は国家と戦争を教義に内在化させることで活動領域を広げることができたと評価できるのである。

智学や日生ら日蓮主義が国家に接近していく理由には、教団の拡大を望むそもそもの性格もあるが、教義が当時の危険思想としての社会主義思想と対立するという点において、国家の政策論理と一致していたことも理由になっている。立正安国会で創刊された機関誌『日蓮主義』には、それまでの教義のみを説く宣伝方法を改め、今後は「時世の必要に応じて」日蓮主義を「社会的に普及せん」との意気込みが智学によって述べられた*12。特に内務省が思想善導のために着手した慈善事業においては、仏教家にも協力要請がなされ、一九〇八年から開始された「感化救済事業講習会」では政府政策の担い手となった。内務省による「感化救済事業講習会」は、國學院大学（旧皇典研究所）において、九月一日から一〇月七日までの三六日間に二五の講習科目と一四回の臨時講演を内容として行われ、平均二九二名の出席人数に及ぶ大講習会となった。内務大臣の平田東助は開会式の「訓示演説」で、「此の事業は単に一人一己の救済事業ではなく寧ろ世の公利公益を理想とすべき重大の事業であると信ずる」と述べ、共同一致による良民づくりのための幅広い参加を求めた[*13]。そして政府が「社会主義や自然主義防止の役割の一端を仏教教化や、仏教の感化救済に求め[*14]」る中で、日生も講師として招待されている[*15]。また政府側からの要請のみによるのではなく仏教界側からも「独自の反省や立場で社会事業に従事すべし」として、積極的な参加があった[*16]。

日生が臨時講演の直後に『統一』に掲載した「実社会への交渉」では、「仏教が教導の効果を挙げるには感化が重要であり、それは実社会を救済する事業である[*17]」として、実践主義を重んじる教団の社会的役割を感化救済事業に位置付けた。これから、日生が右の講演を機として、仏教の教導の効果を挙げるために参加すべき事業として政府の政策を捉えるようになったことが見てとれる。これらは、表面化した社会問題に対応する日蓮主義の布教活動であり、個人主義的風潮が思潮悪化をもたらしているとする社会状況への対応であった。これ以後、『統一』には内務省の作成した感化救済事業に関する記事の他、内務官僚による記事が掲載されるようになり[*18]、社会政策との連帯が発生する。その中で、個人主義や自然主義を原因とした社会危機の解決に仏教が寄与できると主張していったのである。

日蓮主義という名称自体は、一九〇一年に智学によって提唱されたものであるが、日生の「天晴会」の活動や、智学による『日蓮主義』の創刊によって徐々に社会一般に知られ、明治の末年以降に普及するようになっていった*19。この普及の経過は、政府政策への参加と時期を同じくしているが、日生は先の「実社会への交渉」において、

「広く世人をして仏教の有難味を感じて尊信を払うやうに教導の効果を挙げるには、彼等が平常の考と餘まり隔絶しない点から接合を取って感化を施すが、尤も大切なる着眼であると思ふ、彼等が感動を惹き易きは実社会を救済する事業であります*20」

として、一般への「教導の効果」を挙げるために社会的な取り組みを必要視しており、感化救済事業に乗り出したこともこのような観点からと思われる。日生は、万人にとっての身近なテーマを題材とし、実社会に実効を挙げる教義こそが大衆に好まれるとしているが、これは日生の取り組んでいた「統一主義」の基本的な態度であり、日蓮主義の名称が普及していくのを背景に、実践的な教義の総体としての「日蓮主義」を誕生させた。

日生の活動では、日蓮系の門下統合による大教団結成の構想を背景として、弁護士や学者、政治家（板倉中・鈴木力）や、加藤八太郎（海軍主計大監）・吉田孟子（海軍中佐）・松岡静雄（海軍少佐）などの軍人のような宗教関係者以外の参加者を多く獲得しており、後には日生に影響を受けた佐藤鉄太郎や小笠原長生、山川智応（立正安国会）が日生の主催する研究会に入会している。佐藤鉄太郎は石原が会津時代に愛読した『帝国国防史論』の著者であり、士官学校時代の「名士訪問」以来の交流もあったのであるから、おそらく石原は佐藤からも日蓮主義や智学の話は聞いていたであろう。

日生の下には、他にも「国家官僚、官吏、検事、教育者、医師、ジャーナリスト、実業家、美術家、さらに村上浪六や幸田露伴などの小説家もいた。日生は、これらの社会上層の人びとからなるネットワーク

を組織して、日蓮主義の社会的な普及を図っていったが、「社会的な影響力をもった天晴会の会員によって、日蓮主義が積極的に唱導され社会に流布していくことになる*21」と評される通り、講演会を主とした活動を通じて社会的名士らが相互に関係づけられることで、日蓮主義の社会的認知の下地が作られていったのである。

一九一二年の段階では、天晴会は京都・大阪・姫路・豊橋・新潟・萩に支部を展開しており、地明会も盛岡・青森・姫路に支部を置いた。他の日蓮主義団体も神戸顕本協会・九州日蓮主義研究会など日生と連絡のある活動団体が広まっており、これらの各会の動向は会内報で毎月知らされるようになっていた。

一九一〇年に「大逆事件」（天皇暗殺テロ計画の発覚事件）が起きると、それは政府のみならず、日蓮主義者らにとっても驚嘆すべき事件となった。大逆事件翌年の第二七帝国議会では、三月一八日に危険思想防止策についての質疑が出され、桂太郎首相・平田東助内相・小松原英太郎文相が政府答弁を行っているが、この中で平田東助は、

「宗教ガ国民ノ徳性ヲ涵養スルニ力アルコトハ政府ニ於テモ夙ニ認ムル所ナルヲ以テ神仏二道ニ対シテモ之ガ監督ト指導トニ依リ益々其ノ振興ヲ促シ教化ノ目的ニ副ハシメンコトヲ期ス」

と応え、宗教団体のさらなる協力を得ることで国民教化策を強化することを述べた*22。また翌月の地方長官会議でも平田は、

「今や国家思想の啓発並国民道徳の涵養は、更に一層宗教家の努力に俟つべきもののあるは、各位の倶に認むる所、其の平素意を此の点に用ひらるるは深く信ずる所なりと雖も、尚将来に向て一般人士が信奉する宗教の各機関をして益々其の力を此に致さしめ、以て教化補導の実を完うせしめられむことを期

せたれたし*23」

として宗教家の協力を重視した。こうして日蓮主義も政府政策との関わりをさらにまた深めていくことになる。

智学の大逆事件への対応は、「大逆事件に於ける国民的反省」と題した論説を機関誌『日蓮主義』に発表し、国体観念の自覚を説いたことに表れているが、同書の中に示された具体的な方策と言えば、御真影の奉安・教科書の国体教育であり、結局ここでも政府政策への賛同・合流がなされているのである*24。

智学ら自身は講演会の開催などを通して、国体擁護のキャンペーンを繰り広げ、右の『日蓮主義』を全国に配布しながら立正安国会の支部がある各地を回った。これらの取り組みは、国体を擁護することで日蓮主義を宣伝していく布教方式なのであり、政府政策の精神的支柱となっている国体と、日蓮主義的教義解釈とが同一視できると説明することで政府に接近しようとするものであった。この姿勢は日生の言説においても確認できる。

「宗教は個人の救済に尽し平等の慈愛がなくてはならぬが、その当面の目的を国家の興隆に置き、我御国体を教そのもの〻根本意義よりして擁護し上るものが即ち日蓮主義の特徴である*25」

つまり、国体を基軸に日蓮教義を説明することが近代の日蓮主義に共通して挙げられる特徴と言い得る。日生の述べる通り、日蓮主義は教義の中から国体を援護するのであり、国体そのものを新たに生み出そうとするものではない点を確認しておく必要があるのだが、このように、石原莞爾の選んだ日蓮主義には、皇室や国体が社会問題化した環境を前提として普及した性格があったということである。

3 「八紘一宇」―田中智学の国体論

上述の国体擁護のキャンペーンを繰り広げた後、智学は一九一一(明治四四)年から「日本国体学」として国体論の社会的普及を目指した運動に着手した*26。先ず、八月三日から二三日までの三週間で「第二回本化仏教夏期講習会」を開催する(静岡県三保)。講習会では日生ら日蓮主義関係者の他に小笠原長生などの軍人も講師を務めたのだが、この会期中に発表されたのが「日本国体論」であった。智学は、

「『日本国体学』は、日本人よりも世界の人に要用なる大学問なり、世界将来の文明に於て解決すべき問題は唯一つなり、即ち世界の見地よりして日本を研究すべきの一事是也。」

と宣言し、世界的規模での実践を目指して「日本国体学」を体系化していくことを目指すと述べた。そして、それまで発刊していた機関誌の『妙宗』と『日蓮主義』を合併して「国柱新聞」と改めた。「国柱」の名称は、日蓮がその遺文である「開目抄」において「我日本の柱とならむ」と述べたのを敷衍して、日本の柱は世界人類の柱であるとしたものであった。智学はナショナリズム的な視点から日蓮を捉え直して、国民一般に受け入れられるようにアピールしている。この後、右の国民思想としての日蓮主義という「国柱新聞」の姿勢を基に教団が再編され、一九一四年に立正安国会は「国柱会」となる。

その後の一九一七年のロシア革命に際しては、智学はロシア革命が「君本位と民本位」の二大潮流の世界にあって起きた出来事で、日本のみが真の「君臣道を保有する国」であることの証明であると主張した*27。これは革命によって道理のない君主制がつぶれていき、生き残った君主国が本物であるとする論旨である。智学は、これらの主張に基づいて社会主義やデモクラシーへの対応として、一九一九年の四月に

社会変革への対応と思想問題の解決とを目指す講演活動を開始する*28。このうち横浜の講演では「世界改造の鍵」を講演するのだが、その様子は、「会場は立錐の余地なく二〇〇〇余名の聴衆で埋まった。入場できなかった人びとのために、場外でも講師による講演が行われるほどであった*29」と盛況であったとされている。この講演の核となっていたのは「法華開顕の日本国体」であったが、やはり日蓮仏教の観点から国体を意義づける内容であった。

智学は、日本が特別な価値を賦与された国であることを強調しながら「日本書紀」と「法華経」とが合一し得ることを説くことで、日蓮主義が国是であるべきと主張した。智学の国体論によれば、世界の国々は或る民族や人種が集合し土着して、次第に部落の状態を創るに至り、それがやがて国家となったものであるが、日本のみは異なり、国家の様相ができる以前から国の主義が既に存在しており、そうした先天の約束や理由といった必然性をもって存在しているため正統性が認められる国家であるとされる。その「先天の必然性」は、「日本書紀」の建国神話にある「葦原千百秋瑞穂国者是吾子孫可王之地也宜爾皇孫就而治焉行矣宝祚之隆当与天壌無窮矣」（葦原の千五百秋の瑞穂の国は、是れ吾が子孫の王たる可き地なり。宜く爾皇孫就て治らすべし。行けや。宝祚の隆えまさんこと、當に天壌と窮り無かるべし。）の一文を根拠とし、この神勅によって建国された日本は「先天の道義国」であるとした*30。ここでは建国神話を基に、「主権者が自ら主権者であることを認定した」という智学の解釈によって、日本が諸外国より優れた国家として価値づけられている。

智学はさらに、日本の地理・気候・風致のそれぞれに特色を挙げて、それらが優れた文化の発展条件となっていることも正統性の裏づけであると説明すると、神話において東征を終えた神武天皇が大和建国の際に発したとされる「六合を兼ねて都を開き、八紘を掩いて宇と為す」という文言に新たな解釈を付した。その解釈とは、文言中の「六合」「八紘」が世界全体を意味しており、また「都を開く」とは政治が一つになること意味しているというもので、世界各国が政治において一つになり、世界の各民族を一つの宇とすることが即ち日本の建国理念であるとした。日本の国体とは、日本から発生しているので日本国体と称されているが、その実は世界人類のすべてが当然に帰すべき道であり、またそうなるように世界に働きかけることを日本の主義にすべきであるとするのが智学の主張である。古代の世界観で表された「六合」や「八紘」が世界全体を意味するという点に論理の飛躍があるように思われるが、とにかくもこれが後に「八紘一宇」と成句化されることになり、昭和期に国体を表す用語として全国的に普及していくわけである。

また智学は、「日本書紀」の中から自ら選択して抽出した文句を神武天皇による建国の道義であるとして「建国三綱」と名称を付けると*31、この「建国三綱」が日蓮の「三大秘法」(本尊・題目・戒壇)*32に呼応すると解釈することで、国書「日本書紀」と日蓮の教義とに同じ意義があるとして、日蓮主義の布教を手段とする日本の世界統一、即ち八紘一宇を表明していく。

智学の論拠は「日本書紀」に求められるわけだが、それは智学の主張によって国家目標とされた「八紘一宇」が、法華経の説いている「実践重視主義」や「広宣流布」に共通すると言う論理に基づいている。そもそもの法華経は、釈迦が予見した仏教歴史観の中で最後に区分される「末法時代」に広められるべきとされた経典であったが、日蓮主義を創設した智学は法華経と国書とを結びつけ、それぞれの内容に合致する点があることを主張して、日蓮主義が国是となるべき議論を創ったのである。智学の言う「日本書紀」と法華経の一致とは、「日本書紀」における「八紘一宇」が、法華経の「広宣流布」・「一天四海回帰妙法」と同じ意味をもつとする点で、具体的な言葉を当てはめれば「日本書紀」における「八紘」と法華経における「一天四海」とが合致し、さらに「一宇」と「回帰妙法」とが合致するということになる。またこれは、日蓮の著した「立正安国論」に表れている「法国相関」の概念を再構築する運動でもあった。智学の「国体論」には特に法国相関の論理が全面に押し出されており、その中では皇室も日蓮仏教に裏付けされた「世界統一の天業」を推進する指導者的な立場にあるが故に尊いとされ、法華経と日本国とが互いに必要不可欠な関係にあるとした。

こうした智学の国体論は、当時の社会の実態に日蓮主義的な価値を後付けていくことで理論武装するものであったと言える。智学曰く、

「日本のえらいのは、皇統連綿万世一系と直に言ふが、皇統連綿万世一系はえらいものではない、逆さまだ、日本はえらいから皇統連綿万世一系なのである*33」

これは「日本書紀」を日蓮教義によって分析して、両者が同一であることを説明しようとするものであるが、この両者を結び付けても良いような理由は智学当人の感性の他には何ら示されるわけではない。

智学にとっての家系伝来の皇室崇拝や「八紘一宇」とは、どちらも修行や研究考察の上にもたらされたものではなく、それらを自明視しようとする智学が後から理由を付したものである。つまり、智学の取り組みは世界の中で価値のあるものを求道し、その結果に日蓮や国体を発見したのではなく、智学の宿願によって価値が断定された日蓮や国体にどのような理由づけをすることでその価値を語ることができるかを攻究したものであった。そのため、上述の主張に見る通りに日本の「えらい」理由はもはや説明される必

要などなく、既に存在している事実を後から価値化しているのである。そして、この主張は一九一〇年代の世界で君主制が打倒されていく過程において益々なされていくことになる。

智学の国体論は、家系伝来による国家観と日蓮教義とを結合させた点に独自性をもったが、政府政策による国体のイメージと日蓮教義とがいかに結合し得るかを説くものであり、国体に日蓮教義を寄せていくことで「日蓮主義普及のための国体学」にしようとするものであった。日蓮を国体に引きつけようとする智学の論には当時から批判が出ており、先の横浜講演では智学自身も、「日蓮主義なる宗教を、無理に国体論に結び付けて、国家の甘心を得ようとするものだと考へている」と智学を批難する声が世間にあると述べている*34。

国体に引きつける智学の教義解釈が「牽強付会」であるとする批判はこの後も繰り返されたが、それに対する智学の反論は常に法華経と国家とを結びつける法国相関論に依拠した。また「日本国体の世界的宣揚」を訴えて、

「帝国議会の協賛と　天皇の詔勅に依ッて、国立戒壇を成就するといふことが日蓮主義である。即ち日蓮聖人に依ッて、開顕せられたところの日本国体、その日本国体が宗教となッて現はれ、日本国体が信仰となッて現はれていくところのものが三大秘法である*35」

と、ここではあたかも国体が教義を生み出したかのように説明され、国体と日蓮主義の合一性を説くことで、日蓮宗の戒壇建立を目指した国体運動の実践が主張されているのである。

日蓮主義の戒壇建立の問題については、智学は一九〇一年の段階で「国立戒壇」と命名して既に戒壇建立の実現に取り組んでおり、そこでは三段階にわけて日蓮教義が全世界に広まる工程が述べられる。まず、

日本の国体は日蓮主義に立つことで真価を発揮するので、国民が国体と日蓮主義との関係性を自覚する第一段階（三法冥合）、次には日蓮主義者の集まる議会において信教の自由が否定され、天皇の詔勅によって日蓮仏教が国教となって、戒壇の建立とともに全ての日本国民が日蓮に帰依する第二段階（事壇成就）、最後は世界中との闘争を経た後で日蓮主義による世界統一が果たされる第三段階（閻浮統一）という三部のシナリオである。最後の段階での闘争というのは、日蓮教義によって国内の統一が果たされたことを海外に発信していくと「国慾主義」の他国らが日蓮主義の日本に敵対し、それによって「世界の大戦争」が発生するというものであった*36。

智学が最初に「日本国体学」を題するのは上述の通り一九一一年に開いた講習会での講演であったが、本格的に国体論を普及させていこうとするのは一九二〇年一一月三日（明治節）に「日本国体の研究を発表するについて」の「宣言」*37を行って以降のことである。

但し、既に日露戦争時に戦勝祈願として行った講演において、

「日蓮主義は即ち日本主義なり、日蓮上人は霊的国体を教理的に解釈して、末法万年宇内人類の最終帰依所を与えんが為に出現せり、本化の大教は即ち日本国教にして、日本国教は即ち世界教なり*38」

と述べており、当初から一貫して国体と日蓮主義との同一性を主張していたことが解かる。

このように智学は日蓮と日本国との不可分性を強調するのであるが、智学によれば、日蓮自身が日蓮と国家の密接な関係を強調しており、それは日本が建国以前から世界を一つの宇となすべき理想をもった道義国だからであって、日本の主義と日蓮の主義とは同一視できるとした*39。つまり日蓮は日本が正統性のある国家だからこそ自身との関係性を強調したのであるから、日本の主義と日蓮の主義とは同一視して

よいということであるが、このように智学の国体論とは国体を日蓮主義的に解釈することであり、右の講演で日蓮が「国体を教理的に解釈」したと述べていた通りに、法華経と国家とが互いに必要不可欠な関係であると説くものであった。

第一次大戦後の思潮に対して、智学は国家主義的な日蓮主義国体論を展開することで、日本国体の宣揚によって行われる社会変革こそが当時の社会危機の解決手段になると主張した。智学の国体論は建国神話によって日本の正統性を裏付けることで他国をその宗教とともに否定し、その否定する論拠を日蓮の遺文に求めた国体論であると評価することができる。

この間に、日生の方は社会事業を着実に継続していた。日生は一九一八年度の初頭から社会問題においても特に労働者の慰安と善導を目的とした社会主義対策を目指しており、そのための思想涵養を行う「自慶会」を設立した。日生はこれを、

「我等の自慶会の運動は国家的社会政策を援助せんとするものに外ならない。国家の恩恵に包まれて、労働者に歓悦を催さしめんとするのである。国家として限りなき社会政策を施されないから我々有志に於て之を援助するのである*40」

と述べている。

日生の活動もまさに国家の政策的な出先機関としての役割を積極的に担っていると言えるが、この姿勢は政府・軍部の協賛を大々的に得ており、設立大会では小笠原長生陸軍少将（司会）や後藤新平（祝辞）の他に、佐藤鉄太郎（講演）と筧克彦（講演）らも出席している。

そして、石原莞爾も国柱会の発刊した雑誌や、智学の著作を買い求め、講演を聞きに行くなどして日蓮

主義に接近していくのである。石原がこのような日蓮主義を選択した動機は何であったのだろうか。次章ではその動機を論証する。

註

1　田中智学『日蓮主義新講座・概論』（獅子王文庫、一九三四年）、一三頁。

2　戸頃重基『近代日本の宗教とナショナリズム』（富山房、一九六六年）。または、『近代社会と日蓮主義』（評論社、一九七二年）など。

3　優陀那院日輝の教団改革では、教団存立を第一義として折伏を放棄し、摂受を姿勢とすべき教義が展開された。さらに神道・儒教・仏教の一致を強調することで伝統教学を否定したため、当初は教団内からも異端視されたが、時勢の影響からも次第に主流となり近代日蓮教学の大成者と評価される。

4　国柱会の教義については、田中家の家系的な尊王思想が智学に国体と日蓮を同一視させたことで、国家観との両義性がある教義となったことが指摘される。〔松岡幹夫『日蓮仏教の社会思想史的展開』（東京大学出版会、二〇〇五年）、一二二・一一〇頁参照。〕

5　大谷栄一『近代日本の日蓮主義運動』（法蔵館、二〇〇一年）。本書は田中智学と本多日生が、近代の成立過程において国民の間に信憑性を形成しつつあった「国体」を主体的に取り込みながら運動することで近代に対応していったことを説明する。イデオロギーに焦点をあて近代日本の政教関係を検討している。

6　「正統性の横領」問題の背景となった社会状況については、陸軍の展開した「国民統制政策」の影響がある。陸軍は地方の町村長や学校教員、それらと連結する地域青年団・在郷軍人を媒介として地域を把握しようとした。その方法は、地元の精神的な拠り所を管理することで求心力を得ようとしたものであったが、町村民の精神的な結合を促すために宗教家も動員されている。当時の宗教家も主体的に政策に関わりを得ようとしたことが解かっているが、日蓮主義はその中でも最も政策に接近して大正時代の一時期に隆盛した団体の一つである。こうした「擬似政策主体化」の問題や政策については、伊勢弘志『近代日本の陸軍と国民統制‐山縣有朋の人脈と宇垣一成』（校倉書房、一九一四年）を参照のこと。

7 同前、一一九～一二〇頁参照。

8 同前、一二五頁参照。

9 同前、一三六頁。

10 吉田久一『日本近代仏教社会史研究　上』改定増強版（川島書店、一九九一年）、三六一頁。

11 土屋詮教『日本宗教史』（自修社、一九二五年）、五三七～五四二頁参照。

12『日蓮主義』一号。（明治四二年五月一二日発行）、一頁参照。

13『感化救済事業講演集　上』内務省地方局編（一九〇九年）、一～八頁。

14 吉田、『日本近代仏教社会史研究　下』、七八頁。内務省から各宗教団体に講習員の派遣が通知され、各団体はこれによって主体的に参加したことが示される。

15 大谷氏によれば、日生は講習会の閉会式に招聘され、その席上で「仏教史上に於ける感化救済事業」を臨時講演している。講演の決まった経緯は明らかではないが、招聘されたことからは内務省の政策意図を解する担い手として日生が認知されていたと言える。〔大谷、前掲、一六〇頁参照。〕

16 吉田、『日本近代仏教社会史研究　下』、八一頁。

17 本多日生「実社会への交渉」『統一』一六四号、（明治四一年一〇月号）、一頁。

18『統一』に掲載された感化救済事業に関する内務省の資料は、〔「我国に於ける慈恵救済事業」内務省、一六四・一六六号。（明治四一年、一〇・一二月）〕、〔内務書記官・中川望「矯風奨善の概要」一六八号（明治四二年二月）〕、〔内務次官・一木喜徳郎「現代仏教者に望む」一六九号。（明治四二年三月）〕、などが確認できる。

19　前掲、『近代日本の日蓮主義運動』、一六三頁参照。
20　日生、前掲「実社会への交渉」、一頁。
21　前掲『近代日本の日蓮主義運動』、一七〇～一七一頁。
22　一九一一年三月一〇日に村松恒一郎によって危険思想対策についての質問がだされている。〔『官報』付録衆議院議員速記録二七回。三八八～三八九・五六六頁〕。
23　『内務省史』第四巻。（一九七一年）、三六七頁。
24　大逆事件への対応として警告を発した「大逆事件に於ける国民的反省」の巻末に国民統合政策に賛同する内容が記される。そしてこの後には実際にも同冊子が小学校教員に施本されている。〔智学、『日蓮主義。一三号』（明治四四年三月一日）、参照〕。
25　『統一』一九六号。（明治四四年六月合）、一〇頁。
26　『国柱会百年史』（国柱会、一九八四年）、年表参照。
27　「国柱新聞」一七三号（大正六年四月一一日付）、四頁。
28　一九一九年四月に行われた智学の講演は、四月一日から六日：「本化宗学から見たる日本国体と現代思想」。八日～一三日：「報恩抄」解説（春期講習会）。一九日：「思想問題解決特別大講演会」（横浜）。
29　大谷、前掲、二四三頁参照。
30　智学、前掲「本朝沙門日蓮」、一八一頁。
31　同前、一八四～一八五頁参照。日本書紀から「積慶」・「重暉」・「養正」の三語を抽出し建国三綱としている。
32　「三大秘法抄」は日蓮教義を集約した遺文で「本門本尊」「本門題目」「本門戒壇」の目的とその達成方法を説いたものである。初めの「本門本尊」は日蓮宗の本尊が法華経そのものであることを決定しているのであり、即ち「妙法蓮華経」の五文字が「本尊」である事を意味する。次の「本門題目」は題目を唱える事こそが正しい修行であることを示し、そして最後の「本門戒壇」は日蓮とその門下の最終的な目標としての戒壇建立を果たしたいという願望である。日蓮の「立正安国論」で主張された現世における理想社会の実現は、この本門戒壇を根本道場として実現されるべきもので、日蓮によれば本門戒壇は仏国土の成立とともに達成されるとされている。

33 智学、『国体の権化明治天皇』（師子王文庫、一九一三年）、三九〜四〇頁。

34 大谷栄一『近代日本の日蓮主義運動』（法蔵館、二〇〇一年）、二四七頁参照。原典は『獅子王全集』第一輯第二巻「教義編」（獅子王全集刊行会、一九三二年）。

35『獅子王全集』第一輯第二巻「教義編」（獅子王全集刊行会、一九三二年）、三七〇頁。

36『本化妙宗式目講義録』第四巻、二六四八頁参照。

37 田中智学「本朝沙門日蓮」『日本精神講座』第四巻、（新潮社、一九三四年）、二一七頁。「日本国体を発表するについて」として宣言文が載せられており、宣言文の始めと終わりで「世界を挙げて日本国体を研究せよ。」と述べられている。

　なお、智学の国体学への取り組みの時期については『国柱会百年史』（国柱会、一九八四年）で確認できる。智学は一九一一年の「本化仏教夏期講習会」において「日本国体学」を講演するが、その後は「日本国体学」を正科講義とする講習会は一九一三年度・一七年度に一度ずつ開かれたのみである。「宣言」以降は「日本国体の研究」が国柱会発行の「天業民報」に連載されており、連載された論文は一九二二年に『日本国体の研究』として一著にまとめられている。

38 智学、「皇宗の建国と本化の大教」『妙宗』七篇二号。（明治三七年二月号）、五頁。

39 智学、『日本国体の研究』（獅子王文庫、一九二二年）。特に第一篇参照。

40『統一』二七五号。（大正七年一月号）、二頁。

第三章

＊「最終戦争」と「予言」―日蓮主義信仰と入信過程

　これまで石原莞爾が独自の戦略や戦争史観を立てたことには、「戦争史の研究と日蓮宗の信仰とを結合させ、独特の世界最終戦争論を形成した」＊1 と評価される通りに、晩年まで石原の思考を支えた日蓮信仰の影響があったとされてきた。

　国柱会入会の動機は、先述したように陸大を卒業した一九一八年一一月に会津若松の連隊で兵の教育に当たった際に、その中で国体問題について思い悩んだことであるとされており、翌年七月に教育総監部勤務となって東京に出てから国柱会に入会した。右に従えば、国体に関する悩みについて国柱会に何らかの解決を得たことになるが、そもそも石原は国体の何を問題にしていたのであろうか。ここではまず、石原の入信の動機を求めて国柱会の国体論を検討する。石原の入信の動機を問題として、入信経緯に対する本格的な検討は本書によって初めて行われることになると言えるが、検証の結果に、本書は石原の入信動機が国体論にあるとする説明が成り立たないことを論証することになるであろう。

1　国体問題と日蓮主義信仰——「日本国体論」と「天皇主権説」

石原は、「兵に、いかにしてその精神の原動力たるべき国体をたたき込むか」という問題に悩み国柱会に入ったことになっている*2。その理由として、石原のように幼年学校等で少年時代以来の軍隊教育を受け、軍人勅諭をあたえられてきた者は国体について信念が揺るがないことを安心できるが、自身が教育に当たっている兵士の方にはその点について不安が残ったと述べた。さらに世人や外国人にまで納得させる確信を得るまでは安心できないというのである。

しかし、本来の国体とは政体・政治の上に表れる国柄を指すのであり、具体的には国家における理念的価値や主権のあり方の問題なのであるから、国体を外国人に納得させる時というのは占領地や植民地において外国人を自国民化するような時であって、外国人の理解まで必要視するにはそれなりの理由や目的がなくてはならない。この理由については石原によっても、また先行研究によっても説明されないが、何れにしても右のような国体問題への関心によって、石原は筧克彦の『古神道大義』*3をはじめとした神道・キリスト教・仏教の各宗派について研究を行った。因みに、筧とは本多日生が社会事業と思想涵養を行うために立ち上げた「自慶会」の設立大会において講師として招かれていた人物である。石原はそうした様々な研究をしてみたものの、どの教義にも満足することができなかった。しかし、日蓮の教義に触れると「遂に、日蓮上人に到達して真の安心を得て」国柱会に入会したとのことである*4。なかでもその教義に含まれていた日蓮の「前代未聞の大闘諍一閻浮題に起こるべし」（かってなかったほどの大きな大乱が現世一帯に起こる）という予言が、石原の「軍事史研究に不動の目標を与えた」という*5。では、このように石原を満足させたとされる国柱会の教義とは何を指しているのであろうか。
石原の入信動機が国体論にあるのであれば、国柱会の教義が陸軍のものに比して「外国人にまで納得のいく」国体論になっている必要がある。従って、日蓮教義は同時代に並行して発展していった陸軍内における国体論よりも際立った特徴があるのか比較せねばならないであろう。以下では、陸軍教育における国体論を検討した上で、石原の国柱会入会の経緯を明らかにする。

智学が運動を進めていった一方で、陸軍においては国体論が国民統制上の問題として進展してきた。その様子や時期的な背景は、陸軍の将校クラブである偕行社から刊行されていた『偕行社記事』を通じて確認できる。日露戦争を経た陸軍は戦争認識を改めた結果に、予備役兵の活用に伴う国民の精神強化を課題としたが*6、この課題は「戊申詔書」に代表される政府の国民統制政策と連動し、各地の小学校教員に対する「現役兵教育」や、在郷軍人の活動などを介して軍人精神の涵養が行われた*7。またそれにともなって国体論の補強も取り組まれていくことになる。

日露戦争後の国体観念の変化は、それに伴って変化した兵卒の精神教育からも知ることができる。立身出世主義の原理によって軍隊教育を分析した広田照幸氏は、明治中期までの新兵教育では読み書きの困難な者を含んだために学科教育でのテクストの文章が難し過ぎるという意見があがっており、イデオロギーの理解よりもむしろ「軍人勅諭」の五ヵ条の徳目さえ身につければよいとする教育となっていたことを述べて、そのため国体観念と関わる軍人勅諭と読法の教育でも、日露戦争以前には世界観や歴史観を注入しようとする試みはほとんど見られず、単純に徳目のみを抽出して解説されていたことを説明した。それが日露戦後になると精神訓話などによって「世界無比の国体」であるとか「皇室と臣民」といった国体に関する教育が現れ、軍隊教育が日露戦争をはさんで徳目教育から世界観教育へと変化したことが示されている。そして、それまでの「訓話を通した忠義、勇敢といった個々の形成から、訓話を通した世界観の形成へという目標の転換」が目指されて、羅列的な徳目の注入は目標でなくなり「むしろそれら個々の徳目は一つの世界観（国体観念）から演繹されるべきものとなる。精神教育の最終目標は、軍人勅諭の前段にある歴史像や軍隊像を、個々の兵卒が自分の世界観とするべきことに向けられるようになる」と、教育趣旨の変化が述べられている。またこの方向性が日露戦後の軍隊教育令や軍隊内務書の改正を通じて教育方針化していくことも説明されている*8。

このように、日露戦争は国体論にとっての転換期でもあった。世界第一級の陸軍を誇ったロシアに勝利した日本陸軍は、日露戦争後に制度の刷新を図って、兵士の精神面の強化に取り組んだ。精神教育の強化には、入隊する人員の増加にともなう意味もあったが、その必要は何よりもデモクラシー思潮の高揚を意識してのことである。陸軍では、日露戦争後の一般思潮悪化の原因が明治維新に求められており*9、維新のもたらした急速な欧化政策の結果として学術や思想も西洋から急速に導入することになり、軍事精神とは相容れない思潮が発生したと考えられたのである*10。軍隊から見たデモクラシーの台頭は一般思潮の退廃に他ならなかった。

陸軍において、軍人精神は歴史的な伝統を抱合した日本人の精神そのものであり、軍人精神に沿わない思潮は、そのまま日本人に有益ならざる精神であるという論理が導かれた。精神面において、陸軍の戦後経営とは軍人精神の鍛錬であり、その意向は当時の国定教科書の改定などに反映されている。一般社会に対しても、在郷軍人に各市町村でのリーダーとしての役割を担わせる政策を展開し、小学校においては教員への現役兵教育が実施されていく。これらは、青少年らに入隊以前の段階から軍人精神が獲得されていることを期待しての措置であった。

そして一般社会に軍人精神を広めるにあたり、従来よりも強固で成熟した国体理論が求められてきたこの時期に、憲法論争としての所謂「上杉・美濃部論争」が起こったことで、国体の理論的な補強が一層の急務であると認識されるようになる。論争は、「天皇機関説」をとる美濃部達吉が優勢で、今日でも大正デモクラシー時代の一つの礎石として評価をうけていることは周知の如くであるが、上杉慎吉は美濃部の「天皇機関説」に対して有効な反駁を展開できなかった。

こうした状況を背景にしながら、陸軍は上杉慎吉を陸軍大学に迎えるに至る。上杉と陸軍のつながりは、上杉の先輩にあたる一木喜徳郎の仲介により、上杉が山縣有朋と接触した事によって生じた*11。そして、この出会いを機に忠君愛国の精神の普及と政党排除を目的とした「桐花学会」が結成されることになる。桐花学会の発足式には、またも筧克彦が参加している。他は、学者では清水澄・井上通泰、官僚から江木千之・入江貫一、陸軍からは大島健一が参加した。上杉はこの発足式において、「政党撲滅を努むべし」と唱えて思想涵養を謳ったが、その撲滅宣言は直ちに新聞各紙の攻撃対象となった*12。

こうした桐花学会の結成は、山縣ら陸軍の求めた国体思想と、上杉の天皇主権説との間に方向性の一致があったことを示すのであり、上杉が陸大の教授に就任する一九一三年以降の陸軍の国体教育は、上杉の憲法学説を基礎とした。

上杉は帝国主義の国際環境を背景に、強い国家心や奉公心を育成する国民教育の必要を感じ、国民に憲法の知識を与えることで国家意識を浸透させるべきと考えた*13。上杉の学説は、一九〇六年五月からのドイツ留学によって固まったもので、人間に道徳性を賦与して補完するものとして国家を捉えるプラトンの「道徳説」を踏襲することで、社会契約説に代表される民権思想を否定した。

上杉にとって国家生活は人間の道徳が最高に発達したものであり、従って国家は最高の道徳の基礎となって究極的価値の実態をも表すものであった。その中では、最高価値に従属する人間は国家の道具に位置づけられ、国家を離れた人間は価値を剥奪された存在に過ぎないとの観点から、国民はその価値のために国家に奉仕すべきであると説かれた。国家を最高道徳の基礎として位置づける上杉の学説は、国体に究極的価値を認めた国体論が大半を占めている。著書『帝国憲法衍義』では、世界には無理に揃えたような国が多いが、日本のみは自然に成立したとして、「我が国は本来一の家族から発達したものであって、家族の中心たる一家の父を以って中央の権力者として、それが拡張して一の国家となったもの」と述べ、日本の建国が特徴的であったとして価値づけている*14。

さらに、西欧の君主は人民がそろえるが、日本の場合には皇祖神が自己を主権者であると自ら宣言したことが国家根本の法となって成立しているとして、日本の建国の精神を「建国神話」と「天孫降臨神話」から導き出した*15。つまり上杉に従えば、日本のみが唯一本当の君主国であって、またそれは「日本書紀」によって裏付けられるということになる。そして、この神話を基礎とする上杉の国体論が、立論の方法と論拠とにおいて、智学の論と相似している点に気づかされるのである。

両者はそれぞれの著書『帝国憲法衍義』（上杉）・『本朝沙門日蓮』（智学）において、「日本書紀」から「葦原千百秋瑞穂国者是吾子孫可王之地也宜爾皇孫就而治焉行矣宝祚之隆当与天壌無窮矣」を述べる同一の文言を引用し*16、これを論拠として、それぞれ「主権の定まる原因」と「先天の道義国」という表現で、諸外国より優れた国体の正統性を主張している。即ち、両者は「主権者が自ら主権者であることを認定した」という全く同じ理由を述べて、同じ出典から同一の主張をしているわけである。

また両者の国体論の展開はその時期においても一致が見られる。『偕行社記事』で国体論や憲法問題が活発に展開されるのは一九一九年以後のことで、この年の六月に上杉が国体問題の論文を発表し、それをきっかけとして陸軍将校らの論文が掲載された。

上杉の論文は、「我国体に就て」『偕行社記事』第五三八号（一九一九年）であるが、以後に上杉に続いて掲載された国体問題に関する論文を示せば以下の通りとなる。
①陸軍大将・本郷房太郎「思想界の動揺と我が国体観」五四七号別冊付録（一九二〇年三月）。
②陸軍少将・高橋於兎丸「我国体ノ特徴ニ就テ」五五一号（一九二〇年七月）。
③枢密院書記官・入江貫一「通俗大日本帝国憲法略解」五五三号別冊付録（一九二〇年九月）。
④陸軍少将・奥平俊蔵「我国体の尊厳説明の要点に就て」五九二号（一九二四年一月）。
⑤陸軍歩兵大尉・三原鼎「兵卒に我国体の尊厳を教ふる講和案」五九四号（一九二四年三月）。
⑥陸軍歩兵少佐・南雲親一郎「我国体に就て」五九五号（一九二四年四月）。
⑦陸軍歩兵大尉・上村弘文「我が国体の諸相」六〇〇〜六〇二号（一九二四年一〇〜一一月）。
これを見ると国体・憲法論争が扱われる時期を概ね三つの時期に区分できる。第一期目は契機となった「上杉・美濃部論争」期で、二期目が先の上杉の論文が掲載された一九年から二〇年の頃、三期目が二四年である。上杉の論文が掲載されたことからも、上杉学説が陸軍公認となっていたことが確認されるが、それはつまり陸軍の国体論が建国神話に立脚した上杉学説と共に成立していたことを示す。そして智学の

国体論もまた同じ特徴をもっていたのである。

石原は国体問題で思い悩んだ末に「日蓮上人に到達」して国柱会に入会したはずであったが、智学の国体論は陸軍の論と比して特別の独自性を有したわけではなかった点をまず確認しておく。

2　入信の経緯と動機としての「予言」

石原の信仰の動機を追求するには、他の日蓮宗系の教団ではなく国柱会でなければならなかった理由が何であったのかまで説明されねばならない。従って、以下では「石原が信奉したものは日蓮そのものではなく日蓮の予言であった」とする先行研究の評価を踏まえつつ、石原の国柱会入会の経緯を確認していく。

石原は一九二〇（大正九）年に国柱会に入るが、その経緯が記される『田中智学先生略伝』によれば、東京鶯谷の国柱会館で行われた「春季講習会」に参加したことで入会が決まっている*17。また同著には、石原がこの時の智学の講演に感動し、講演直後に直接智学に質問をして入会が決定したという事と、国柱会への入会は先ず研究員としての下積みの期間を過ごすのが慣例であったが石原は特例として「一躍信行員となった」ということが記されている。

石原は「大正八年以来、日蓮聖人の信者である」*18と語っているので、一九一九年から独自に日蓮研究を始めて、翌一九二〇年に国柱会を選んだことになるが、それは石原の一九二〇年の日記でも一月中に日蓮の書物や題目が度々記され、「日蓮宗ニ改宗セン志アル」*19などと記されていることからも確認できる。

国柱会に入った日時は不明であるが、入会が決定したとされる一九二〇年の「春季講習会」は、四月二二日〜二八日の間で行われたものしかなく*[20]、石原の日記にも入会日は記されていないが、この年の三月一九日付の日記には智学のことを未だ「大先生」ではなく「田中智学氏」と記しており*[21]（国柱会の信行員は智学を「大先生」と呼ぶのが慣例となっていて、石原も入会後の日記ではこれに倣っている）、五月には中支那派遣隊司令部付として中国の漢口に赴任しているので、ここからも入会が決まった講習会は右のものと特定できる。従って、講習会では石原が「真に安心を得る」はずの国体論が講義されているはずである。ところが、この講習会では「観心本尊抄大意」と「安土法難史論」という講演がなされており、国体についての問題が扱われた形跡は確認できない*[22]。

石原に国柱会入会を決定せしめたと思われる智学への質問が何であったのかということは残念ながら確認できない。しかしながら、何れにしても石原は国体問題の扱われなかった講演に感動したと言ったことになるので、国体論以外の智学の論に本当の入会動機が求められなくてはならないが、先ず石原が聴講した「観心本尊抄大意」とはどのような内容であったのかを検討すべきであろう。

日蓮信仰においては「五大部」と称される日蓮の五つの遺文が重視される（「立正安国論」・「観心本尊抄」・「撰時抄」・「開目抄」・「報恩抄」で「五大部」）。これらのうちの「観心本尊抄」と「撰時抄」は、「予言書」としての性格をもっており、演題になっていた「観心本尊抄」（正式には「如来滅後五五百歳始観心本尊抄」）は、日蓮と弟子の問答形式の記述をとりながら、仏教の歴史区分を基礎に法華経による救済を理論化している。また、日蓮以後の時代には法華経を広めるべきことを説いており、この中では布教の方法として、先述した「折伏」（強硬手段）と、「摂受」（懐柔）があることが説明されている（本書33頁を参照）。智学や日生が宗門の穏健主義に疑問を呈し折伏主義を唱えたのはこれが根拠となっていた。

日蓮は弟子に対して、末法の世においては「未来記」という予言書にある四体の菩薩（四菩薩）が此岸救済を目的として出現することが明らかであるということを強調した上で、日蓮以後の時代には法華経を広めることが正しいことを説いた。根拠となっているのはその予言で、「四菩薩、折伏を現ずる時は賢王と成って愚王を誡責し、摂受を行ずる時は僧と成って正法を弘持す」というものである。これは法華経を広めるにあたって、折伏をもって流布を行うべき時には菩薩が賢い王の姿で現れて愚かな王を誡め、摂受を行うべき時には僧侶の姿として現れて流布するとの意味であるが、日蓮は自らがこの僧侶の姿で救済に現れる四菩薩筆頭の上行菩薩の生まれ変わりであると自称していた。

もう一方の「撰時抄」には、日蓮が自分を釈迦直系の弟子であるということを認識するに至った経緯が記されており、日蓮が釈迦から直に口伝を受けた上行菩薩であるという事と、仏教の歴史区分の上での第五期にあたる五百年間に邪智謗法が蔓延り国中が乱れるという予言が記される。この「撰時抄」に記される予言の「前代未聞の大闘諍一閻浮題に起こるべし」は、四菩薩が現れる「救済」の時にその予兆として地震や彗星といった天変地異が起こり、天変地異とともにかつて無かった程の大きな規模の大乱が現実世界一帯に起こるという意味である。日蓮が予言した国難到来（元寇＝文永・弘安の役）の際にも鎌倉に頻繁に大地震が起こるなどの天変地異があり（一二五〇年代後半の建長八～正嘉元年）、それが元寇の予兆であったとされた。日蓮主義はこの大乱を乗り越えた後に「広宣流布」を果たし、最終的には「一天四海回帰妙法」の世界統一を遂げることになっており、また先述した智学の国立戒壇の達成とそれに伴う「世界の大戦争」のシナリオは（46～47頁参照）、この「撰時抄」を基礎としている。

そして、石原はこの「撰時抄」の予言が「私の軍事研究に不動の目標を与えた」と言っていたわけである。「一閻浮題」とは現世あるいは娑婆の意味であるが、智学の講演では、「日本乃至漢土月氏、一閻浮題の人ごとに、有智無智をきらはず一同に他事をすてゝ、南無妙法蓮華經と唱ふべし。」として三大秘法が広められるべきことが述べられており、特にその一閻浮題に「日本乃至漢土月氏」、つまり中国大陸も含まれることが説明されている点については看過されるべきではないであろう*23。

「觀心本尊抄」では末法以降の時代では折伏が行われなくてはならないと説明されているので、つまり石原は智学の「折伏」の説明を受け、同時に「大乱の予言」と出会うとそれらを軍事研究の核としたのである。実際にも石原は「聖蓮抄」という自身の手帳の余白にこの「観心本尊抄」と「撰時抄」の予言を自ら抜粋して書き込み、教義の主軸に位置づけていた*24。手帳は持ち歩いていたと思われるが、その抜粋内容が「四菩薩、折伏を現ずる時は賢王と成って愚王を誡責し、摂受を行ずる時は僧と成って正法を弘持す」と、「前代未聞の大闘諍一閻浮題に起こるべし」の予言であったことからも、石原が諸宗教の中から日蓮を選択したのは、右の予言の存在によることが確認できるのである。後の「最終戦争論」においても「仏教の予言」という章を設けて、「観心本尊抄」の菩薩来迎について述べてある。

石原が選び取った二つの予言は、ともに現世救済としての終末を内容としており、二つを併せて説明すれば、救済のために四体の菩薩が現れるが、その筆頭である上行菩薩は一度は僧の姿で現れて摂受を行い、「大闘諍」の時代には賢王となって再臨し折伏を行うことで世界全土を帰依させる。一度目の僧としての出現が日蓮であるとされたのであるから、つまり日蓮（上行菩薩）の生まれ変わりが再び登場した時に「前代未聞の大闘諍」が起こり、世界は統一されることになる（「八紘一宇」）。

智学の講演が石原に示した内容は、「大闘諍」の発生と、その舞台となるのが日本および中国大陸（漢士月氏）であり、しかもそれらの人々が皆「南無妙法蓮華経」と唱えるようになることで救済が行われるというものであった。石原にとって、この予言こそが日蓮信仰を選択する決め手となり、漢口に赴任する一週間ほど前に慌ただしく入会したのである（四月九日に漢口赴任が発令されていた）。

このように、「石原が究極的に信奉したものが日蓮の教えではなかった」という評価は、予言の存在があっての信仰であったという意味において正鵠を得ており、それは国柱会の入会経緯や石原本人の遺品によって裏付けることができる。また、智学の論における国体の説明には、陸軍に比して独自の論理を特別に持たないうえに、入信を決定せしめた講習会で扱われなかった国体論のみに入信動機を説明させることは困難である。なお、既述の通り石原が入会した講習会では、右に検証した「観心本尊抄」の他に、「安土法難史論」が講演されていたが、織田信長の命により浄土宗との宗論が行われ、「妙」の議論をめぐって敗れた日蓮宗が以後は他宗への法論を行わないことを誓約させせたれた「安土法難」の内容は、国体問題とは一層離れた内容である。

そもそも国家の論理に接近することで教団の拡大を行わねばならなかった智学にとっては、国体論との接合は課題なのであって、国体の論旨に変更を迫るようなことはできないのであるから、陸軍の国体論と違いのないことは当然と言えよう。それは智学が陸軍の国体論の隆盛期の一期目と二期目に合わせて、一九一一年に着手し、一九二〇年に国体研究の「宣言」による表明をしていたことからも解かる（三期目においても同様であるがそれは第七章４②に後述する）。従って、石原が悩んだ国体問題とはその広め方の問題だったのであり、その点で智学の講演によって解決され得たし、入会の動機は国体問題そのものよりも予言に求めるべきことを改めて確認できる。

3　対米感情と排他的教義の共鳴

石原が日蓮を選択するには予言が不可欠ではあったが、それがとりわけ国柱会でなければならない理由を得るにはさらに検討を要する。本書は石原の変節を解明するために信仰問題を検証するのであるが、信仰問題と石原の言動に起きた矛盾を考える際、従来の研究蓄積の中では野村乙二郎氏の下した、石原が最終戦争論の立論に日蓮主義を持ちださなければならないのは、重圧としての対米観があったからとする評価は重要な示唆である*25。日蓮信仰の意義づけは石原の軍事史研究とその実践と共に考察されなければならないが、最終的には日蓮主義の中でも国柱会を選びとった理由が説明されねばならず、そしてそれは「最終戦争論」において打倒する事が結論づけられていたアメリカに対する石原の米国観と無関係ではないはずである。また、石原の信仰したものは日蓮ではなく、日蓮教義の「予言」であったが、それがアメリカとの「最終戦争」という構想に結びついた過程にも検討を要する。

先ず国体問題に関して、石原は会津時代から国体について悩んだと述べたが、そもそも石原は自己の内心には国体についての確固とした揺るがない信念があると語っているのに、何故新たな国体の意義づけをする必要があったのかが説明されていない点も考慮すべきである。石原はその精神をもって兵に何をさせたかったのか、また歩兵大尉であった当時の石原が一人でそれを用意しなくてはならない理由とは何であったのか、そして特に国柱会を選んだ理由が何であるのかはこれまでの研究においても説明されてこなかった。

また、兵士育成を目的とする石原が、同時期に陸軍公認となった上杉学説から敢えて離れたがる理由も説明されない。軍隊内での兵士育成を目的とする石原にとって、陸軍公認の上杉を根拠に国体精神を教育する方が、はるかに効率的なはずではないだろうか。石原は、上杉学説に何の不安があったのかについては述べていないことからも、信仰の動機は単なる国体問題という見方からは説明し得ないのであり、一方の智学の国体論も国体を日蓮主義的に解釈することに他ならず国体そのものに新しさを加えてのものではないことは既述の通りである。

上杉が陸大教授となるのは一九一三年で、石原の陸大入学は一五年なのであり、上杉の国体論が『偕行社記事』に掲載されて、国体問題が第二期目の隆盛期を迎える一九一九（大正八）年六月は、石原が国柱会に入会する前年でちょうど宗教研究の遍歴を経て日蓮にたどり着く前後のことと算出できる。

さらに、国体論を展開した上杉・筧・智学の三者の論をそれぞれ比較すると「建国神話に基づく正統性」によって国体の価値を説明している点で一致が見られる。石原の言う外国人に対する説得についても、三者はともに国体を世界に公布すべきことを主張しており、上杉にしても「天壌無窮の国体」を有する日本は大帝国を建設するに相応しいと主張している。

上杉によれば、国体と政体とは明確に分けられるべき性質のもので、不断に継続する国体と、その下で時代によって形を変えていく政体とは等価値のものではなかった。明治期からの議会政治についても、上杉はこれを一時代的な借りものに過ぎない政体として評価しており、議会政治も政党政治も否定的に捉えている。上杉は、議会を占める多数党による内閣の成立は、大臣を任免する天皇大権を形骸化して侵すものであることを説き、天皇の大権中心の憲法精神を遵守するためにも「君民合一」の国家が目指されるべきことを主張した。その中では、「大帝国ヲ世界ニ建立セントスル大方針」をとってきた日本の「天壌無窮の国体」は、世界政策を行なって大帝国を建設するに相応しく、日本が大帝国を建設するに値する国家であることが述べられる。そして先述の通りに、日本の至高性が「主権者が自ら主権を宣言したことによって主権の定まる国」という理由によって担保されるのが、上杉の「日本主義」であった*26。

他方、石原が「戦争史大観の序説」で読んだと述べる筧克彦の『古神道大義』においても国体の価値が説かれている。筧は「古神道の世界的価値」と題して、外国の宗教との比較に基づき「古神道は全世界に行き渡るべきもので、その端緒として日本国に実行され、世界全体を救済すべく高天原の実現を目指す」ことを述べ、「古神道の法は日本国家成立の発展の根拠たる政治の動かざる基礎」であるとして、国体と結びつけた説明もしている*27。ここでも諸外国に対する日本の優越と、国体の至高性が謳われており、「世界全体の救済」を目的に全世界に国体を広めることを目標に掲げているのである。

筧について今少し言及すると、筧は帝大の法科大学で穂積八束・一木喜徳郎の指導を受けて教育行政を専攻した人物で、その後ドイツへの五年間の留学の後（一九〇三年に帰国）、法科大学で行政法を担当する教授となり、一九一三年までに『仏教哲理』・『古神道大義』・『西洋哲理』の「三部作」を刊行している。留学中の筧は、ヨーロッパの近代的精神への深い理解を求めてキリスト教と哲学を学び、これを日本人にも広めるべきと考えた。筧はキリスト教の精神が日本の救済をなしえると考えており、自身が「日本におけるルターの役割」を果たすことで、その達成を目指したという*28。しかし、帰国後には日本独自の歴史的な風土や伝統文化とキリスト教とが容易には融合し得ないことに悩み、その結論として日本の精神を支えてきた古神道の研究を行う。そして法科大学の講義では、憲法や行政法においても古神道の精神を導入すべきとし、また古神道の布教にも努めた。あらゆるものとの合一が可能な古神道の性質を説明する筧の思想には仏教やキリスト教までもが包摂される*[29]。筧は、「古神道は人類全体の大道である。ただ人類全体の上から見れば日本人全体が、いはば釈迦とかキリストとかの地位に居る」と述べており*[30]、つまりあらゆる宗教や思想を必要な分だけ取り込むことが可能で、日本の国体の至高性についても、他の思想や教義が優れた論理を有していればそれを拝借して憚らないのである。要するに、筧と智学においては、国体の価値を説明している点が一致しているだけでなく、「世界に公布すべき根拠」を同じく挙げており、さらに筧は他国の正統性を包摂できる分だけ、国体の海外への拡張に有利な可能性を保持していたとも考えられる。

こうした共通点があったにも拘わらず、石原が選択したのは国柱会であった。信仰を得ることで「最終戦争論」が構築されるには、石原に対して構想の発生を後押しするだけの作用や特性が国柱会になければならず、また反対にそれを求めるだけの要求がそもそもの石原になければ国柱会を選択するようなことにはならない。そして、上杉・筧と比較して智学の講演を見る時、智学にのみ認められるのは日蓮の予言に登場する「大闘諍」の発生である。

後の昭和期における国柱会は「八紘一宇」とともに国体論を特徴としたが、石原が入会した時期において特徴的であったのは、その後に活発化する「国体学」よりも、他宗教に対する強烈な排他性を有したことであった。先述の通り智学が本格的に国体の研究を開始したのは、早くとも一九二〇年の「日本国体の研究を発表するについて」の「宣言」以降のことであり、それは石原の入会から半年後のことである。それ以前に智学によって国体の内容が講演されたのは一九一七年が最後で（第二章註37を参照）、その時には石原は未だ陸大在学中で、日蓮の研究すら始めていないのであるから、そもそも智学の講演内容を問う以前に、国体のみを問題に国柱会への入会を決定したとする説明は成り立たなかったのである。

石原の入会を決定づけた「観心本尊抄」に見た通り、日蓮教義には万民を導く方法として「摂受」と「折伏」の二種があるが、智学は特に折伏を重視した。教義の論理的指針が記されている遺文「開目抄」では、信心における基本姿勢においてこの「摂受」と「折伏」が説明されており、日蓮は末法の現世で万民を正法に導く（広宣流布）ためには、折伏を行わなければならないと断言していた。そして、自らの日蓮主義と国体とを結びつけた智学は、その上で教義上対立する他宗派と、天皇に不忠な者とを同様に扱い、それらを打ち滅ぼす闘いが必要であると力説した。つまり、法華経の教えに導く折伏が実践される必要を説いたのである。

日蓮教義では折伏と摂受は相手によって使い分けがなされるが、智学はその相手を人間に留めずに、「謗国」と「悪国」とに分類することで国家にも適応させて考えられると説明した。そして前者の「謗国」には摂受を、後者の「悪国」には折伏を行うことになるが、この中ではキリスト教国が「仏外の外道国」として後者の「悪国」に指定されている*31。即ち、折伏行という信仰上で「善行」化されている闘争が智学によって国家間の関係に読み替えられると、「悪国」に指定された相手国であれば、「折伏正意の立教」という考えによって、その国家を打ち滅ぼす戦いが聖戦化のみならず義務化されるのである（「折伏正意」は折伏を行わなければならないことを意味するので、つまり「悪国」に当てはめられた場合には、その国家を滅ぼすことが正しい行いであるというよりむしろ滅ぼさなければならないことになる）。

そして、石原が「西洋文化ハ長短之ヲ米国ニ集メツツアルハ争フベカラザル所ナリ」と述べていることなどから、石原には西洋文明の集約点としての米国認識と「元来の悪化した対米感情」があった事が指摘される通り、経済不況と軍部の不人気を背景に悪化した対米感情があった*32。攻撃的で強い排他性のある智学の国柱会でなければならなかったのは、石原が抱いていた憤懣をすくい上げるのが、外国を打破する必要を主張した智学の「観心本尊抄」における解釈があったからこそである。そのため、入会後の石原は憤懣を表現する論拠を得て、対米感情を表現していくことになる。

国柱会入会直後に漢口に赴任した石原は、日本の不景気の影響を受けた漢口の経済状況に落胆し、その憤懣を西洋人に向け、特に白人種に対しては「彼悪鬼共ヲ此地球上カラ撲滅シナケレバナリマセン！」*33と述べた。

この後に、石原は一九二三（大正一二）年からドイツに駐在するのだが、ベルリン時代を共に過ごした智学の三男・里見岸雄の回顧では以下のことが述べられている。石原ら日本の将校が、第一次世界大戦中にドイツの参謀本部に勤めていた将校を雇って、週に一度ナポレオンや世界大戦の「研究会」を開いており、里見もそれに呼ばれていた。ある時アメリカの大尉が参加したことがあったが、その米大尉が石原に「帰途、米国へ立ち寄られるか」と質問すると、石原はそれに答えて「俺が米国へ行く時は、日本の対米軍司令官として上陸する時だけだ」と息巻いたという*34。

また、ドイツ時代に夫人に送っていた手紙が残されているが、その中でも米英人または「白人種」に対する悪感情は度々発見できる。例を示せば、船の中で供されたお茶やおしるこやウナギ飯に手をつけない西洋人を見て、日本人であれば見慣れない食べ物でも試すところであるのに「毛唐ノ野郎共、生意気ニテソレヲナス能ハズ。真ニ世界ノ文明ヲ統合スル天職ハ我等日本民族ノ手ニアル*35」（一九二三年一月二五日）と悪感情を露わにしている。

香港に上陸しケーブルカーで登山をした際も、「横暴ナルアングロサクソンニ、神聖ナル我天業民族ノ武力ヲ加フル時、此山上ニ日章旗ノ翻ルベキヲ思ヒ、独リ会心ノ笑ヲモラシテ下山*36」（一月三〇日）と、既にアングロサクソンとの戦争は想定されている。

コロンボでは「小生ガ洋人大嫌ヒト言ヒシニ、有リ難ウ！　有リ難ウ！　ヲ連発スル有様。誠ニ可愛イラシキモノナリ」と現地で案内をしたインド人について記し、インド人が日本人に似ているとして、日本人の祖先と「釈迦族」は同一だとも記しており、両国が同一の民族であったからこそインドでは英国官憲が日本人に対して過剰に警戒的であるとして、「一日モ速ニ毛唐ノ圧制ヨリ此ノ可憐ナル民族ヲ解放シテヤリタキモノナリ。」（二月一三日）と、英国の植民地政策を批判した*37。

欧州に到着してからも、パリで社交ダンスを見学した時には、享楽的な催事に対して「美貌ヲ自惚レルめす共」が「男ヲ撰ンデ踊リ狂フ」・「楽隊ノヤカマシキニハ殊ニ閉口」と罵倒し、彼らを「米国辺リノ成金共」であるらしいとしている。この「成金」についても、日本人の成金は庶民に遠慮しているのに、アメリカの成金は享楽気分を極めて遠慮の姿勢がなく「毛唐ノ横着ハ到底日本人ノ考ヘ及ブ所ニアラズ。*38」（三月一一日）と述べる。

ドイツにおいても、ドイツの家族間の自立的な関係を見て「毛唐ノ家庭ノ内情ヲキケバキク程アキレル外ナシ。」と冷笑している様子や、

「兎ニ角前ニ考ヘテ居タ毛唐共ノ破滅、遠キニアラズトイウ私ノ考ハ必ズ実顕スルモノト信ズ。大和民族天業民族ハ此際特ニ自重セザルベカラズ。大先生ノ権利亡国論、今日益々御卓説ニ敬服讃嘆セザル

ヲ得ズ。＊39」（五月二〇日）

と、以前より「毛唐共ノ破滅」を考えていたと吐露している。

またドイツでは、活動写真を見に行った際にも、

「亜米利加物ニテ、排日宣伝ノフィルム大ニ癪ニサワリ大声ニテ亜米利加の悪口ヲ話セバ近所ニ居リシ若干ノ独乙人ハ大ニ同意ヲ表ス。少々腹ヲイヤシテ出ル。考ヘテ見レバ少々大人気ナカリシ。然シ亜米利加ハ気ノ毒ナガラ何時カハ一度タタイテヤラザレバ彼ヲ救フ能ハザルナリ。＊40」

と述べるなど、白人種やアメリカに対する悪化した感情が頻繁に確認される。

石原は、まさに西洋への批判をその「集約点としてのアメリカ」に代表させているわけだが、これらが国柱会の入会直後から夫人や知人に語った感情なのであり、信仰を得た結果に急遽として対米感情を悪化させ、戦争まで考慮するようになったというような見方は全く不自然で成り立たない。むしろ、智学の講演によって米国と対立する姿勢に論拠を得た石原の対米感情が表現され出したと見るべきであろう。

石原の吐露した「前ニ考ヘテ居タ毛唐共ノ破滅」がいつからの考えであったのかは明確でないが、石原は信仰を得た結果に戦争構想や対米感情を悪化させたのではなく、対米感情の悪化こそが信仰の動機となったのである。それには、南部次郎の影響から少年時代よりアジア主義的な西洋への対抗意識があったことも原因となっていたのかもしれない。また、石原は後に入信以前の対米観を以下のように語っている。

「ロシア帝国の崩壊は日本の在来の対露中心の研究に大変化をもたらした。それは実に日本陸軍に至大の影響を及ぼし、様々に形を変えて今日まで、すこぶる大きな作用を為している。ロシアは崩壊したが同時に米国の東亜に対する関心は増大した。日米抗争の重苦しい空気は日に月に甚だしくなり、結局は

東亜の問題を解決するためには対米戦争の準備が根底を為すべきなりとの判断の下に、この持久的戦争に対する思索に漢口時代の大部分を費やしたのであった。」*41

ロシア革命以来、日米抗争は石原の関心となっていたのである。

その思索の結果に、石原の対米戦構想は国柱会入会直後からの漢口時代にほとんど固まった。石原によれば、当時の日本の生活不安の根源は国土に比べて人口が多すぎることにあり、これを解決するためには移民によって国内の人口を減らすか、工業を発展させて雇用を確保するかのどちらかを選択しなければならなかった。しかし、アメリカやオーストラリアは日本からの移民を拒み、他の欧米国も日本の中国・インドへの経済発展を嫉視して阻害すると言う。これらは、石原の目に「彼等英米人は自己の利害問題の為に我が生存問題の解決を妨げて平気」でいるように映っていたのであり、石原の対米観の背景には移民問題や経済問題における排日議論への憤懣があった。そして「人道上の見地より誠に不らちな事」と批判するのである*42。

アメリカは第一次大戦以降、向上した地位を背景に中国への政治関与を図った。これは日本の大陸進出に対して妨げとなり、アメリカが日本の山東半島に権益を得る事に難色を示してからは、日米関係はさらに悪化していくことになった。日本の生活不安の実情を知る石原は、その憤懣をアメリカに向けたわけである。

石原は国柱会によって、大闘争が発生して世界が統一されるという予言を得た。予言ではそれがいつ起こるのかは示されない。また智学のキリスト教国との対決姿勢は必ずしも対米戦争を意味しているわけではない。しかし石原は予言の示す「大闘諍」と智学の言う「折伏」が日米決戦であることを直ちに断定し、それからは対米戦を経ることのない日本の将来は一切想定せずに満州事変に至る。

先行研究では、「最終戦争論」構想の源泉に関して、石原の入会以前から智学が「撰時抄」の転用によって世界戦争の「予言的不可避性」を述べており、「石原はこれをヒントにした」*43と説明された（智学の世界戦争とは先述した戒壇建立までの三部のシナリオのことである）。しかし、世界戦争の想定が対米戦に限定され、他の選択は一切考慮されないのは、そもそもの石原に対米戦を想定するだけの心積もりがあったに他ならない。そのため石原の中では、世界統一と折伏は対米戦争に直結したのである。仮に石原が信仰によって最終戦争構想を得たのであれば、同時に「撰時抄」によって確約される日本の勝利（八紘一宇／仏国土到来）も信じられねばならず、「自説の変更」や戦時体制確立への緊張も必要ではなくなり、何よりも石原が自ら満州事変を無理に起こす必要もないという根本的な矛盾が起こる。

石原が国柱会を選択したのは、戦争を論理化する教義に共鳴するだけの要求を抱えていたためであり、他国を打破する必要を訴える智学の「折伏」を選択してのものであった。そうでなければ国柱会を選んだ理由は全く説明されない。予言が軍事研究に光明を与えたというのは、戦争体制構築の要求を理論武装して主張し得る方途を示した点において有益だったからである。

註

1 江口圭一『十五年戦争小史』（青木書店、一九八六年）、一八頁。

2 前掲「戦争史大観の序説」、一一五～一一六頁。

3 同書は、筧克彦『古神道大義』（清水書房、一九一三年）のこと。筧は上杉慎吉、穂積八束らの天皇主権説を継承し神道的国家主義を主張した憲法学者で、貞明皇后の侍講も務めた。
4 横山、前掲、三四一頁。当時の石原が兵士教育のために神道・キリスト教・マホメット教を探求し、マルクスにまで遍歴を重ねて研究していたことを述べている。
5 前掲、「戦争史大観の序説」一一六頁参照。
6 田中義一「地方ト軍隊トノ関係」『偕行社記事』四二七号、(一九一一年五月)参照。
7 この時期に展開された支配政策の中で自治と軍事の政策が如何に連動しており、官僚との共同歩調をとることで陸軍が国民の教化を行っていたことについても、前掲『近代日本の陸軍と国民統制 - 山縣有朋の人脈と宇垣一成』を参照のこと。
8 広田照幸『陸軍将校の社会教育史:立身出世と天皇制』(世織書房、一九九七年)、二八〇~二八六頁参照。
9 歩兵中尉・小沢一六八「国民教育者トシテノ将校ノ義務」『偕行社記事』第四四七号(一九一二年)、一八~一九頁参照。
10 同前、一七~一八頁参照。
11 『平沼騏一郎回顧録』(平沼騏一郎回顧録編纂委員会、一九五五年)、三四頁参照。
12 井田、『上杉慎吉 - 天皇制国家の弁証』、二〇三頁参照。右では大正二年五月二八日付の「中央新聞」で上杉が桐花学会の主導者として批難されている例が紹介されている。また『思想研究資料』でも、上杉が新聞紙上で「閥族官僚の走狗」であるとか、「曲学阿世の徒」と罵倒され、桐花学会が不評であった様子が確認できる。(『思想研究資料』特輯第七二号。司法省刑事局(一九四〇年)。)
13 井田輝敏『上杉慎吉 - 天皇制国家の弁証』(三嶺書房、一九八九年)、七九~八二頁参照。
14 長尾龍一「上杉慎吉伝」『日本法思想史研究』(創文社、一九八一年)、二四三頁参照。
15 上杉慎吉『帝国憲法衍義』(有斐閣書房、一九一四年)、一七九頁参照。

16 「天壌無窮」の一文が、上杉の『帝国憲法衍義』一七九頁と、智学の「本朝沙門日蓮」一八一頁〔第二章註30と同二〕にそれぞれ引用されている。
17 田中芳谷『田中智学先生略伝』（獅子王文庫、一九五三年）、二一八頁。
18 前掲「戦争史大観の序説」、一一六頁。
19 石原、「大正九年の日記」『石原莞爾選集2』（たまいらぼ、一九八五年）、二八六頁。
20 前掲『国柱会百年史』、一四〇〜一四一頁参照。同書によって大正九年に行われた智学の講演が確認できるが、巻末にある年表では石原の入会が一九一九年四月八日の春期講習会になっている〔二九三頁〕。しかし、入会経緯は本文に述べた通りなのであり、一九年四月とは石原が中隊長になった月で、七月には教育総監部に勤務となるが、四月時点では未だ会津にいた。石原が漢口赴任の直前に入会したという証言からも明確な誤りであり、石原の入会は一九二〇年四月の「春期講習会」である。
21 石原、前掲「大正九年の日記」、三〇七頁。
22 前掲『国柱会百年史』、一四一頁参照。
山川智応「『観心本尊抄』講義」第三節「本抄の大意」、『日蓮主義新講座』第壹號（獅子王文庫、一九三四年）、一二九〜一六四頁所収。同書が智学の講演内容に基づいていることについては国柱会の神野進氏より教えて頂いた。戦前からの信行員で智学の薫陶も受けた神野氏は二〇〇三年六月一四日の筆者との談話において、山川の内容が石原の参加した講習会の講演内容に忠実であると話された。また、同じく山川の〔『観心本尊抄講話』（浄妙全集刊行会、一九六九年）〕でも概ね同じ内容が確認できる。
23 前掲「『観心本尊抄』講義」、一四四頁。
24 「聖蓮抄」（山形県鶴岡市立図書館蔵）。経文の印刷された手帳。最後の余白に石原手書きの「予言」が書かれている。
25 野村乙二郎『石原莞爾』（同成社、一九九二年）、一一七頁参照。

26　井田、前掲、第八章参照。
27　筧、前掲、一三三・一三七〜一三八頁。
28　「父筧克彦のことども」『学士会会報』六九〇号、四〇頁。
29　丸山眞男は、この筧の思想に「広大無辺の融通性と無責任性」があることを指摘して、近代の天皇制を象徴する特徴と同質であると評価している。『丸山眞男講義録』第七冊。（東京大学出版会、一九九八年）、四九頁参照。
30　筧、『古神道大義』（清水書店、一九一六年）、二〇一・二六五頁。
31　智学、「本化摂折論」『明治宗教文学集』福田行誡編（筑摩書房、一九六九年）、一八四頁参照。
32　野村、前掲、一一八頁参照。
33　石原、「夫人への手紙。大正九年七月一八日付」前掲『石原莞爾選集1』、六四〜六五頁。
34　里見、「伯林時代の石原莞爾」『石原莞爾研究』第一集。（精華会中央事務所、一九五〇年）、一〇頁。
35　石原、「夫人への手紙」『石原莞爾選集2』、一六頁。
36　同前、一九頁。
37　同前、三〇頁。
38　同前、四六頁。
39　同前、九八頁。
40　同前、一五八頁。
41　前掲「戦争史大観の序説」、一一三頁。
42　「夫人への手紙」大正九年六月二〇日付。『石原莞爾選集1』（たまいらぼ、一九八五年）、三三頁。
43　松岡、前掲、三三頁。

第四章
＊陸軍の課題としての対米戦略

石原が国柱会を選びとったのは、戦争を論理化する教義に共鳴するだけの要求を抱えていたためであり、石原の信仰は他国を打破する必要を訴える「予言」を選択してのものであった。従って、石原の信仰とは「予言信仰」だったわけであるが、その視点から考察すれば、石原は戦争を擁護する宗教を探しており、そのために国柱会を選んだことになる。

つまり、石原は自身が目標とする米国との戦争に勝利するための戦争体制構築を必要として、またその構築のための運動を支える宗教を探していたのであり、石原の「最終戦争論」は確かに信仰に支えられはしたが、それは信仰したが故に発想されたわけではなく、対米戦構想があってこそ選び取られた信仰であったことになる。またこれは、石原は信仰を得るより以前から対米戦を想定していたことを示しているのであり、その見地からは、信仰の影響によって石原の最終戦争論や戦略思想が成立したことを前提にしてきた従来の多くの研究と、満州事変に臨む石原の計画とを見直さねばならないことになるため、本章ではその問題を以下に検証していく。

1　対米戦争の可能性

石原は一九二〇年四月九日の定期異動により陸大卒業後に勤務していた教育総監部から中支那派遣隊司令部付に転出し、国柱会入会を経た五月一四日に漢口（現：湖北省／武漢三鎮の一地域）に赴任となった。当時も陸軍の将校と言えばドイツへの留学が登竜門的なコースであったが、石原はまったくドイツ留学などは望まず、「支那大陸に行くこと」を何より希望した*1。

漢口には居留民保護の名目で日本軍が駐留しており、そこで石原は当時少佐の板垣征四郎とともに宮地久寿馬司令官の下で特務機関の業務に就き、中支那方面の軍事情報収集や兵要地誌の調査などを行った。漢口の日本人居留民は約三〇〇〇人程度であったが、石原の赴任当時は内地の不景気の影響から、日々引き揚げの船が人であふれたという。

石原は「国柱新聞」や智学による発行物を取り寄せて、読んではその感激を妻への手紙に綴っている。一年五カ月にわたる漢口生活の中で、昼は中国研究、夜は日蓮研究を行い、また業務の余暇にそれまで蓄積した戦略構想を固めていくのである。戦史研究において、戦争には短期決戦と長期決戦の二つの性質があること、またその傾向は政治と統帥のバランスによって、統帥が政治に優先すれば「決戦戦争」となり、政略が優先すれば「持久戦争」となるとした研究成果を得るのはこの漢口時代である。

本書は、石原の戦史研究や信仰の動機には既に対米戦争の想定があったことを認めるものであるが、それは石原のみならず、そもそも対米戦争は幾度となく想定された戦争であった。

例えば、陸軍では一九一八（大正七）年の段階で、田中義一陸相が著書『帝國の使命と青年の覺悟』において、アメリカが将来の交戦国となる可能性を示唆し、米国の西太平洋への関心と中国に対する影響力の高まりが日本の利益と対立するとの説明と、大戦景気による日本国民の油断に対する警告をしている。同著が出版された一九一八年一一月という時期は、ちょうど石原が陸大を卒業し、兵士教育に悩むことになる会津赴任と同じ月であるが、なかでも特に田中が主張したのは総力戦段階への移行と世界的な思想の変化であった。

「此頃に於ける世界の思想の有様を見ると、民主思想が大流行で、何れの國でも之を唱へなければ工合が悪い様な始末である*2」

米国が「各國を亞米利加のやうにしなければならぬという理想を抱いては居らぬか」と懸念する田中は、君主権を否定する民主・共産主義思想に蝕まれていく世界観を抱き、やがて世界の各方面から思想的圧迫を受ける日本の将来を見てとった。

そして、大戦後の経済的発展とは裏腹に軍事の後進性を浮き彫りにしている社会の中で、軍隊こそが奢侈的風潮を引き締める役割を果たすべきとして、国民の精神強化を求め、総力戦体制の構築を目指すと同時に、「次の戦争に勝つべき方法」を講じる必要を訴えた。

日露戦争直前の田中義一の対米観を見ると、当時の日本の様子を指して以下のように警鐘していることも解かる。

「社会の状態と軍隊の有様とは、恰も木に竹を接いだと云ふ有様である〔中略〕これを別の言葉に換えて云うて見ると、軍隊の成立ちは帝国主義である、一般の社会の状態は帝国主義とは段々離れて行きはせぬかと云ふ懸念がある。其所で亜米利加風の流儀と帝国主義とが一の競争になるのである。而して軍隊は即ち帝国主義の標本であるのである。*3」

田中はこれに続けて、金銭ばかりに価値を求めるような風潮には反抗していかねばならず、軍人はその「標本」にならねばならないと述べる。ここには田中の対米観とともに後の「良兵良民」主義に見られるような、軍人を媒介に軍隊から社会へ影響を及ぼしていこうとする考えも見られる*4。田中が国内の思潮悪化と対米関係とを結びつけて考えていたことが解かるが、第一次大戦後には、その後の戦争にかかる戦費の増大が戦争に敗れる事への不安も大きくさせて、総力戦体制の構築が一層切迫した問題になるのである。そして、田中は国民を戦争に駆り出す総力戦への対処策として、国民の精神強化を求めた。日本には忠君の思想から生まれた愛国心があり、それが即ち国民の団結を促がす日本の思想で、これを信じる気持ちを国民の間に徹底する事が国際情勢の変化に対応する解決の手段であるとした。そのため田中は、著書の全般を通じて繰り返し国民の精神力の強化を警告し、その上で「戦争に勝つべき方法」を講じる要求をしているのである*5。

一方、米国側でも以前より対日戦略としての「オレンジ・プラン」を策定していたが、第一次大戦終結と露国崩壊後の米国にとっては日本が第一の想定敵国になりつつあった。それは、アメリカの西太平洋への関心と中国における影響力の高まりが、そのまま日本の利益と対立することを意味したからである。大戦後にはパナマ運河開通（一九一四年）によって、米国は大西洋‐フィリピン航路を約半分に縮小させ、太平洋での新戦略を登場させた。アメリカは太平洋における戦略的地位を固められる見込みであったが、大戦終結後に日本が南洋諸島を支配することとなったためにフィリピンとグアムが孤立し、特にフィリピン防衛は事実上不可能となった。即ち大戦後は、日本が太平洋上での支配的な地位を獲得し始めるのと同時に、米国の地位は確立されなくなったため、これが日米間の対立要因となったのである。

大戦に至るまでにも日米関係の悪化は、一九〇六（明治三九）年四月のサンフランシスコ大地震に対して日本政府が支援金を送ったにも拘わらず引き起こされた「学童隔離事件」（六月）、翌〇七年の「移民制限事件」、一〇年のアメリカによる「満州鉄道中立化案」などにより立て続いていた*6。

このうちのサンフランシスコの教育委員会が日本人学童を教育施設から隔離しようとした学童隔離事件では、日本人学童の一般校への就学を拒否しようとして、以前から東洋人学校に通わされていたインド人・中国人・蒙古人と同様に扱うために、日本人を蒙古人に含める決議をした。日本人学童の隔離は決議後もしばらくは実施に至らなかったが、そこにサンフランシスコ大地震（〇六年四月一八日）が起こると事態が急転する。地震の報に接した日本政府はサンフランシスコに五〇万円強の支援金を送り、それは最終的に他の全ての諸外国からの支援金を合計した額をも上回った*7。これがアメリカ国民の多くの感謝を集め、罹災地であるサンフランシスコの市民からも感謝されたが、しかし市の教育委員会は震災の被害によって学校施設が不足したとの理由から、日本人学童の隔離を実施するのである。当然ながら現地の日本人コミュニティーから強い反対が出て、サンフランシスコ総領事・上野季三郎が委員会に抗議して決議撤回を要請した。しかし、教育委員会は全く要求に応じることなく改善されることがなかったため、日本側では林董外相が正式な外交ルートに乗せて解決を図ることとなる。ここから移民問題は日米の政府間による外交問題のレベルに達した。この段階においては、両国とも政府レベルでは事態の解決を望んでおり、両国の間に対立が発生したということではなかったが*8、カリフォルニアの地元新聞では「戦争の脅威」が度々騒がれるようになっており、日本人脅威論や排日論が「戦争近し」との報道とともに載せられるようになった。この後、ローズベルト大統領はカリフォルニア州議会の説得に長く手間取りながらも、解決を模索する日米両政府の間で一九〇八年二月一八日に「日米紳士協定」が結ばれ、米国は日本人移民を一方的に排斥することはせず、日本は米本土への移民を年間五〇〇人に自主制限するとして双方が歩み寄り、カリフォルニアの排日気運を一端は鎮静化させた。カリフォルニア州では、一万人を超える従業員を抱えた日本人の営業所が一九〇九年までの段階で三〇〇〇社以上となっており、独立した事業経営を行える人種がもはや白人のみではなくなったという現実がこれらの背景となっていた*9。

この状況から再び関係が悪化するのは、一九一二年の大統領選挙で民主党のウィルソンが共和党のタフトを破り、一六年ぶりに民主党政権を発足させたことによる。タフト政権時には一九一一年に日米通商航海条約が期限を迎えることもあったため、日本の対米感情を良好に保とうとする姿勢がとられ、またフィリピンの軍備が全く整わない段階だったことから日露戦争に勝利した日本の太平洋への進出が懸念されて、排日運動を抑制しようとしていた。ところが、カリフォルニアではそれまで全く過半数に満たなかった民主党が一九一〇年の州選挙では排日を訴えたことで議席数を伸ばしたため、排日が票獲得の要件となり、ウィルソン新大統領も自身は排日論者ではないもののカリフォルニア州の州議を尊重するとのスタンスのもとに州の排日論を支持した。

この時点までに、在米日本人移民の人口は米国内での出生による自然増加に加えて、「写真お見合い」による結婚によって大量の「写真花嫁」を呼び寄せており、日米紳士協定の制限を遵守しつつも移民数自体は増加していた。また移民らは積極的に農地を購入して白人の農業労働者と競合するようにもなっていたため、このような状況下で排日運動が再燃し、一九一三年には「排日土地法」が成立するのである。

この後は第一次世界大戦によって米国内の排日運動も小康状態となるが、大戦終了後のパリ講和会議（一九一九年六月）において日本が「人種差別撤廃案」を提案すると、これに対して反感をもったカリフォルニアの排日政治家や運動家は、翌一九二〇年にかけて一九一三年の排日土地法をさらに強化する修正を行うためのキャンペーンを開始し、年末には第二次排日土地法の実施を見た。そしてこれが、一九二四年の「排日移民法」への大きな流れを形成することになる。

こうした対米問題は、日本国内の新聞各紙でも感情的に報道されており、「三国干渉にも劣らぬ新困難」*10や、「日本国民に対する最大冒瀆にして損傷」*11であると報じられた。そして東京を中心とした一四の新聞社によって差別待遇に甘んずべきではないとする共同宣言までが出されることになる*12。

太平洋地域の新たな秩序構築としてアメリカが主導したワシントン体制の成立以降は、国内でさらなる不信感が醸成された。各政党・団体などの有志三六〇名が主催となって、アメリカの排日措置に対しての決意表明を行うことを目的に行われた反米公民大会には、二万人以上の市民の参加があったが*13、会場となった国技館は、「アメリカをやっつけろ」、「宣戦布告しろ」などと怒号で埋まったという。

同時代の証言の中には、一九二四年の排日移民法の成立が日本の内部に「最も非理性的激情的分子の理由ある怨み」を招くことになったとしながらも、社会的な関心が必ずしも高くなかった様子を以下のように振り返るものもある。

「大多数の国民にとっては、それ〔排日移民法〕は関心をもつ張り合いさえないことだった。こちらの抗議の声が先方にとどくには、両国の国力が隔絶しすぎていることは誰にもよくわかっていたから。ことに震災直後の日本である。こうして日本は泣寝入りのほかはなかったが、移民と発展の道をふさがれ

たという感情は国の意識の底にしずんだ。*14」（〔 〕は筆者）

この証言では、社会的な問題提起となるような反米的な議論がなかったとしているが、但し、底に沈みながらも確かに存在する悪感情が残されたままとなったし、その悪感情を呼び覚まして反米論を正当化し得る根拠を伴った非理性的分子もまた確かに発生させたのであり、このことは軍事的な対外進出を擁護する国民感情の元になっていくのである。

さらにこの時期からは出版物においても対米戦争が語られていた。特に関東大震災後には罹災後の国民感情も影響し、対米批判を内容とした出版物全般が噴出していくのである。海軍将校で執筆活動も行っていた阿武天風による「日米戦争夢物語」*15や、作家の河岡潮風による「日米石油胆力戦争」*16、詩人の有本芳水による「空中大戦争」*17など少年向けの対米戦記が登場した。何れも架空の戦記物であるが、敵国となっているのはアメリカで、飛行機が戦闘の主力兵器となっている点では共通している。しかしながら、上記のうち後の二作品では特に物資や軍備で勝る米国に対し、劣勢の日本が超科学としての予言者（千里眼）や諜報戦によって勝利する想定には着目できる。

また成人向けのものでも、佐藤鋼次郎陸軍中将が「報知新聞」に対米問題を連載しており、当時の国際情勢に説明を加えながら、対米戦争の可能性とそのための備えを訴えている。佐藤の原稿は一九二〇年に『日米若し戦はば』として一著にまとめられた*18。この出版は、石原が国柱会に入会して漢口に赴任した約半年後であり、ほぼ同時期のものである。佐藤は、日米関係悪化が元寇と日露戦争に次ぐ建国以来の第三の国難として迫りつつあるとして、それにも拘わらず日本人が危機意識をもたずに「武陵桃源の夢を貪り」、或は米国には到底敵わないと「恐米熱に犯されて」いる者が多いことを問題視して、同書を執筆したと述べている。日米関係については、米国は開国以来日本に好意的であり、日露戦争においてもその協力によって日本は勝利できたが、その後に日本が朝鮮を併合して強国化し、太平洋における一大勢力となると、米国は「俄かに嫉妬の念」を起こして、特に対支政策において利害衝突が甚だしくなり、鉄道や借款問題において日本を迫害したとする。さらに、大戦後に世界第一の軍事力を自覚した米国は、その「黄金万能主義」によって中国大陸とシベリアに「資本的帝国主義」による野心を抱いていると述べられている。

佐藤にとっての問題は、「露国が崩壊して假想敵国が不明瞭となつてから、我国稍々実際を遠ざかりはせぬかとの感」があるとの意識や、「近き将来に於て開戦することがあるとしたら、其敵は米国であるのは何人も心には信じて居るが、どふ云ふものか一般に之を口にすることを憚つて居る。陸海軍当局者ですらも、真面目に米国を仮想敵国として居る様子が見ない」とした認識によるものであった。長らく対露戦略に偏重してきた陸軍が日露戦争後に明確な軍事目標を喪失し、結局はロシアの報復戦を第一に想定していたことと、対米戦略の立案が具体的な形で表れることがなかったことの問題を提起しているのである。

佐藤の著作では、米国が対日戦を行う際には、ハワイ・グァム・フィリピンが根拠地となるが、飛行機の航続距離の問題からいずれも日本攻撃の根拠地としては十分な役割を果たさず、日本は航空機の発展に力を注いで準備をなし、開戦に際しては専守防衛によって近海で艦隊戦を行いつつ、陸軍が米本土に奇襲攻撃を仕掛けるという作戦が説明される。そして、対岸の中国大陸の産業を育成して資源の補給となし、国民の精神動員を果たすことで、物質的に優位に立つ米国に対抗することが可能であると述べた。海戦についてはバルチック艦隊撃滅の先例が随分と影響しているように読めるのだが、近海での専守防衛による艦隊戦の説明については、海軍将校の末次信正が一九三一年段階において語る対米戦略構想と共通する部分も多い*19。

佐藤は、翌年にはさらに『日米戦争夢物語』を刊行して*20、この中でも米国との交戦の可能性と、そのための国民の精神動員の必要を訴えている。同書は「夢物語」のタイトルの如く、複数の登場人物がそれぞれの夢の中で見た対米戦争を語り合うという小説で、戦闘についても些かSF小説的な内容であるが、同書でも米国の中国・シベリアに対する野心が指摘され、国民の精神動員によって勝利ができることを訴えている点は前著の『日米若し戦はば』と同様である。また佐藤は、今後の陸軍が採るべき方策は将来にわたる軍備計画の上で国防予算を立て、予算に余剰が出ればそれを国民教育と中国大陸での産業育成・利権拡張に利用することとしている。これらの刊行物では、いずれの内容においても創意次第で日本が米国に拮抗することが不可能ではないことが主張されていた。

これらの著作の他にも、排日移民法が成立した一九二四年度では、米国への抗議を内容に出版されたものが以下のように挙げられる。国民対米会編『対米国策論集』(読売新聞社)、徳富健次郎編『太平洋を中にして』(文化生活研究会)、大日本文明協会編『日米国際紀要』(大日本文明協会事務所)、岡本四郎『重大なる結果－対米問題研究』(民有社)、中島九郎『対米・日支移民問題の解剖』(巖松堂)、鈴木三郎『排日問題の真相』(大阪毎日新聞社)、土屋元作『米国大勢論断』(大阪毎日出版社)。

このように、一九一〇年代以降の社会では対米戦争が度々考察されており、大戦後には一層切迫した問題になりつつあった。石原が国体問題に着手したと述べた頃の社会では、陸軍において対米戦への対応が既に問題提起されており、さらに一般社会において深刻化していく過程だったのである。

2　石原莞爾における対米戦略の形成

対米関係が悪化する過程では、一九二一年のワシントン会議によって日英同盟が破棄され、海軍の主力艦の対英米比率が六割に制限されるという事態にも直面している。海軍では、これに対処する必要がでてきたため、一九二三年に国防方針の改定がなされた。改定された国防方針における世界情勢についての判断では、アメリカの不参加による国際連盟の効力を懐疑する見方と、大戦の創痍が癒えてくると同時に列強の経済戦が始まり、その焦点となるのは東亜大陸であるとの見解を示している。また、東亜大陸は広大で資源が豊富ではあるが他国の開発に待つべきものが多く、やがて日本と他国との間に利害衝突が起こることが予想され、その衝突の可能性が最も高いのがアメリカであるとされた*21。

この後の海軍では、加藤友三郎海軍大臣の帝国議会における対米戦が不可能であるとの演説や、国民の面前で「最低限の要求」と宣伝していた「大型巡洋艦の対米七割要求」がロンドン海軍軍縮会議において遂に達せられなかったなどの要因によって、アメリカを相手とする戦争には積極性をみせなくなる。しかし、対米認識において、日本との衝突の可能性が幾度となく考察されたことは事実として指摘することができるわけである。

陸軍でも、この間には田中義一によって提起された対米問題が課題となり続けていた。一九二〇年四月にはアメリカ視察が実施され、岡本連一郎大佐による田中陸相宛の「米国視察報告第五号」として報告されている*22。岡本は、アメリカのさらなる発展は豊富な資源によっても疑いようがないとした上で、アメリカが自国民の思想変化に伴って政策を変化させている点に着目した。そして、

「絶ヘス米国ニ於ケル与論ノ傾向を洞察シテ之ヲ緩和スルノ方法ヲ講シ一方ニ於テハ我カ国民ノ自覚ヲ促シテ速ニ民族ノ生存ヲ保証スルニ足ルヘキ兵備ヲ整ヘ同時ニ暫ク隠忍持久ノ策ヲ樹テ浮華ヲ去リ文弱ヲ戒メ実力ノ養成ニ努メ以テ他日我カ民族ノ発展ニ資スルノ外ナシ」

岡本は、米国の動向を知るためには、その国内世論の動向を観察する必要があるとし、日本国内では田中が展開してきたように国民の結束と精神教育・思想善導を強化すべきと述べている。

また、この後の排日移民法成立に際しては、参謀本部において「日米関係ト帝国ノ国防」という部内資料が作成されており、そこでは、

「日米親善ハ我開国以来ノ国是ニシテ将来益々其度ヲ進メ彼我通商貿易ノ発展センコトハ吾人ノ希望シテ止マサル所ナリ、然レトモ排日問題ハ動モスレハ両国国民ノ感情ヲ悪化シ日米国交ニ重大ノ関係ヲ誘致スルノ惧ナシトセス、而モ我国累次ノ譲歩的折衝モ遂ニ排日ヲ緩和スルニ至ラサルノミナラス却テ益々其勢ヲ助長シ動モスレハ侮辱的態度ニ出ントスルニ至レリ、畢竟我国力ノ彼ニ及ハサレハナリ*23」

と分析されている。ここでの認識によれば、国力の差が原因となってアメリカに圧迫を受けており、日本が譲歩を重ねようとする対米外交の方法を問題視しているわけである。

こうした経過から、対米関係は軍縮を強要されたワシントン会議や中国問題、排日移民法成立などの度に悪化の一途をたどり、海軍に留まらず陸軍の戦略的関心も惹起した。そして軍部は、不安定なアジア情勢の中で米国の影響力増大を防ぐために国防方針を改定し、太平洋の米軍基地に対する具体的な作戦計画を立案し始めたのである*24。

しかし陸軍の対米戦略はなかなか前進しなかった。それは、海軍大国との戦争で陸軍が実際に果たせる

役割とは何であるのか、つまり田中の言う「勝つべき方法」を新たに講じねばならないという大きな課題があったからである。鈴木貞一の回想によれば参謀本部が米国を仮想敵国の首位としたことはなく、先の一九二三年の国防方針改定時においても陸軍の「対米作戦計画は、もっぱら海軍の要請に基づくもので、参謀本部としては、対米戦を行うことを真剣に考えてはいなかった」として、陸軍が常に対露中心に国防を考えていたことを述べている*25。

陸軍では、一九一九年頃から海軍の対米作戦において蘭印占領の必要が上奏されたことに伴い、参謀本部においても対米作戦と対蘭印作戦の計画が一応は検討された*26。その内容は対米戦争開戦の際には開戦劈頭においてフィリピン・グアムの海軍根拠地を占領するというもので、一九二五年段階ではフィリピン作戦がやや具体化され、開戦と同時に海軍がフィリピン海域の米艦隊を撃破し、マニラ沖の湾を封鎖して陸軍を上陸させ、上陸後の陸軍がマニラを攻略する計画となった。これは陸海軍協同による対米作戦構想としてのフィリピン攻略作戦ではあったが、少なくともそれまでの陸軍は「日米戦争など近い将来に生起するとは考えていな」かったのであり*27、米主力艦隊を日本近海で迎え撃つとする海軍の計画の中に位置づくものでしかなく、独自の研究が積極的に行われたわけではなかったのである。

つまり、田中義一が一般社会や内務教育に対して、国防についての思想的な意識づけを求めつつも、その下の世代の将校らが実際の対米戦の想定や積極的作戦計画に取り組んだわけではなかったことが解かる。しかし、その陸軍の中で対米戦に真っ向から臨んだ将校こそが石原莞爾なのであった。

石原は士官候補生時代に、哲学・政治・宗教・歴史について幅広く興味をもって独自に勉強していた。軍教育の必要上やむをえない場合を除いて、陸軍将校が戦史に興味を抱く事自体も稀である*28。戦史のカリキュラムを持つのは陸軍大学のみで、幼年学校でも士官学校でも独立した戦史の講義は設置されていなかった。石原が幼年学校時代から士官学校時代を通じて、戦史の研究に関心を抱き、熱心に研究した事は例外的なことなのであり、その石原が会津時代に思い悩んだこととは、国体問題ではなく、陸軍に課題として存在した対米戦略だったのである。

次章に後述するが、後に石原が果たす満洲領有の目的は、大陸からの戦争資源の提供であった。「戦争を以って戦争を養う」と語られた対米戦構想は、日本の領有する満洲で現地人の協力を得て国力を養えば、物量で上回るアメリカにも勝利できるという理屈である。即ち、満洲を軍需生産の基地として活用し、以って持久戦争を展開することが「対米戦に勝つべき方法」という課題に対する石原の応答であった。この構想を正当化し、占領地の満洲と他民族（在満州民）を対米戦争に向かわせたい観点から、石原は占領地の「外国人が見ても納得できるような対米決戦に相応しい根拠」を持たない、上杉慎吉や筧克彦による国体論には満足できなかったのである。石原には戦争を開始することができて、しかも米国に対抗し得るだけの規模の植民地を支配した時、つまり「戦争を以って戦争を養う給養法」が成り立つ戦争遂行基地を手にした時、その現地人を対米戦争に参加させられるだけの正当根拠が備わっている理論でなければならなかったからである。

対米戦争に勝利する目算については、米国が日本本土を攻撃するための根拠地を築かねばならないがその実現性は低いとする見方や、日本に足らざる資源を中国大陸に求めるという発想は、佐藤鋼次郎の主張にも見られるのであり、特別に石原だけが構想したものでもなかった。

一九一〇年代以降の社会では対米決戦の可能性が度々指摘され、その指摘が大戦後には一層切迫した問題となり、大正末期にかけて増加していく過渡期であることを考えれば、国柱会入会より以前の石原が対米戦略の構築に取り組もうとすること自体には何ら不思議はないのである。

先述した通り、田中智学が国体論に本格的に乗り出そうとする「宣言」は、石原入会から半年後の一九二〇年一一月のことで、この時期はまた『偕行社記事』で陸軍が国体論の第二の隆盛期を迎えたタイミングであったが、田中義一陸相らが世界の思潮を背景に国体教育を強化しようとした時期でもあることを考えれば、石原の当時の関心は同時代における陸軍全体の関心でもあったと言える。

石原の幼年学校在学時の日記からは、歴史や戦争史好きの血気盛んな軍国少年像をうかがえるが*29、「幼年校当時より既に戦史（とくにナポレオン）・思想・哲学の書を研究し」*30ていた石原にとって、自分が軍人として成長した後の将来に挑戦するべき課題は日米決戦であるはずであった。郷里の鶴岡でも、「キリスト教は悪いものとの観念が強く、伝道所に出入りする人々は、爪はじき者だった*31」そうであるが、対米観を悪化させる素地はその当初からあり、また石原の対米観や白人種への感情は当時の世相を反映させていたと言えよう。そして、そうした石原の想いに応えたのが「予言」だったのである。「前代未聞の大闘諍一閻浮題に起こるべし」。ここでは国体理論と共に、日本が世界の幸福に貢献するために外国人を打倒し教化する道義性が主張されている。植民地（満洲地域）の人民の忠誠を総合し得る可能性を含んだ理論が既に用意されていたのである。そして日蓮主義では、何よりも戦争が「達成するべき義務を伴う善行」として肯定されていた。用意されていた論拠はまさに、石原の期待に応え「不動の目的を与えた」のである。

3　日蓮主義運動の可能性―震災と予言―

一九二一（大正一〇）年七月、石原は漢口勤務を終えて陸大教官に転補された。帰国した石原は、陸大に勤務しながら日蓮信仰と最終戦争構想の戦略を練り上げていく。石原がドイツに駐在して軍事研究を進めたのは、その後の一九二二年一月のことで、そのきっかけとなったのは智学の三男である里見岸雄であった。

里見の『闘魂風雪七十年』によれば、日本文化を海外に広めようとドイツ行きを計画していた里見を石原が訪ねてきて、「これまでに何度も陸軍から欧州へ行けといはれたのですが、余り必要と感じないので断ってきました。しかし、今回先生が御渡欧なさるのことを知り、急に行きたくなりましたので、来年迄には必ず独逸に参るつもりで居りますから、その節はよろしくお願ひします」と挨拶したのであった。陸軍において石原のドイツ行きを薦めていたのは宇垣一成であったとされており、宇垣は成績優秀であった石原に登竜門としてのドイツ留学を経験させたかったという。ドイツ留学へは、正月に旅立って、先に見たように白人種や西洋に対する不満をぶつけながら向かうことになる。

そうしてドイツへ向かう船の中では日蓮関係の書物を読みながら過ごしているのだが、出港して門司港まで来た時に、石原の心境に変化があったらしい事が解かる。

「一月二十三日（火）雨　午後三時、門司出帆。玄海ニ入レバ少々浪アリ。「十講」第二講ヲ読ム。

発心！！

目的雄大ナラズ明確ナラザルニ於テハ、二年半ノ歳月、唯空シキノミナラズ遂ニ有害ナル結果ヲ来サン。

立正ノ春ニ於ケル感激ヲ高調シ退転ナカランコトヲ期ス。*32」

「十講」というのは、国柱会の山川智応の著書『日蓮聖人伝十講』のことで、この前日から読み始めたことも記されている。

石原は何かに感激した様子で（この「発心」についての考察は補論2に後述する）、目的を明確にしなければ、国柱会に入会した歳月も有害が残るだけであると強く思い直しているが、右の「立正ノ春」とは、前年の一〇月一三日に日蓮に対する皇室からの「立正大師」号の宣下を受けたのを契機に、智学が日蓮主義運動による政界進出を図るべく、会内日刊紙である「天業民報」に表わした宣言文であった。

日蓮主義運動は様々な業界で多岐にわたって展開され、多くの共鳴者を獲得していた。その点においては、国柱会が石原の期待に応えて、日蓮の予言に裏打ちされた戦争計画に多くの賛同者を得る見込みは少なからずあったと言える。そして石原の入信から約二年半後の日蓮に対する「立正大師」の諡号は、それを象徴するかのような出来事であった。大師号が認められたことには、それまで統一性を欠いていた日蓮門下の各教団に結束をもたらした効果もあったが、それ以上に日蓮主義に国家公認の肩書が認識されるようになった点が大きい。

大師号の諡号は、日蓮門下の各管長以下の僧侶らの他に、信奉者として床次竹二郎・加藤高明・犬養毅・東郷平八郎・佐藤鉄太郎・井口省吾・小笠原長生・大迫尚道・木内重四郎・矢野茂らの政府と軍部の関係者を含んだ在家信者の連名によって請願されたもので、日蓮系諸派の管長らがそれぞれの宗派に訓示を布達した。

「我等立正大師門下ノ僧俗ハ愈々益々精励シテ追賞ノ聖旨ニ奉答シ立正大師ノ遺教ヲ発揚シ以テ立正安国ノ実現ヲ期シ進ンテ理想的文化ノ建設ニ寄与セスンハアラス而シテ此責任ヲ全フセントスルニハ先ツ各派ノ融合ヲ念トシ僧俗ノ異体同心ヲ重ンシ清新ナル時代適応ノ教化ヲ盛ニシ此好機ヲ一転期トシテ旧来ノ陋習ヲ脱却セスンハアラス＊33」

これは即ち、国家公認となったことにより宗門内の派閥を超えて結束が固められたのであったが、それは何より政府政策の担い手になってきたことが実を結んでのことであり、政府への接近を図ってきた智学ら日蓮主義の大きな到達点でもあった。そのため智学も「立正ノ春」の中で、諡号が国民の声を代表するものであり、日蓮が勅号を得たことは国家が公に日蓮主義運動を認めた証しであるとしている＊34。

智学の「立正ノ春」は、当時国柱会が毎年恒例としていた年末年始に開催される越年講習会において公表され（一九二二年一二月三〇〜三一日／静岡県三保）、元旦の「天業民報」に掲載された。智学はその正月を「大師号宣下第一の春」とし、諡号を機に日蓮主義を国家的に実行する時期であると述べて、自身が選挙に立候補して政党を組織することを表明した＊35。そして、最終的には国柱会による内閣の組閣を目標としたのである。

石原もこの講習会に参加しており、智学の政界進出が表明された最終日の懇親会では会衆総代として謝辞を朗読している。その中では智学の出馬を後援して、

「日蓮主義者は果たして天来の声に応じて、直ちに安国の第一歩に入る得る自信ありや。…立正内閣が組織せらるるならば、直ちに陸軍大臣を拝命すべし＊36」

と自身も宣言を行ったのであった。

その様子を伝える「天業民報」では、陸軍大臣拝命を断言する石原には「舌端真に火を吐く」感慨があったとされている。また、翌日の記事には石原が述べた謝辞が記載されているが、そこでも「合掌内閣出現の為不惜身命」とある*37。これまで語られてきた石原の人物像においては、立身や出世には無頓着な性格が伝えられることがほとんどで、横山ら級友らの証言からも確かにそのような印象を受ける。しかしこの時には、未だ大尉に過ぎない石原が、直ちに大臣になるとまで断言するのである。しかも、日蓮主義者には石原が敬服していたはずの佐藤鉄太郎などの他にも陸軍の先輩らがいたにも拘わらず、それを差し置いての宣言である。

二月一一日の紀元節には、国柱会による政治団体「立憲養正会」結成が公表され、「日蓮主義的国体主義」による政治の実現を標榜する活動が実際に開始されることになる。そして、この講習会の直後からドイツに向かった石原は、船中の一月二六日付けの日記で、同船する先輩将校らとの集いで「立正ノ春ニ関スル領解ニツキ告白ス。相当ノ効果アリシモノト考フ」として、智学の政界進出に対する期待を見せている。さらに、この後のドイツには、石原の思索を次々と確固としていく出来事や経験が待っていた。その一つはデルブリュックとの出会いであり、また一つは関東大震災の発生であった。

日蓮教義が一般社会において隆盛した一つの要因には、石原も信奉した「観心本尊抄」の終末論的な世界統一の予言に加えて、その予兆としての地震や彗星といった天変地異と「賢王」の登場とが宣伝されていたことが挙げられる（賢王が愚王を折伏する予言）。同時代にハレー彗星接近による天文ブームが起こったことや（童話作家として知られる宮沢賢治も国柱会に入会しており、賢治はこの天文ブームを背景に『銀河鉄道の夜』を執筆している。賢治についても次の補論1において述べる）、将来の聡明な君子として期待された裕仁皇太子が摂政として登場していたことが予言に信憑性を与えたのであった。そして関東大震災が起こると、それはあたかも予言された終末の予兆であるかのようであり、日蓮主義による社会改革の胎動を確定させるかのように解釈されることになる。

震災後の一九二三年一一月一〇日には、政府による「国民精神作興詔書」が渙発されたが、これは「浮華放縦」の奢侈的生活や危険思想を戒め、国力振興のために国民に精神の引締めを求めたものであった。その意味するところは、国民生活上の奢侈と危険思想との関連を指摘したうえで、その原因を資本主義の発達に求めることで、震災による社会的緊張を逃さずに国民教化に利用せんとしたものである*38。翌年の一月に組閣した清浦奎吾内閣も「思想善導」を掲げて、この詔書の普及を図った。組閣から一週間後の一五日には、内務省の呼びかけにより詔書普及を目的とした「教化団体連合会」が組織され（会長は一木喜徳郎）、本多日生も理事として参加している。また智学は、詔書の渙発から三日後に立憲養正会の結党式を行ない、一九二四年五月の衆議院議員選挙に出馬する。

石原が国柱会による政党結成と、その組閣の可能性に期待したことには、自身の「最終戦争構想」を実現させるとした自己目的があったが、それは国柱会が政党を結成すれば国民の間に広く支持基盤を手に入れる点に意味があった。実際のところ智学は定数一を争った結果に落選するが、智学が選挙に立候補して政界進出に現実味までをもったのは、予兆としての震災と無関係ではなかった。

関東大震災の知らせはドイツでも号外で知ることができた。石原と里見が情報収集すると、御所炎上や死者三〇〇万と報じられていた。石原は里見に対して智学が無事であることを諭し、「大先生は大丈夫です」と言ったが、自分の家族は「安い家に入れてある」のでとても助かる見込みがないとした*39。石原は、未だ安否の判らぬ妻に宛てて「惨状真ニ思ヒヤラレマス。大聖人御開教当時ノコトモ忍バレマス。人迷ッテ天イカル。真ニ畏ルベシ。慎ムベシ。」（九月三日）と手紙に書いているが、その前日には、

「新聞ニテ横浜、東京、大地震ノ事ヲ知リ〔中略〕日本モイヨイヨ覚醒スベキ秋、到来セリト見ル。無意味ノ、天変地妖トノミ見ル能ハザルベシ。世界統一。一閻浮題未曾有ノ大闘鋒。本門戒壇ノ建立。時期ハ日ニ日ニ切迫シツツアルコト各方面ヨリ見テ明也。ボヤボヤスベキ時ニアラズ。先速ニ立憲養正会ノ天下トナサザルベカラズ。国柱会ノ人々モ小サキ信仰ヨリ蝉脱シテ、真ニ大先生ノ御指導ニヨル根本信ニ入ラザルベカラズ。*40」

と、震災を菩薩出現の予兆と関連づけて解釈していたことが解かる。国柱会の人達も小さな信仰は捨てて根本に入るべきだと述べているのは、智学による組閣計画を背景としているのであろう。

また一四日付けの手紙にも、

「此度ノ地震ハ地湧ノ大菩薩、再ビ世ニ出現シ給フベキ兆ナリ〔中略〕世界大戦争（真ノ意味ニ於ル）ハイヨイヨ二三十年後ニ切迫シタルヲ示ス*41」

とある。まさに予言の通り、日蓮以来に菩薩が再度出現して「大闘諍」が行われるとの解釈である。

石原の家族が無事であったことはこの後に確認されたのだが、里見がベルリンを訪れてからの石原は、日蓮主義を欧州にひろめるための里見の著述を手伝って過ごした。一九二四年の五月下旬には、駐在武官の香椎浩平大佐宅で里見の講演が行われたが、聴講に訪れた武藤章大尉が殊に熱心であったようで、石原はこの武藤に特に目をかけて、妻の銻に対して、武藤が中々に立派な人物であり「此一族を教化することは極めて有効」と述べ、武藤夫人を訪ねて国柱会の集会に参加するよう声をかけて欲しいと頼んでいる*42。

後年、まさにこの武藤によって最終戦争構想が決定的に破綻させられるとは思いもよらないことであった。

里見のベルリンでの活動は数冊の翻訳本としての成果となり、里見は帰国することになった。里見が帰国してから後の石原は、停滞していた軍事史研究に取り組み、一九二五年九月に二年間のドイツ留学を終えて帰途につく。ドイツでの主目的であった軍事研究において、最大の成果であったのは何よりもデルブリュックの「殲滅戦略」・「消耗戦略」の分析を学習したことであった。

帰国の途上にシベリア鉄道でハルビンに着いた石原は、そこで南無妙法蓮華経の題目を書した幟を抱えた数十名の国柱会会員に迎えられた。その時に行われた集会では、それまでにまとまった研究成果としての「世界最終戦争史観」の構想を述べ、今後の日本は、

「大震災により破壊せられた東京に十億の大金をかける事は愚の至りである。世界統一の為めの最終戦が近いのだから、それ迄数十年はバラックの生活をし、戦争終結後世界の人々の献金により世界の首都を再建すべきだ。＊43」

と述べている。

その後、帰国した石原は再び陸大の教官に任命され、古戦史を担当することになった。講義はドイツでの研究成果でもあるフリードリヒ大王とナポレオンの戦史が主であった。また欧州古戦史も担当することになり、一九二六年夏から翌二七（昭和二）年二月にかけて一六回の講義を行っている。この時に作成されたのが「近世戦争進化景況一覧表」で、戦闘形態が三次元に向かって進んでいく戦争の発展傾向を示したわけである。

また「日本国体ヲ以テ世界ノアラユル文明ヲ綜合シ彼等ニ其憧憬セル絶対平和ヲ与フルハ我大日本ノ天

業ナリ*44」として八紘一宇の実現を説く石原は、「兵法は妙法より出ず」として戦史を日蓮主義的歴史観に位置づけて、講義において「観心本尊抄」や「撰時抄」の「予言」をも学生に解説した。

以上に述べてきたように、石原莞爾には陸軍将校としての世代的な課題から、対米戦に勝利することを目的として、その観点から有用な信仰の対象を選択していた。しかし、入信後の石原は単に日蓮主義や予言を利用しようとしたわけではなく、自身も相当な信仰心を得ていた様子も解かる。石原は漢口へ旅立つ一週間前という慌しい時に国柱会を訪れていたが、それは対米戦争構想を実現する糸口をせめて海外勤務の前に用意しておきたかったが故の行動だったのであろう。しかし、その後の軍事史研究における成果や、予言に示された天変地異が実際に起きたと思われ、さらには日蓮への諡号と国柱会による組閣の可能性が現れたことに手応えを得ていくと、「予言」は真に信仰の対象となった。

この後の石原は、最終戦争構想をさらに練り、「予言」の実践としての満洲侵略を断行するのである。

註

1　横山、前掲、一二四頁参照。

2　田中義一『帝國の使命と青年の覺悟』(誠文堂、一九一八年)、一七三頁。

3　田中、「軍人徳義論」『軍事界』第二一号。(一九〇三年一〇月)、一五頁。

4　田中の「良兵良民」政策と、それが失策であったことからも陸軍は政治力を衰退させ、政治力を挽回するために田中の政策を捉え直した宇垣一成の「良民良兵」政策が陸軍の政治的独立を基礎づけたことについては、前掲『近代日本の陸軍と国民統制 - 山縣有朋の人脈と宇垣一成』を参照のこと。

5 前掲『帝國の使命と青年の覺悟』五九〜六七頁参照。

6 排日移民問題における従来の研究では、太平洋戦争の直接的な原因として排日移民法を捉えて、そこから日米関係を規定していく見方があった。この立場は吉田忠雄氏などに代表される。しかし近年までの研究によって、移民法は当時の中国問題と並ぶ日本外交の重要問題であり確かに太平洋戦争へのメカニズムの一要素をなしたが、それは戦争開始に直結するわけではないとの解釈が定着しつつある。これらの蓄積には、麻田貞雄氏・有賀貞氏・入江昭・三谷太一郎氏・蓑原俊洋氏の諸研究が挙げられる。ただし排日移民法を頂点とするアメリカの排日論が日米関係に拭い去りがたい蟠りを遺したとする評価はいずれの論者もほとんど一致しているところである。

7 蓑原俊洋『排日移民法と日米関係』（岩波書店、二〇〇二年）、一七〜一八頁参照。

8 麻田貞雄「日米関係と移民問題」『デモクラシーと日米関係』（南雲堂、一九七三年）一八五頁参照。

9 土田元子『日米・国家と個人の間』（南窓社、二〇〇三年）、一一八〜一一九頁参照。

10 「東京朝日新聞」、一九二四年四月一四日付。

11 「読売新聞」、一九二四年四月一五日付。

12 共同宣言を行った新聞社は、東京日日・東京朝日・萬朝報・東京毎日・中央新聞・読売新聞・時事新報・報知新聞・東京毎夕・東京夕刊新報・中外商業新報・国民新聞・都新聞・やまと新聞の一四社。

13 若槻泰雄『排日の歴史 - アメリカにおける日本人移民』（中央公論社、一九七二年）、一八二頁。

14 手塚富雄『一青年の歩み』（講談社、一九六六年）、一二一頁。手塚は一九〇三年の宇都宮生まれで、帝大を卒業した後に旧制松本高校の教諭となった人物で、戦後にはドイツ文学を専門として東大教授を務めた。主要著書には、『ドイツ文学案内』（岩波文庫、一九六三年）、『ゲーテ　人類の知的遺産』（講談社、一九八二年）の他、『手塚富雄著作集（全8巻）』（中央公論社、一九八〇年）などが多数ある。

15 『冒険世界』明治四三年四月増刊号。

16『冒険世界』明治四四年一月号。
17『日本少年』大正二年秋季増刊号。
18 佐藤鋼次郎『日米若し戦はば』(株式会社目黒分店、一九二〇年)。
19 末次は石原とほぼ同世代の海軍将校であり、また石原と同様に、独自の視点によって対米戦争を積極的に支持した将校であった。末次はその著書『世界戦と日本』(平凡社、一九三一年)で関東軍による満洲の領有を擁護している。『世界戦と日本』によれば、日本は資源の不足を補う為に、技術力と忍耐力を向上させて生活を養い、それでも足りないものを輸入に頼ることでやりくりしてきた。その不利な条件を克服する労働に耐え、優良品を世界市場に提供しているにもかかわらず、白人は高い関税等の障害を設けて、日本の発展を妨げているというのである。さらに、その批判は排日運動にも向けられていた。そして、そのような状況下では日本の自由の発展に唯一残された土地は満洲であり、日本はこの土地を手に入れる為に、多大な犠牲を払ってきたと論じている。つまり、末次は同著によって満洲の領有を経済問題の視点から肯定している。
その上で末次は、日米の両国が宿命的対決を避けられない関係にある事を説得した。末次によれば、米国は「西漸せなければならぬ」(一一三頁)運命を背負わされている国で、またその運命は民族的な欲求でもあり、神秘的な伝統でもあった。そうした世界観から末次が予想したものは、中国を舞台とする日ソ・日英・日米の衝突であった。そしてその際、イギリスは退嬰的に現状維持に努めるが、アメリカはこれに対して権益の拡大を計り、日ソ戦争も恐らくは起こるという見通しを立てた。日本が現行のまま東洋において覇権を確立しようとすれば、アメリカは「日本を抑制するには唯戦争あるのみ」(一一三〜一一四頁)と考えているので、日米関係は永久に融和の見込みはないと結論する。

末次の「対米戦争に勝つべき方法」は、東京湾から南へ、赤道付近まで飛石伝いに存在する群島が、あたかも米国からアジアに通じる交通線の要衝になっているという判断から生まれており、西太平洋は完全に日本の勢力下にあって海上権を掌握できることから、日本の国防は磐石であると断言している。末次は、太平洋上で展開される国防ラインは「如何に優秀な艦隊でも…隊伍を組んで西太平洋に進出して来ることは不可能」で（一四九頁）、日本が先ず右の南洋群島を残らず占領してしまえば、敵が大艦隊であってもこの脅威を脱することはできないと考えたのである。「米国に対しては同等以上の海軍力を有せざる限り進んで彼を攻めることは出来ぬ。併し彼が攻めて来るのに対しては我が優れた地の利に拠って戦えば少しも心配なく之を防ぐことが出来る。早い話が敵の航空母艦の如きは仮に日本を空襲し得るとしても母艦自身が爆撃沈没の危険に曝される。之に反して日本の国土、日本の島々はいくら爆撃を受けても沈没することはない（一二七頁）」。だから、じっと我慢していればアメリカは自ずから敗れて日本が勝利するというのが、末次の講じた「勝てる方法」であった。

20　佐藤、『日米戦争夢物語』（日本評論社出版部、一九二一年）。先述した阿武天風の作と偶然であるのか同じ題名となっている。

21　一九一一年に海軍が帝国議会の予算審議に向けて作成した「経済上より見る国防」（「経済上より見る国防」『斎藤実関係文書』（国立国会図書館憲政資料室蔵／書類の部Ｒ 19.286）では、日露戦争の次の戦争の戦費について問題を提起し、対露と対米との場合に分けて戦費を計算している。対露戦に関しては、日本海会戦で勝利をおさめたことによりロシア海軍は戦力たり得ず、陸戦で勝敗が決せられるが、その際の戦費は陸軍が二六億五千万円、海軍が五千万円と試算している。しかし、対米戦の場合には主に海戦で勝敗が決せられることになり、その戦費は海軍五億円、陸軍二億円と算出して、結論としては対露戦には合計二七億円がかかるが、対米戦は七億円で賄えるとしているのである。これは予算獲得のために海軍の主計監査から出されたものではあるが、対米戦争が低予算で行い得るとの考え方があった事は確認できる。

22　岡本連一郎「米国視察報告第五号」大正九年四月二十日『欧受大日記』大正十年四月五月、（防衛庁防衛研究所図書館所蔵）。

23　参謀本部「日米関係ト帝国ノ国防」『密大日記』大正一三年第五冊、（防衛庁防衛研究所図書館所蔵）。
24　防衛庁防衛研究所戦史室『大本営陸軍部』第一巻。（一九六七年）、二五二～二五五頁参照。
25　防衛庁防衛研究所戦史室『大本営陸軍部〈1〉』（朝雲新聞社、一九六七年）、二四七頁参照。
26　同前、二五〇頁参照。参謀本部の取り組みには、陸軍の作戦計画では対露作戦・対支作戦しか立案がなかったことに対して御下問があったことも背景となっている。
27　同前、二五五頁。
28　横山、前掲、一〇一頁参照。
29　石原、「夏期休暇日記」南部譲吉「石原兄の思いで（その一）」『石原莞爾研究　第一集』（精華会中央事務所、一九五〇年）、一八～三一頁所収。
30　横山、前掲、一〇一頁参照。
31　阿部博行『石原莞爾』（法政大学出版、二〇〇五年）、一八頁。
32　「大正九年の日記」『石原莞爾選集2』、三一九頁。
33　日蓮聖人大師号追賜奉祝事務所編『立正大師諡号奉戴記事』（一九二二年）、四一～四二頁。
34　「天業民報」大正一二年一月一日付。
35　「天業民報」大正一二年一月一三日付。三保には当時、国柱会本部（最勝閣）があり、毎年の越年講習会もこの本部で開催されていた。
36　「同前」。
37　「天業民報」大正一二年一月一四日付。
38　「後藤内務大臣訓示要旨（大正一二・一一・一三）」『内務省史』第四巻。（大霞会、一九七一年）、四二九～四三二頁参照。

39 里見、『西洋人のあばたとゑくぼ』（里見日本文化研究所出版部、一九二五年）、三〇八頁参照。
40 「夫人への手紙」大正一二年九月二日付。前掲『石原莞爾選集2』、一六二頁。
41 「夫人への手紙」大正一二年九月一四日付。同前、一七二〜一七三頁。
42 「夫人への手紙」大正一三年六月八日付。同前、二三八〜二三九頁参照。
43 前掲、「戦争史大観の序説」、一一七頁。
44 「現在及将来ニ於ケル日本ノ国防」前掲『石原莞爾資料Ⅱ』、五九頁。

補論1
宮沢賢治『銀河鉄道の夜』に見る日蓮主義信仰と社会変革

上述の通り、童話作家として知られている宮沢賢治も石原と同じく国柱会の信行員であった。両者の直接的な交流は確認されていないが、賢治は『国譯妙法蓮華経』の一〇〇〇部の印刷と配布を遺言にしており、その配布先には石原の名がある。また入会時期や出身地、「王道楽土」の建設と「イーハトーブ」の理想郷にかける想いなど、両者の共通点が多いことにも着目できるであろう。ここでは、賢治の代表作を通じてその宗教観や死生観を探り、社会に対する憤懣と変革要求をもって革命思想に関心を抱いた賢治が、行動原理を求めた結果に日蓮信仰を得たことと、その過程では信仰とマルキシズムへの関心との間で揺れ動いていたことを明らかにする。それによって、日蓮主義が改革要求に応える性格があった故に選択されたことを考察する。

1　『銀河鉄道の夜』の生い立ち

『銀河鉄道の夜』は作品全般を通じてキリスト教的イメージによる描写で彩られている。作品の進行や構成の問題をとっても、「鉄道」が北の十字架である白鳥座から南の十字架である南十字星を旅するもので、あたかもそれは教会から教会へ巡礼するキリスト教的な「天国への旅」のようでもある。また、頻繁に登場する讃美歌も賢治にキリスト教徒としての思想があったことを想像させがちであろう。そのため賢治が国柱会の信行員であった事実は一般にあまり知られていない。

『銀河鉄道の夜』は、『校本宮澤賢治全集』*1で明らかになったように「第一次稿」から「第四次稿」まであり、そのうちの第三次稿を「初期型」、児童文学へ書き換えられた第四次稿を「後期型」として、それぞれを最終形態としている*2。以後は同研究に基づき、第一次稿の着手が一九二三（大正一二）年頃からで、翌年か翌々年には一応の形になっていたことが現在までに確認されているが*3、作品はその後も手が加えられ続けて一九三三（昭和八）年に賢治が亡くなる際の枕もとに未完成稿として残されたものだった。未完でありながらも同作品はそれまでの賢治作品による「いろいろな詩のイメージ、童話作品の集大成として評価され」*4、大正期の全般を通じて創作されていたそれまでのテーマが凝縮されていると言われる。

賢治の日蓮主義信仰は一九二五年以来のもので*5、実は賢治の作品全般にわたって信仰の影響が確認できる。そもそも賢治は家出同然の状態で故郷から上京しているが、その出郷は両親に日蓮主義への改宗を説得するも聞き入れてもらえず、仲違いの関係になってしまった事が原因であった*6。国柱会を訪ねた賢治は、生活基盤を得るためにも国柱会での仕事を得たいと望んでいたが、幹部の高知尾智耀に「まずどこかへ落ち着かれてから、ゆっくり信仰について伺いましょう」と促され、仕方なく間借りした家から出版所の仕事についたそうである*7。その時の賢治は、

「〔上京して〕三日目の朝大學前で小さな出版所に入りました。謄写版で大學ノートを出すのです。朝八時から五時半迄坐り切りの労働です。周囲は着物までのんでしまってどてら一つの主人の食客になっている人やら沢山の苦学生、辯にならうとする男やら大抵は立派な過激派ばかり主人一人が利害打算の帝国主義者です。後者の如きは主義の点では過激派よりももっと悪い。国柱会の国家がもし一点でもこんなのならもう七里けっぱい御免を蒙ってしまう所です。さあここで種を蒔きますぞ*8」（〔　〕は筆者）と決意を述べた。

賢治は実家の改宗に失敗して落胆しながらも、法華経に帰依した以上は己一人にのみ与えられる救いであってはならないと決意し、一家の改宗を第一に果たし、その後には社会に日蓮教義を及ぼしていこうとする目標をたてた。東京生活はその活動の第一歩であり、賢治はここから「種を蒔く」と言ったのである。こうして賢治は、水とジャガイモばかりを口にしながら、昼は出版業に携わり、夜は国柱会のボランティア活動を行なう生活を迎えた。そうする内にやがて前出の高知尾から勧められ、日蓮主義を広めるための童話を作成することになるのである。

賢治の東京生活は期間にしてわずか六カ月程度の間であった。後に東洋のアンデルセンと評価される賢治の作品の多くはこの間に執筆される。

「人間の力には限界があり、仕事をするのには時間が要りますね。私はどうせ間もなく死ぬのだから、早く書きたいものを書いてしまおうと思い、一カ月の間に三千枚書きました。」*9

これらの作品は、当初誰にも認められることなく、そのままトランクの中にしまわれることになった。東京生活が半年たった時、賢治の妹・トシの病気の報を受け帰郷することになるが、賢治にとって文学作品を書くことは日蓮主義の布教に他ならず、国柱会の存在なしにはイーハトーブ文学も成立し得なかったのである。まずは、賢治に日蓮主義の信仰があったことと、文学作品を書くきっかけが国柱会にあったことを確認したところで、『銀河鉄道の夜』に表現されている日蓮主義の影響を具体的に検討する。

2 贖罪意識と「二つの天上」にみる死後の世界観

『銀河鉄道の夜』は、「主人公・ジョバンニの成長過程の物語」として評価されることが定着しているようである*[10]。「鉄道」の旅はカムパネルラの懺悔から始まり、物語の最後には、友人を救うために自ら犠牲になった死者・カムパネルラの死因が明かされるわけだが、彼は母親が自身の死、あるいはその死に方を許すかどうかに悩みながら旅立つ。ここには生と死に対して善悪を問う意識が見られるが、同様の問いや葛藤は作品中の「大学士」や「さそり座」の件からも看取できる。

鉄道旅行の中盤から登場する大学士一行は、家庭教師を務める「大学士」、その教え子「女の子・かほる子」と、かほる子の弟の「六つばかりの男の子・タダシ」の三名で、登場した直後の大学士が、

「ああ、ここはランカシャイだ。いやコンネクチカット州だ。いや、ああ、ぼくたちはそらへ来たのだ。わたしたちは天へ行くのです。ごらんなさい、あのしるしは天上のしるしです。〔中略〕わたくしたちは神さまに召されているのです*[11]」

と語ることから、登場時のカムパネルラよりも死後の世界観を一層明確に表す登場人物になっている。この大学士一行は、「タイタニック号」沈没事件による遭難者であることが判るが*[12]、大学士は船の遭難時

に、姉弟を他の犠牲者たちを押しのけてまで助けようか悩んだ末に、一緒に死ぬことの方が彼らの幸せにつながると考えて死を選択した。

また、かおる子によって語られる蠍の物語では、それまで殺生を重ねることで生き長らえて来たサソリが、今度は自分が鼬に追われて死に直面すると、鼬から必死に逃げて井戸に落ちた。井戸の中で自らの生への執着を見つめたサソリは、

「どうしてわたしはわたしのからだを、だまっていたちにくれてやらなかったろう。そしたらいたちも一日生きのびたろうに。どうか神さま。私の心をごらんください。こんなにむなしく命をすてず、どうかこの次には、まことのみんなの幸いのために私のからだをおつかいください。*13」

と語って、夜の闇を照らす「さそりの火」となった。

即ち、カムパネルラも大学士一行も皆同様に、自身の命と引き換えに他者への貢献を願って死した登場人物たちだったわけである。この三者の物語が本編の粗筋そのものといっても過言ではないが、三者に共通して言えることは、その中に「生の葛藤」と「自己犠牲」の信念が見られる点である。賢治の信仰の影響であるのか、『銀河鉄道の夜』には「生きることは罪深い」とする考えが表れており、作品中の重要な登場人物たちは皆が謙虚で自責の念を強くもっている。善悪を問い詰める故に、自身の人生を肯定しがたい登場人物らは「自分の行いは正しかったのかどうか」と悩みながら死後の世界へ旅立つのである。その悩みは、死者自身の行き先が「天上」であることが確認されていても変わることはない。そして罪深い生に報いることができるのは、自己犠牲による死なのである。但し、賢治が作品中でカムパネルラに懺悔を解決させていないところを見れば、果たして自己犠牲が罪深い生に対する贖罪に値するのかどうかという

問題は、賢治にも解答できていなかったことになる。従って、本編を創作する段階においては、自己犠牲が賢治にとっての最善の仏性への貢献であったと言えるのではないだろうか。

また『銀河鉄道の夜』では死後の世界が特定できないという問題も指摘せねばならない。「天国」や「極楽」のような終着点が一つに絞られておらず、少なくとも本編では二つの「天上」が登場することを見つけられるからである。そもそもの鉄道自体の性格は不明であるが、大学士一行とカムパネルラは死後の世界へ行くために乗っている。さらに彼らは、等しく「溺死者」であるという共通点を有している。カムパネルラの登場場面では「ぬれたようにまっ黒な上着を着たせいの高い子供」とされており、大学士一行が鉄道に乗りこんで来た場面でも「青年はなんとも言えず悲しそうな顔をして、じっとその子の、ちぢれてぬれた頭を見ました」と、溺死者たちは一様に乗車時の身体が濡れている。タイタニック号が行けるはずであった新大陸のトウモロコシ畑をともに旅する溺死者たちは（一行がトウモロコシ畑に入ると「新世界交響楽」が流れる。同曲はドボルザークが新大陸をイメージして作曲したもの）、同じ鉄道によって死後の世界へ迎え入れられるはずであった。他者を救うことを願いながらも遇えなく死亡した死の経緯や死因についてカムパネルラと大学士には強い共通性があげられる。しかし、それにも関わらず両者の行く先は異なっているのである。

大学士一行が他の乗客達と共に「南十字」で下車し「神の御許」に行くのに対し、カムパネルラのみはその先の「石炭袋」まで行かねばならない。石炭袋が見えると、カムパネルラは「あすこがほんとうの天上なんだ、あっ、あすこにいるのはぼくのおっかさんだよ」と述べる。その石炭袋（暗黒星雲）には彼の母がすでにいるらしく、また彼によればそこが「ほんとうの天上」だと言うのである。カムパネルラは真の天上の所在を告げてジョバンニから去っていくことになるが、この「二つの天上」は、賢治の宗教観に根ざしているのではないだろうか。つまり、前者はキリスト教の天上で、後者は賢治の宗教観による「第二の天上」（天上世界の階層性）ではないかということである。

カムパネルラはジョバンニとともに他の乗客を第一の天上に見送った後、「本当の天上」と言い残し「石炭袋」に向かう。生に葛藤する賢治にとってはキリスト教の天上は「真の天上」たり得ず、本当の幸福を追求する旅はキリスト教的死生観には終わっていない。しかしその後に登場した、さらなる天上の世界があたかも暗黒のような描かれ方をしている通り、賢治にとっての「真の天上」は未だ解答できず、描くことのできない世界であったようである。

3　ジョバンニの切符に見る「現実世界の優越性」

日蓮主義では現実生活での教義の実践が求められた（此岸救済）。『銀河鉄道』の中で、主人公の二人が「鳥を捕る人」と一緒に車掌の検札を受ける場面では、ジョバンニが自分の知らないうちに上着に入っていた切符を出すが、その切符は他の乗客たちの切符とは異なる「三次空間の方」から持って来たらしい特別な切符で、いかにも鉄道の常連という雰囲気で登場する「鳥を捕る人」は、ジョバンニの切符を見て以下のように「あわててほめる」のであった。

「こいつはもう、ほんたうの天上さえ行ける切符だ。天上どこぢゃない、どこでも勝ってに歩ける通行券です。こいつをお持ちになれぁ、なるほど、こんな不完全な幻想第四次の銀河鉄道なんか、どこまでも行ける筈でさあ。あなたがたたいしたもんですね。*14」

真相としては、ジョバンニは生者のまま鉄道に乗っているので、カムパネルラら死者とは違った切符を持っているというわけだが、「鳥を捕る人」によればその切符は天上に行くためどころではなく、もっと価値のある切符で、それを持つジョバンニは立派な「たいした」ものなのである。この切符の件は、「三次空間」に対して死者の世界が「こんな不完全な」ものとして描かれていることからも、賢治の信仰を考慮すれば、現世（此岸）を重視する日蓮主義的な死後世界の理解ととれる。真の天上に行くことができるのはジョバンニだけであるようにも読めるのであり、その場合にはほんとうの天上に行けるのは生者のみで死者には行けないことになる。

さらに、天上に対する現世の優越性はジョバンニと大学士らとの間で討論される「ほんとうの神さま」の議論からも読み取れる。大学士一行が「天上」である南十字で下車しようとすると、ジョバンニは「天上へなんか行かなくったっていいじゃないか。ぼくたちここで天上よりももっといいとこをこさえなきゃいけない」と述べる。天上ではなく、自分たちの世界で「天上よりももっといいとこ」を創造しなくてはいけないと言うのである。それでも神の待つ天上へ行くと言うかほる子に対して、ジョバンニは「そんな神さまうその神さまだい」と「天上」自体を否定する。そして大学士が、「あなたの神さまってどんな神さまですか」と笑いながら問うと、

ジョバンニ：「ぼくほんとうはよく知りません。けれどもそんなんでなしに、ほんとうのたった一人の神さまです。」

大学士　　：「ほんとうの神さまはもちろんたった一人です。」

ジョバンニ：「ああ、そんなんでなしに、たったひとりのほんとうの神さまです。」

と議論が交わされる*15。

ジョバンニの「神さま」は、死者を受け入れてくれる神ではなく、現世での理想社会の実現を望む神であるが、そもそも賢治に法華文学としての童話創作を勧めた高知尾ら国柱会にとっては、信仰とはそれぞれ生業を通じて示されるもので、文筆に従うものは筆をとって本領を発揮すべきものであった。信仰を内心に留めず実践すべきとする日蓮主義によって、天上や死後の世界よりも現実社会を重視するジョバンニの姿を認められるのである。

4　革命への期待とその変遷

賢治は日蓮主義信仰を有しながらも、次第に左翼思想に関心を寄せるようになっていたことも知られている。一九二一年の暮から花巻農学校で教師をしたが、一九二五年の春になると「わたくしもいつまでも中ぶらりんの教師など生温いことをしてゐるわけに行きませんから多分は来春はやめてもう本統の百姓になります」*16と考えるようになった。賢治は、後に農民芸術の普及を理想とし「農村改良運動」を計画することになるが、現金収入の少ない農村では単に生産増加を測るだけでなく、物々交換による経済改善を奨励するのが良いと考えていたようである*17。また自身でも学校で「農民芸術」を講義したり、労働農民党稗貫支部が発足すると事務所を紹介した上に、謄写版を提供したり、資金援助まで行なうなど、陰からの積極的な協力をしている。

東京に上京した時点での賢治の手紙には既に、出版所の主人のような「利害打算の帝国主義者」を悪とする認識が見られたが、日蓮主義と社会主義運動に同時に関心が起こるのは、それらに共通する社会改造が理由であろう。マルキシズムに関心を寄せシンパとして援助していた当時の賢治についての証言が、社会主義者の川村尚三という人物によって残されている。

「賢治と私とは人々の交際とはちがい、社会主義や労農党のことからであった。〔中略〕その頃、レーニンの『国家と革命』を教えてくれ、と言われ私なりに一時間ぐらい話をすれば、『今度は俺がやる』と、交換に土壌学を賢治から教わったものだった。〔中略〕夏から秋にかけて読んでひとくぎりしたある夜おそく『どうもありがとう、ところで講義をしてもらったが、これはダメですね。日本に限ってこの思想による革命は起こらない』と断定的に言い、『仏教にかえる』と言い残して翌夜からうちわ太鼓で町をまわった。」*18

賢治の左翼支援の活動はもともと表立ったものでなかったが、最後には社会主義運動を諦めた。川村の証言にある「ダメですね。日本に限って…」が示しているのは、天皇制に抵触する社会主義が弾圧を受けるか、または合法であってもやがて右傾化してしまうかといった当時までの運動に対しての判断であろう。しかし川村の証言は、革命の見通しさえ立てば賢治が共産主義革命の実践を望んだであろうことも暗示している。因みに、賢治が自費で出版した詩集「春と修羅」では、「序」において創作に「二二ヶ月間の過去」を費やしたことが伺われるが、出版された一九二四年四月から二二ヶ月間を遡った一九二二年七月には、その一五日に日本共産党が結成されている。

おわりに―ジョバンニにだけ持たせた切符―

宮沢賢治には、日蓮主義とマルキシズムへの関心との間で揺れ動いた時期があったが、それは社会への不満が背景となっていたと思われる。石原莞爾における対米観と信仰との関係と同様に、日蓮主義は賢治の要求に応えたところがあったであろう。そして賢治は、作品中で「天の川のなかでたった一つのほんとうのその切符」をジョバンニにだけ持たせ、現実世界において到達すべき天上を語らせた。しかし、作品の手直しを幾度も重ねた結果に、釈迦や菩薩の待つ極楽が「天上」として描かれなかったことは、信仰が賢治の問題を解消し得なかったことをも示していると言える。

註

1　宮沢清六編『校本宮澤賢治全集』（筑摩書房、一九七三年）。
2　入沢康夫・天沢退二郎『「銀河鉄道の夜」とは何か：討議』（青土社、一八七六年）。
3　西田良子氏によれば、賢治が一九二三年に行った樺太旅行の体験をもとに執筆した「青森挽歌」と『銀河鉄道の夜』のモチーフが類似していることや、関東大震災の際に書かれた手紙の裏が「第一次稿」になっていること等から、「構想は大正一三年夏、着手はその秋以降」がほぼ通説となっている、と説明される。〔西田、『宮沢賢治「銀河鉄道の夜」を読む』（創元社、二〇〇三年）、二〇七頁〕。
4　岡屋昭雄『宮澤賢治論―賢治作品をどう読むか―』（桜楓社、一九九五年）、八一頁参照。
5　前掲『国柱会百年史』、二六七頁参照。日蓮自体への帰依はそれ以前からあった。
6　小田邦雄『宮澤賢治　作品と生涯』（新文化社、一九五〇年）、六九頁参照。

7 同前、九一～九三頁参照。
8 同前、九三頁。
9 同前、九七頁。
10 村瀬学『『銀河鉄道の夜』とは何か』(大和書房、一九八九年)。
11 宮沢賢治『銀河鉄道の夜』谷川徹三編(岩波書店、一九五一年)、二七三頁。
12 登場人物らとタイタニック号の検証については、伊勢弘志「大正期の思想潮流についての一考察」『駿台史学』第一三二号(二〇〇七年)を参照のこと。
13 前掲『銀河鉄道の夜』、二九三頁。
14 同前、二七一頁。
15 同前、二九五頁。
16 「杉山芳松宛書簡　大正一四年四月一三日付」。宮沢清六他編『新校本宮澤賢治全集』第一六巻(下)年譜篇(筑摩書房、二〇〇一年)、二九〇頁参照。
17 西田、前掲、二一九頁参照。
18 「川村尚三談　大正一五年」前掲『新校本宮沢賢治全集』、三二三～三二四頁参照。

第五章
＊満洲侵略の前提状況

従来は満州事変の動機について、国防上の課題として満洲を領有する必要があるが、その際には米国との衝突は避けられず、国防を全うするためには対米戦が不可避であると考えられたからであると理解されてきた。しかも、「最終戦争論」については日蓮信仰と結びつくとされながらも本格的な信仰問題の検討がなされないままに考察されてきたのである。ところが実際には、石原は悪化した対米観または西洋への対抗意識によってアメリカとの戦争を想定した上で、その後に日蓮主義を選択していた。そのため、以下では「石原の満蒙領有は日米決戦自体を目的としており、従って満洲事変も対米戦を行うこと自体を動機とした」ことを解明するために満洲事変に至るまでの軍事計画と戦略を検証する。

陸軍において石原らがどのような世代に位置づく将校であったのかに留意しながら、満洲事変までの陸軍の内情を踏まえて、石原の戦争計画を検討する。

1　陸軍将校とその世代

昭和期の陸軍では内部で派閥争いが起こり、またそれが陸軍の統制を乱して無謀な戦争に突入する元凶にもなったことはよく指摘されるところである。この派閥争いは、第一次大戦時に欧州に駐在するなどして「総力戦」の様子を直に観察した「新世代将校」が中心となった問題であった。

新世代将校の登場は、陸軍の内部における世代間格差の問題を引き起こすことになるが、具体的には、大戦時の欧州情勢を学習した世代がルーデンドルフの『総力戦』を一つのテクストとして、陸軍の旧体制による人事の閉塞を打開し、軍備の近代化をめざす改革を目論んだことにより始まる*1。新世代将校の結束のはじまりとして知られているのは、長州閥体制と呼ばれた当時の陸軍の旧体制を問題視した永田鉄山（当時スイス公使館付）・小畑敏四郎（ロシア大使館付）・岡村寧次（上海大使館付）が、一九二一年一〇月にドイツのバーデンバーデンに集まり、国家総動員体制の推進を目指した改革について合意を形成したことで、これが次第に「九州閥」と称された上原勇作・武藤信義・宇都宮太郎・柳川平助・秦真次・香椎浩平・山下奉文らと結合するようになった。

彼らの会合は「二葉会」と呼ばれるようになるが、概ね一九二三（大正一三）年頃から開始されたとされるのみで、発会の日時などが明確なわけではない。「二葉会」の名称も明確になるのは一九二七（昭和二）年頃のことで、会合場所として度々利用されていたのが渋谷のフランス料理屋・二葉亭であったという他には詳らかでないことが多いのだが、会の性格としては、士官学校の一六期生を中心とした世代的結合で、田中義一および宇垣一成の主流派に対抗して、荒木貞夫・眞崎甚三郎・林銑十郎を擁立して人事刷新を目指し、陸軍の改革を志向するものであった。一九二七年までに河本大作や板垣征四郎らの参加を得て、対外問題に対しては、蒋介石の北伐を背景に満蒙問題を討議する会となっていた。石原はこうした将校の世代間問題の渦中で、独り対米戦争構想を展開することになる。

陸軍にとって中国大陸および満洲は、軍事・工業上不可欠な鉄や石炭などの資源を獲得する対象であった。石原にとってもまた、満洲は資源供給の地として重要視される土地である。しかし石原は、満洲について他の将校たちとは異なる持論を打ちたてていた。それが「一厘の金も出さない」戦争を「戦争を以って養う」というものである。石原は、この構想を参謀本部の革新派戦略研究グループである「木曜会」の第三回会合（一九二八年一月一九日）で「国防方針」と題して発表する*2。

「木曜会」は、鈴木貞一少佐（参謀本部作戦課課員）を中心に結成された戦術の研究会で、若手将校が集まって運営されていた（中心は陸士二二期～二七期の世代）。当初は、軍備の近代化のための研究会であったが、国策の研究を行うようになる過程で次第に「二葉会」と合流することになる。石原の出席した第三回の当日は、永田鉄山（陸軍省整備局動員課長）の他、根元博・土橋勇逸・鈴木宗作ら一二名が参加していた。

石原の発表内容は、将来の戦争が三次元の立体的な空中戦となることを説く持論の戦争史観であったが、その中ではナポレオンの遠征を模した持久戦争の展開方法と、戦争の死滅を伴う「最終戦争」としての対米戦構想が説明された。

「我等の戦争は、ナポレオンの為したるが如く、戦争により戦争を養うを本旨とせざるべからず。即ち占領地の徴税物資兵器により、出征軍は自活を要す。支那軍閥を掃蕩、土匪を一掃して其治安を維持せば、我精鋭にして廉潔なる軍隊は忽ち土民の信服を得て、優に以上の目的を達するを得べし*3」

というものである。

これは、同時期に石原が陸大で行った「欧州古戦史講義」の講義内容と同様で、「全支那を根拠として遺憾なく之を利用せば、二十年でも三十年でも」、「一厘の金も出さ」ずに、戦争を継続できるとした*4。石原は、満洲を補給基地として使用しながら戦争を展開すれば、戦争によって次の戦争を賄うことができると考え、「戦争を以って戦争を養う」持久戦争の展開構想を説明したのである。

また、フランス革命によって国民軍隊ができ、地方物資を利用する新たな給養法が誕生した事によって、軍隊は移動に非常な自由を得たと評価していたのだが*5、木曜会での「国防方針」の内容とを併せて理解すれば、軍閥の支配に苦しんでいる満蒙へ解放軍として乗り込み、満洲の治安を維持することができれば、日本軍は現地で受け容れられることで自給が可能となり、満洲の外征軍は日本本国からの物的な支援を無くしても戦争の継続が可能になると考えていたことが解かる。つまり石原は、満蒙に侵攻して、その後の領土の「切取次第」によって自給・自活ができることを見込んでいたわけである*6。

石原は、ソ連の復興作業が達成されないうちに北満を含めた満蒙領有を断行することを論じていた。但し、石原はいわゆる「北進」を企図していたわけではなく、ソ連に対する姿勢は「極力露国との親善関係を継続することを勉む」*7というものであった。石原の後年の回顧によれば、満洲侵攻のタイミングとその後の方策については、

「露国の崩壊は天与の好機なり。日本は目下の状態においては世界を相手とし東亜の天地において持久戦争を行ない、戦争を以って戦争を養う主義により、長年月の戦争により、良く工業の独立を完うし、国力を充実して、次いで来たるべき殲滅戦争を迎うるを得べし」*8

と考えていたのであり、即ち革命の混沌とした状態からロシアが完全に国家整備を終えてしまう前に、戦争を養う体制を自分が確立すると言っているわけである。しかも、

「目下われらが考えおる日本の消耗戦争は〔中略〕むしろナポレオンの対英戦争と相似たるものあり。いわゆる国家総動員には重大なる誤断あり。もし百万の軍を動かさざるべからずとせば日本は破産の外なく…」

として、ドイツ時代のナポレオン研究の成果の上に、持久戦争の展開を構想していたことが解かる*9。外征軍が本国に負担をかけず「自給自足」によって戦争を展開することは、先述した田中義一の『帝國の使命と青年の覺悟』による「次の戦争に勝つべき方法」という陸軍の課題に応答する方策でもあった。田中は、大戦によって得た「十餘億圓の正貨」に歓喜する社会の浮華軽佻を戒めながら、他国の資源に依存する経済状態を問題にした。さらに、その後の日本は対外問題が悪化すれば禁輸措置などの経済的圧迫を受けることが予測され、農工商の各業種を発展させねば総力戦を戦い抜くことはできなくなる。大戦を例にしても、当初は連合国の中心であったロシアが劣勢となったのは、兵備だけでなく工業も国防の一環であるとの認識がなかったからで、戦前からドイツの工業力に依存していた状態であったにも拘わらず、そのドイツと争うことになったため、工業生産力を維持できなくなったからであると説明する*10。

他方、商工業の発達したイギリスは利益拡大のために農業部門を疎かにし、食料供給を全く大陸に依存するようになっており、大戦では大海軍を以って海上封鎖を行ったが、ドイツは平素から農業発展に力を入れて「自分の食ふものは自分で作るといふ主義の下」に、イギリス側の予想を大きく超えて持ち堪えた。それに対してドイツが潜航艇による封鎖をしかけると、食料を他国に依存するイギリスは打撃を受けるこ

となったと述べて*11、

「之は英吉利が自給自足を立國の本領とせず、國民の爲すが儘に放任し、國民も金さえ手に入れば食物は外國から取り寄せるといふやうな考で、勞働賃金の幾何といふことの勘定より外に考えなかつたのが原因であつて、海面を封鎖して敵の食物を斷たんとして、却つて敵の爲に海中で食物を斷たれるといふ有様になつた譯である。*12」

とした。

そのため、今後の日本はこれを教訓とすべきなのであり、世界で優勝の地位を占めるためには兵備の充実のみならず、「自給自足を根本の原則として農工商業學問智識の上に大なる努力をなすことを要する」と述べ、「國民の思想を堅固」にするとともに「自給自足の觀念を深く青年の間に植付けなければならぬ」と訴えた*13。つまり、石原の自給自足の戦略は陸軍が解決すべき課題に部分的にせよ対応しているはずなのであり、その必要が認められるはずであった。

しかし、石原の発表に対する木曜会での評価は決して高いものではなかった。肯定的に評価していたのは、わずかに主催者である鈴木貞一のみで、永田鉄山に至っては石原の論には対米戦が起こることについての必然的な根拠が存在しないことを指摘し、満蒙への侵攻すら不必要ではないのかと意見した*14。永田の指摘は、満洲を領有することの意味を追及したものであるが、石原の主張する持久戦争が「何故に展開されねばならないのか」、「対米戦に備えねばならない理由も不明確であり、満洲を領有せねば対米戦も起こらないのであるから、そもそも満洲自体に手を出さねばよいのではないか」との問いである。これは的確な問いであった。石原には対米戦争が何故に起きるのかという問いに対する答えなどそもそもないからである。だからこそ石原はそれを説明してくれる理論を宗教などに求めて探していた。しかし、「予言」では永田ら将校を説得し得ないことぐらいは石原にも自覚があったし、そもそもは「対米戦で勝てる方法」を考察することは陸軍の課題だったはずであったので、石原は満洲領有が対米戦にとっても有用であることさえ説明できれば、対米戦争の準備について合意を取り付けることができるはずだったのである。ところが、政府の外交政策による大陸の利権拡張にも可能性があった当時の段階において、永田は対米戦や満洲の武力占領自体を自明の前提にはしなかった。実際には永田も対米戦に対する計画自体は考える必要を認めていたのだが、「対米戦争のために満蒙を領有する」意義は認めなかったのである。かつて田中義一が要請し、数年前には社会的な関心にもなった対米問題であったとしても、陸軍将校らの一義的な関心の対象だったわけではなかったということである。

永田の指摘を受け、満蒙の領有が必要であることを「絶対的」条件とする石原は、将来の戦争について、「対支政策はいかなる人物をやっても駄目だ。人の問題ではなく、アメリカと戦争しうるか否かの腹いかんにかかっている」と、対米戦争への合意を形成しようとしたのに対して、永田は「戦争は必ずしもする必要はない。戦争をしなくても満蒙を取る必要があるのか」と反論した*15。

結果的には、以後の仮想敵国をアメリカとするのか、また別の国とするのかについては最後まで合意がつくれず、この後の石原は満蒙問題を話し合った第五回の会合を除いて木曜会には出席しなかった。石原にとっては、対米戦争構想が共有されないのであれば、会合に意味を持てないからである。

しかし、その後の木曜会では、日本の人口過剰の問題を解決し「帝国の自存」のためにも満蒙を確保する必要があるとの合意が形成されることになる。但し、その際にはソ連の南下政策との衝突が必至であるとして、石原の主張するような対米戦ではなく、対ソ戦が主要な課題とされた。石原が発表を行った第三回の時点では、共有されていなかった満蒙侵略は、人的結合の端緒となったバーデンバーデンの密約を大きく超えて将校らに共有されていくわけである。

このように、「二葉会」の永田が参加した他、東條英機なども「木曜会」に参加するようになったことで、両会は実質的に合流するようになり、木曜会は一九二九年五月に「一夕会」に拡大されることになる。一夕会では、一九二一年に認められたはずの陸軍の国防充実費が繰り延べられ続けていたことから宇垣一成陸相時代以来の軍縮路線に対する不信感を抱きつつ、永田を中心とした将校ら約四〇名によって革新運動が目指された。彼らは、議会政治を打破することにより軍部中心体制を確立し、陸軍人事の刷新と満蒙問題解決、荒木・真崎・林の三将軍の擁立による改革を進めていこうとした。これは、それまでの戦略研究を内容とした会合から前進して、国防戦略のみならず戦争と国策の全般的研究を扱うようになったことを意味している。但し、一夕会は人口問題・工業化のための原料資源獲得・対ソ国防準備などを課題としていたが、このうちの対ソ戦については、早期決戦を目指す将校と、国防を充実させた後に対ソ作戦を考えようとする将校らの間に相違を孕んでおり、完全な合意が成立していたわけではなかった。これが後に皇道派と統制派に分裂する原因になっていく。

皇道派と統制派とは、必ずしも両陣営としてそのように名乗り合って分裂したわけではなく、実態的な派閥として存在したわけではない。とりわけ統制派の方は、一つの主体として結束していたわけではなかったのだが、人的結合の傾向としては、「皇道派」は荒木・真崎・小畑・柳川平助・秦真次・山岡重厚・鈴木卒道・土橋勇逸・山下奉文など、陸軍の伝統精神に対して保守的で国民の精神的結合を求め、それ故にクーデターも視野に入れて国家改造を望む集団であり、「統制派」の方はこれとは異なって、むしろ政治権力の中枢に侵食していきながら漸次陸軍を革新し、その過程では財閥とも連携して経済力強化を志向した。「統制派」には、永田・東條・武藤章・影佐禎昭・池田純久・片倉衷・真田穣一郎・辻政信が挙げられ、林銑十郎は両派の中間的な人物と思われていた。

この中では、対米戦争を目標とする石原は閥外とならざるを得なかった。石原の対米戦構想への取り組みは、時代の要請としての課題でありながらも、陸軍においては棚上げされがちな問題となり、周囲の将校には理解を得られなかったのである。事実、この後も石原は閥外であり続けるが、一九二八年の一〇月には関東軍の参謀として満洲に赴任していたため、一夕会の活動とは距離を置くことになった。石原は満洲占領と対米戦構想実現の合意を取り付けるために、周囲を説得するか、あるいは単独であっても満洲領有を果たす必要があった。

2　関東軍の経歴―独走する現地日本軍―

満洲事変の決行部隊となり、占領を果たすのは関東軍であるが、現地で暴走を起こす主体となるまでには、どのような生い立ちがあったのであろうか。

関東軍とは、遼東半島を根拠地として駐劄一個師団・独立守備隊六個大隊からなっており、総兵員は一万五百名、二年交代によって内地から派遣され、司令部は旅順に設置されていた。対ソ戦略を中心としてきた陸軍は、韓国を併合した後には満蒙〔東三省（奉天・吉林・黒竜江）と熱河省および内蒙古を併せて満蒙と呼称した」を国防の要とし、軍事・外交を通して特に重要視してきた。

日清戦争後の三国干渉を契機にロシアが租借していた遼東半島は関東州と呼称されたが、日露戦争によってロシアの敷設した旅順‐長春以南の東清鉄道と付属地が日本の権益となると（沿線・支線の炭鉱に関する権利を含む）、その防備を名目として派遣されたのが関東軍の前身となる駐留部隊である。鉄道保護の守備兵は、一キロ毎に一五名を超えない規模で認められ、清国との間では「満州善後協約」と「満州に関する日清条約」（北京条約）で定められた。その規定に則った総数が一万五百という兵数である。

対ソ戦略を最重要としてきた陸軍において、関東軍は最前線を守備する役割を負わされたが、ロシア革命に至るまでの世界情勢の変化（グレイト・ゲームの推移）と、日露関係の改善によってロシアとの協商関係が築かれ（一九〇七年成立の「日仏協商」も日露接近の背景となっている）、北方の脅威は現実的な意味を薄めていった。潜在的にアメリカとの関係悪化をもたらす満洲において、関東軍の意義はその間に起きた辛亥革命以降の中国問題の中で再定義されていくようになる。

一九一一年一〇月一〇日に蜂起した革命党が、一か月余りで中国の三分の二を勢力下に収めて北清に迫ろうとした時、陸軍はこれに干渉すべく華北・満洲のそれぞれに師団を派遣せんとした。派兵の根拠は日本の既得権益である鉄道の保護以外にはなかったが、そこに満洲で京奉鉄道の鉄橋が爆破されるという事件が起こる（一九一二年一月三日）。爆破によって北京発の急行列車が転覆し、一〇〇名を超える死傷者が出たのだが、事件が起きたのは日本軍が列国との協定によって鉄道警備のための守備隊を置いた直後のことであったことから、同事件は、列国からは日本が派兵の口実を得るための謀略ではないかとの疑いを招いた。日本においても現地による謀略の可能性が噂されるようになったため、結局師団の派遣は見送られることになる。

本書が対象とする満州事変は、鉄道爆破を仕掛けたことで侵略の口実を作り出したが、この京奉鉄道の爆破事件は一つの先例として挙げることができるであろう。また謀略の先例という点において、満洲を中国から分離させて、独立した満洲を日本の勢力圏にしようという構想も、辛亥革命や第三革命の際にそれぞれ進められようとした「満蒙独立計画」の事例を挙げることができる。特に袁世凱の帝位就任に対する反対運動として中国国内で起きた第三革命の際には、田中義一ら参謀本部の独断によって工作が進められようとした経緯があり、関東都督府も満蒙独立を支援しようとしていた。これらの満蒙独立計画は、関東都督府が外務大臣の制約を受ける立場であったことの他、方針の不明確さや計画の不統一によって実効をあげることはなかったが、しかし、その後に朝鮮半島支配を最重要視した寺内正毅内閣が成立すると、関東都督府の権限問題には大きな変化が起こった。寺内内閣には、朝鮮総督としての経歴を有した寺内を頂点として、満洲をも含めた「大陸政策」の構想があった。内閣は、一九一七年七月末に「拓殖局」を復活させて、関東州と満鉄の外交事務を除く事務権限を握ると同時に、関東都督府の官制も改めると、関東都督は満鉄総裁も兼任して、鉄道線路の保護及び取締りを掌るとともに満鉄の業務も統裁することになった（新たに関東都督に就任したのは陸軍の中村雄次郎中将）＊16。また、朝鮮鉄道の経営も満鉄に委託するとして、満鮮鉄道を統一監理する「拓殖局」の再設置によって植民地の監督行政を強化したのである。

このような寺内内閣による改革は、国内においても「挙国一致」を求める内閣が、奉天をはじめとする領事館と関東都督府を連携させることで統一的な外交政策を展開するための措置であったが、それによって一旦は一元化しかけた関東州の政治権と軍事権は、この後のシベリア出兵での失策と寺内内閣の退陣、さらには第一次大戦後の世界的な民族主義の昂揚とを背景として、再び分割されることになる。

続く原敬内閣が行った植民地統治機構の改革の中で関東庁が設置されると、都督府は廃止されることになり、関東庁では文官が長官を務めることが原則とされた。外相の監督権限や奉天総領事の外交権が回復されたが、都督府に所属していた陸軍部も「関東軍司令部条例」によって政治権から分離された。こうして関東軍が誕生する。形式としては、大陸政策を目論んで拡大しかけた権限が縮小されたことで、満鉄路線の警備にしか権限をもたない陸軍部隊になったが、その一方では内閣や外務省との政治的な経路がなくなったことで、関東軍はもはや参謀総長が預かる統帥権にしか拘束される必要がなくなったのである。そして、実際に関東軍の独断専行が起こされる。

最初の独走の事例は一九二五年一一月の「郭松齢事件」である。それまで満洲および華北では一九二二年の「第一次奉直戦争」では、張作霖が直隷派の呉佩孚に敗れたが、一九二四年九月にはその復讐を果たすべく「第二次奉直戦争」を起こした。両勢力は拮抗していたが、直隷派の司令の一人であった馮玉祥が張作霖と通じてクーデターを起こすと、直隷派は総崩れとなって奉天派が勝利した。こうして不安定ながらも満洲における張・馮の軍閥と、親日派としての段祺瑞の勢力が華北に存在していた。

一九二五年一〇月段階になると、今度は浙江省の長江軍閥が奉天軍閥に対して決起したが、これを機として張作霖の子息である張学良の軍の副司令であった郭松齢が、一一月二六日に馮玉祥とともに張作霖に反旗を翻す。少数の兵で奉天にあった張作霖は危機に瀕した。関東軍は、白川義則軍司令官の下で郭松齢軍に対する領内の通行禁止の申し渡しや、砲兵による直接的な参加を行うなどして張作霖を援護し、この間に奉天に到着した張の増援軍によって郭松齢は破られた。郭は斬首されたが、形勢に大きく影響を与えた白川による干渉は、政府のみならず宇垣一成陸相の意向すらも無視した独断による行動だったのであり、満洲には以上の様な独走の経歴がつくられていったのである。

3　張作霖爆殺事件

一九二七（昭和二）年、第一次若槻内閣が総辞職に追い込まれ、田中義一政友会内閣が成立した。田中は参謀次長・陸相などを歴任して、山縣有朋の死後に長州閥を代表する立場となった陸軍大将で、対華二十一カ条に代表される第二次大隈内閣期の対中外交問題を通じて、政友会をとりまとめつつあった原敬との関係を築いていた。原との関係を背景に、田中は原の没後に党のまとまりを欠いていた政友会総裁に就いたが、成立した田中政友会内閣は対中強硬外交内閣として組閣されていた*17。

田中内閣は、対中積極策を決定するため、中国外交に関係する外交官と軍代表を東京に召集し「東方会議」を開催して「対支政策綱領」を定めた。東方会議での「対支政策綱領」に関する田中外相訓令では、

「五、…帝国政府は〔中略〕支那における帝国の権利利権並びに在留邦人の生命財産にして不法に侵害せらるる処あるにおいては、必要に応じ断固として自衛の措置に出で之を擁護するの外なし

七、（本項は公表せざること）若夫れ東三省の政情安定に至ては、東三省人自身の努力に待つを以て最善の方策と思考す。三省有力者にして満蒙における我特殊地位を尊重し、真面目に同地方における政情安定の方途を講するにおいては、帝国政府は適宜之を支持すべし

八、万一動乱満蒙に波及し、〔中略〕我特殊の地位権益侵害起こるの処あるにおいては、其の何れの方面より来るを問わず、之を防護し、且内外人安住発展の地として保持せらるる様、機を逸せず適当の措置に出づるの覚悟あるを要す*18」

と述べられた。

この「対支政策綱領」では、「日本の中国における権益保護の為には出兵も辞さず、相手が誰であっても断固権益侵害を阻止する」ことや、東三省を中国本土から切り離し独立政権下におくという「満蒙分離」が方針とされた。

一方、中国において袁世凱の死去した後に、地域権力を掌握したのは張作霖の奉天軍閥であった。次第に東三省全体を掌握するようになった張作霖は、一九二七年に北京において「安国軍政府」の樹立を宣言した。しかし、当時既に蒋介石の北伐の勢いが増しており、済南における日本による武力干渉も北伐阻止には至らなかった。一九二八年五月には、北伐軍は北京に迫ろうとしており、張作霖の奉天軍は続々と敗残兵を出した。五月下旬までには張作霖の敗北は目前とされたことから、日本政府は大陸の出先公館を通して張作霖と蒋介石・馮玉祥の双方に仲裁を申し入れ、五月一八日には北京の吉澤謙吉公使が張作霖に仲裁案の覚書を手交するとともに、奉天への撤退を説いた。当初の張作霖は頑強に日本政府の要請を拒否したが、日本が北伐を干渉して国民党の奉天進攻を阻止するならば奉天への引き上げを承諾すべきであると張学良や側近らが説得したため、張作霖は二五日に北京から撤退する準備をした。そして、六月三日に奉天に向かうための特別列車に乗車する。

関東軍高級参謀の河本大作大佐らは、一九二八年六月三日夜、奉天の日本独立守備隊の兵舎から爆薬と電線を運び出し、奉天西北部の皇姑屯で満鉄線と京奉線が交差する地点に爆薬を仕掛けた。爆薬設置は、在朝鮮軍工兵第二〇大隊の一部の将校と兵らが行ったものであった。明けて四日の早朝に張の乗車した列車が爆破される。張作霖は即死に近い重症を負い奉天城内に運ばれた後に死去するが、張の死はその後二週間以上公表されずに伏せられた。死亡の公表が延期されたことは、死亡を機に一挙に満洲全土を制圧するという河本らの計画を頓挫させることになる。関東軍司令部も出兵を認めなかった。

関東軍は、田中内閣の「対支政策綱領」に先立って「対満蒙政策に関する意見」をまとめており、そこでは日本の望む適任者をもって東三省の長官とし、「日支共存共栄を主旨」とする権益拡張を目指した。そして、張作霖がこれを承認しない場合においては、他の適任者に取って代えることを決定していたのである。張作霖爆殺事件（満洲某重大事件）はこうした状況の中で起こされていた。河本らは、決行により一挙に満蒙問題の武力解決を期待したわけだが、結果はかえって日本の満蒙特殊化工作に対する中国からの反発を高めることになり、計画は失敗に終わった。また周知の通り、事件の処理問題をめぐって田中義一は内閣を辞職することになる*19。張爆殺によって日本の満蒙政策は決定的に挫折し、新たな解決策を模索する必要に迫られるのである。

そして、八月の定期異動によって石原が陸大教官から関東軍参謀の作戦主任として満洲に転じて来ることになる。この後、河本は退役処分となったが、一九二九年五月に関東軍高級参謀の後任として赴任してきたのが、奉天駐屯歩兵第三十三連隊長の板垣征四郎大佐であった。

南部藩の漢学者を祖父にもつ板垣は所謂「支那通」の一人であったが、日露戦争期に士官学校を卒業した板垣は（士官学校一六期生）、卒業直後に満洲に出征することになった。同期には他に岡村寧次・土肥原賢二・磯谷廉介がいたが彼らは何れも「支那通」として知られ、四人は「支那屋四天王」と呼ばれることがある。戦後に中国勤務を希望し、一九〇八年まで支那駐屯軍に所属すると、陸大卒業後にも中国に赴任して中支那派遣軍の参謀となった（一九一九年七月／漢口）。その後も板垣は、参謀本部の支那課部員に就いた一九二二〜二四年までの時期を除けば、漢口・北京・奉天と駐在勤務を歴任し、陸相就任までの大半を中国で過ごした。

陸軍の内部では自身の戦略構想に合意を得られなかった石原であったが、独断専行の蓄積がある満洲という環境において、この板垣を得たことで、謀略主体を形成することになる。

註

1 永田鉄山刊行会編『秘録永田鉄山』（芙蓉書房、一九七二年）、四三四頁参照。
2 筒井清忠『昭和期日本の構造』（有斐閣、一九八四年）一四四〜一四七頁、または『二・二六事件その時代 - 昭和期日本の構想 - 』（筑摩書房、二〇〇六年）、一九七参照。
3 「欧州古戦史講義」『石原莞爾資料Ｉ（戦争史論篇）』、四三〇頁。
4 筒井、前掲『昭和期日本の構造』、一四七頁参照。
5 「戦争史大観の説明」前掲『石原莞爾選集３』、一九八頁。
6 石原の述べる給養法とは所謂「現地調達」であり、ナポレオンの戦史から学習したものであったが、ナポレオンの戦略には「孫子の兵法」が影響していたと言われる。武田信玄の軍団に代表されるように「孫子」には兵站に対する言及がない。そうした意味では「現地調達」は必然となるわけだが、石原の満州事変によって出征軍隊の給養はそれまでの鹵獲から現地での調達・徴発へ拡大されたところがあり、筆者はこれがその後の日中戦争時における戦争犯罪としての略奪と無関係ではないと考えている。石原の軍事思想と戦略の軍事史的検証は他に機会を得たいと思うが、ナポレオンから学んだ石原は「孫子の兵法」を東洋に逆輸入したことにもなるのではなかろうか。

7 「満蒙問題解決のための戦争計画大綱（対米戦争計画大綱）」前掲『石原莞爾資料Ⅱ』、七〇～七二頁。

8 「戦争史大観の序説」前掲『石原莞爾選集3』一二一～一二二頁。

9 同前。

10 前掲『帝國の使命と青年の覺悟』、一七六～一七九頁参照。

11 同前、一八〇～一八一頁参照。

12 同前、一八一頁。

13 同前、一八二頁。

14 筒井、前掲『昭和期日本の構造』、一五〇頁参照。

15 「現在における日本の国防」前掲『石原莞爾資料Ⅰ』、四二九頁。

16 拓殖局官制の第一条では「拓殖局は内閣総理大臣の管理に属し朝鮮台湾樺太及び関東州に関する事務並に南満洲鉄道株式会社に関する事務を掌る但し外交に関する事務に就ては此限りにあらず」となっている（「大阪時事新報」一九一七年七月三一日付、参照）。

17 若槻内閣は鈴木商店の取り付け騒ぎに始まった台湾銀行を救済すべく、緊急勅令案を準備して枢密院の審議にかけたが、予てから幣原喜重郎の協調外交に不満をもっていた枢密顧問の伊東巳代治らは枢密院本会議で緊急勅令案を否決した。また満洲を重要視する陸軍も、実質的には満蒙を支配する力のなかった蒋介石と交渉しようとしていた幣原外交に不満を高めていた。

こうした背景をもって登場した内閣では、鈴木商店のライバルであった三井物産出身の森格を外務政務次官に任命していた。森は満鉄社長・理事のそれぞれに就任した山本条太郎と松岡洋佑の両名と共に幣原外交を批判し続けていた強硬外交論者であり、従って、田中義一内閣はその誕生から強硬外交の性格を有していた。

18 笹山晴生・五味文彦・吉田信之・鳥海靖編『詳説・日本史資料集　改訂版』（山川出版社、一九九四年）、三二一～三二二頁参照。

19 山田朗『昭和天皇の軍事思想と戦略』（校倉書房、二〇〇二年）、四八～五三頁。田中の辞職は昭和天皇からの叱責を受けてのものであるが、天皇の田中への叱責は河本らに対する処分の内容によるのではなく、以前から田中の上奏に対する疑念があったところに張作霖爆殺事件の処理をめぐって矛盾した上奏が重ねて行われたためであることが説明される。

第六章

＊満州事変の決行

日蓮主義の予言による戦争の根拠と、将来の交戦国となるはずのアメリカに勝利する戦略を用意した石原ではあったが、「木曜会」の会合では自身の戦争計画に他の将校らを取り込むことはできなかった。これは戦争計画を推進する参謀本部を対米作戦に取り組ませることが困難であることを明らかにし、国策として対米戦争体制を構築し得る可能性が極めて低いことを明確にした。参謀本部内での合意形成に失敗したまま満洲に赴任した石原は、独走の経歴をもった関東軍において、もはや陸軍全体をも欺く独断専行によって謀略を発動することになる。

1　満洲領有の合意形成―「北満参謀旅行」―

石原を関東軍参謀に推薦したのは、諸説あるが、河本大作か永田鉄山であったとされている。石原は一九二八（昭和三）年一〇月に関東軍参謀に補せられるが、河本がその後の半年余りで停職処分にされるまで、両者は「大いに意見を交わした＊1」という。実際にも両者は、関東軍による満蒙問題解決のための作戦計画の検討を幕僚会議に提案している。

石原が旅順の司令部に着任したのは、張作霖爆殺事件の四ヶ月後であったが、その頃には既に張学良が易旗を鮮明に打ち出し、日本への報復の姿勢を明らかにしていた。張学良政権が存在したのは一九二八年六月～三一年九月までの約三年間であったが、日本に対抗しながら対ソ関係においても強硬姿勢をとり、蒋介石主導の国民政府においての一定の立ち位置を得ていった。こうした意味においては、易旗を行った張学良政権は中華民国とそれを継承する国民政府との関係によって政治的主権を得たのであり、またそれは軍閥支配による地域的な政治体制の下にあった東三省が、張作霖の死によって全国的潮流としての中国ナショナリズムの一角に位置づいたと言える。

板垣が赴任してきた一九二九年五月、以後の満洲情勢を判断するための関東軍情報会議が開かれ、奉天や吉林など各地の特務機関長が集められた。会議では、張作霖爆殺によって全面戦争化する可能性が出てきたとの認識から、根本的な対策が求められた。後に石原は、この会議を「満州事変発端の記念日」として重大な意義をもったとしているのだが*2、情勢分析を進めるために「対ソ作戦計画の研究」を名目として、北満参謀旅行が行われることになり、これが満州事変に直結する事前準備となるのである。

ハルビン・チチハル・ハイラル・満洲里方面を一二日間にわたって巡検する北満参謀旅行は七月三日から行われた。石原の巡検の目的は、各地での実地検分のうえに攻撃作戦を立案して、満洲占領計画を他の参謀らに理解させることであった。一日目に作戦計画の検討を終えると、二日目の長春のホテルにおいて、石原は「戦争史大観」を講話した。消耗戦争が継続された後に無着陸で世界一周できる飛行機が登場すると、徹底した殲滅戦争が行われる最終戦争段階に突入し、東洋文明を代表する日本が西洋文明を代表するアメリカを打倒し、それに伴って戦争が死滅に至ることを説いたわけである。陸大時代から取り組んだ日露戦争研究からドイツでの研究に至る成果の結晶として、石原の戦争史観が存分に含まれた内容である*3。石原の薦めによって日蓮信者となった板垣はこれを聞いて興奮し、その日は深夜に至るまで講話のノートを作成していたという*4。

板垣には、信仰上の信念が目の前にある現実の課題となって実際に示されたように感じられたことだろう。板垣の感激とは、日蓮信仰がもはや内的な心情や感覚ではなく、過去の歴史と未来を通す自然法則的な推移の中に軍人としての職務までもが位置づけられたように感じられたことではなかったろうか。そして、石原と板垣は同行した佐久間亮三大尉に満蒙の占領統治のための研究を行うよう命じた。

三日目は車中において「国運回転の根本国策たる満蒙問題処理案」*5を発表し、日本の生存のためには満蒙の占領が必須であるが、それは「単ニ日本ノ為メニ必要ナルノミナラス多数支那民衆ノ為メニモ最モ喜フヘキコトナリ」として「正義ノ為メ」であるとした。また「対支外交即チ対米外交ナリ」として、対米戦の覚悟を要することを述べた同案では、満洲だけでなく中国本土の領有までもが検討され、さらにその主眼が対米戦であることが明示されている。石原の対米戦構想は、この北満参謀旅行において語られ、満洲里に至るまでには満洲の領有と、領有後の統治構想までもが発表された*6。北満参謀旅行は、まさに石原の構想に対する合意形成のために行われた企画となったのである。

この七月に関東軍司令官であった村岡長太郎が待命となり、畑英太郎中将が着任すると、板垣・石原・花谷正の三人は畑と満蒙問題の処理方針を話し合い、以後は毎週一・二回の割合で旅順の偕行社に参集して満洲問題を研究することになった。一〇月には南満地域への参謀演習旅行も行い、その後にわたって軍事演習を重ねた。演習は錦州を対象に行われており、関東軍と第十六師団との対抗演習の形式で行われたのだが、錦州では兵営の偵察も細かに行なわれ、後日の錦州爆撃につながることになる。

翌一九三〇年の五月に、畑俊六参謀本部第一部長の統裁した参謀演習旅行が行なわれると、石原は長春で「軍事上ヨリ観タル日米戦争」（五月二〇日）を講話した*7。「日米戦争ハ必至ノ運命」であることを前提として、数十年後のうちに最終戦争を迎えることと、それは航空戦により迅速に決せられることが述べられた。そして、国内改造のためには先ず「武力的大成功」が必要であり、軍事的成功なしには国内の統一は果たし得ず、持久戦争の展開による外征が先決であることが主張された。

他方、関東軍はこの間に満鉄調査課との協力体制を築いていった。ロシア革命以後は調査部においてもソ連研究が必要視されるようになっていたが、調査部は次第に佐田弘治郎調査課長・松木俠法制係主任・宮崎正義ロシア係主任らを中心に関東軍との協力体制を築いていく。一九三〇年三月には調査部の招待により石原も「日米戦争と満蒙問題」について講演を行っており、満蒙での経済的な自由活動を語る石原の領有構想は、両組織の協力関係を一部において担ったと言えるであろう。こうして満洲の武力占領を行う環境が整えられていくのであった。

2　満洲領有の理由と満洲観

国内改造よりも国外での戦争構想の展開を優先し、参謀旅行における支持の調達を行った石原は、翌年まで満洲領有後の統治構想を研究して過ごしたが、その後の一九三一（昭和六）年三月、本国の東京では橋本欽五郎や大川周明らによって議会政治を打破しようとするクーデター計画・「三月事件」が発覚するという出来事があった。石原は事前にこの情報を得ていたが、外征を優先する意向から、橋本らの計画には賛同しなかった。

クーデター計画の主体となった「桜会」の橋本欽五郎はトルコ駐在武官時代にケマル・パシャによるトルコ革命が達成されたことに影響を受けたという*8。計画では、大川が東京で騒動を起こし、鎮圧を名目とした戒厳令を誘発することで宇垣一成を擁立する軍事独裁政権を一挙に成立させるはずであったが、直前の段階で宇垣自身が手を引いたために挫折して終わった。

満洲では、日本国内の政治状況を他所に満蒙領有計画が進められ、この三月から翌月にかけて領有を想定した参謀旅行を実施している。石原の指揮の下、全参謀が奉天からホロンバイルに至る旅行を行い、石原は「対米戦争計画大綱」*9を配布した。大綱では「第一」に戦争目的として、満蒙を領有すること、西太平洋の制海権を確保することの二点を挙げた後、以下の方針が語られる。

「第二　戦争指導方針

一　米国ノミヲ敵トスルニ努ム

コレカ為満蒙ヲ領有シ「フイリッピン」「ガム」等ノ占領以外支那本部ニハ成ルヘク兵ヲ用フルヲ避ケ威嚇ニヨリ支那ノ排日及参戦ヲ防止ス

二　支那ノ態度到底前記ノ方法ニヨリ解決シ難キ場合ニ於テハ一挙ニ南京ヲ攻略シ中支那以北ノ要点ヲ占領ス

三　英国ノ諒解ヲ得ルコトニ就テハ十分ナル努力ヲ払ヒ支那本部占領地域ノ撤退等ニツキテハ要スレハ

考慮ヲ払フヘシト雖止ムナキ時ハ断固トシテ英国ヲモ敵トスルコトヲ辞セス
四　極力露国トノ親善関係ヲ継続スルコトヲ勉ム開戦ノ止ムナキトキハ速ニ攻勢ノ終末点マデ兵ヲ進メ戦争ノ経済的持久ヲ図ル」

右の方針では、米国のみを敵とするに努め、その為に満蒙を領有すると述べている。つまり作戦の主眼はアメリカであって、満洲の占領が達成されれば対米戦に耐え得て、英国は敵とするを辞さず、中国・ソ連とは交戦を望むことはしないが持久戦争の遂行によってそれにも耐え得るという主張を行っているのである。この大綱では、石原はもはやはっきりと満洲占領の目的が対米戦にあって、他国との関係はそれに付随する要因に過ぎないことを明示している。

つまり、全世界を敵に回しても対米戦を遂行すべきで、満洲はそのために必要であり、領有は必ずしも国防問題からの要請ではないのである。満洲での合意形成に成功しつつある石原は、もはや情勢判断に基づいた国防計画上の問題として説明されていた「国防上必要な満州の占領が、対米戦を不可避とする」という見解とはまったく噛み合わない主張を行って憚らなくなった。

続く五月に作成された「満蒙問題私見」では、満蒙領有の政治的・経済的価値の説明の上で「露国ニ対スル東洋ノ保護者トシテ国防ヲ安定セシムル為満蒙問題ノ解決策ハ満蒙ヲ我領土トスル以外絶対ニ途ナキコトヲ肝銘スルヲ要ス」と述べて、満洲領有の正統性を改めて定義づけた*10。さらに、「支那人カ果シテ近代国家ヲ造リ得ルヤ頗ル疑問ニシテ、寧ロ我国ノ治安維持ノ下ニ漢民族ノ自然的発展ヲ期スルヲ彼等ノ為幸福ナルヲ確信スルモノナリ*11」と述べ、満蒙領有は中国人の幸福に資すると言うのである。後の回想では、石原は辛亥革命後に孫文が袁世凱と妥協し、軍閥が割拠して抗争を始めるようになると、「この状況を見て私共は中国人の政治的能力に疑い懐かざるを得ないようになった。漢民族は高い文化を持ってはいるが近代的国家を建設するのは不可能ではないか、という気持ち*[12]」になっていったとしている。

かつて辛亥革命成功の報に触れて万歳三唱していた石原の満洲観は変化し、

「満蒙は漢民族の領土に非ずして、むしろその関係我国と密接するものあり。民族自決を口にせんとするものは、満蒙は満州および蒙古人のものにして、満州蒙古人は漢民族よりむしろ大和民族に近きことを認めざるべからず。現在の住民は漢人種を最大とするもその経済的関係また支那本部に比し、我国は遥に密接なり*[13]」

と述べ、領有を正当化するために日本人との間に同族的な連帯を発見しようとしたものであった。石原は中国に対する影響の与え方を問題に、それが西洋的で侵略的なものであるのか、アジア的で道徳的なものであるべきかという問いを立てた上で、中国領有に関しては、中国の民族問題に着目して、領有の根拠を中国の内的条件から得ようとしている。そして、自らの支配が中国に解放をもたらすという結論を用意したのである。

また、「支那通」としての板垣の中国観は、中国人にとっては「安居楽住が理想」であり、国家意識というものが全く欠如していて「何人が政権を執り、何人が軍権を握り治安の維持を担任したとてなんら差支えない」といった中国民衆の理解の上に成り立っていた*[14]。また対ソ問題としても、

「若も日本が満蒙に於て何等の勢力を有していなかつたならば、露軍は恐らく些かの躊躇なく北満一帯は愚か南満洲の武力占領をも敢て辞せなかつたでありませう*[15]」

と端的に語っている。この板垣の主張は、ソ連の軍事的脅威に対峙する観点から満蒙が重要であるとする

伝統的な陸軍の価値観に基づくものであるが、石原のそれも援助と支配の相反する自国中心的な期待が交じり合った陸軍の中国観の類型に過ぎないものと言える。

辛亥革命の報に接して歓喜した将校や支那浪人が多く存在したことには、「自らが成功を成し遂げられる可能性をもつ広大な開拓地」という大陸像が影響していた。それは、辛亥革命を通した一連の出来事が、かつての明治維新の歴史的経過と似て見えていたからである。この認識から、日本人の指導によって、中国もかつての日本と同様に近代化の道を歩むであろうと考えられた。そこには、中国の革命が日本の国益と必ずしも一致するとは限らないことや、他の近代化の路線があり得ることへの考慮が欠如している*16。

対米戦争を前提につくられてきた石原の中国にかける想いというのも、日本を盟主として西洋に対抗するための東亜の結束や対米戦争体制の構築に不都合であったり、石原にとっての価値を中国人が共有しなかった場合には、中国人の政治的能力が疑われるのであり、それは自身らの価値を押し付けても厭わない態度であった。石原の述べる「解放」も、日本の側からは決して中国の期待に歩み寄ることのない中で一方的に想定された中国の「幸福」であり、石原の中国人に対する疑念は、中国人の実情を理解するような努力が払われなかったが故の葛藤であった。横山臣平の証言には、この間の石原の葛藤はまったく示されていない。

3　陸軍中央の満蒙政策―南次郎陸軍大臣の訓示と「中村震太郎事件」―

浜口雄幸内閣の成立によって一九二九（昭和四）年七月に宇垣が陸相に就任すると、「宇垣軍縮」路線としての軍制改革案が進められた。近衛師団を含む人馬の縮小と土地建物を売却した費用から火力兵器の充実を目指すこの改革案は、宇垣の下で小磯国昭軍務局長と南次郎軍事参議官によって進められていくのだが、満州事変直前の段階においても、在満師団の常駐化・在鮮師団の増設・台湾守備隊の増強など出先部隊の増強とともに、航空兵力の増強を主とした軍備の近代化が求められていた。これらは、軍縮によって経費を浮かせて、それを近代化に転用した「宇垣軍縮」の計画を継承して、朝鮮半島における兵備と航空部隊を強化する構想であった。

浜口首相が刺殺されると、若槻礼次郎が後任となり、一九三一年四月に第二次若槻内閣が成立したが、それを機に陸相を務めていた宇垣一成が身を引いて、南次郎が後継陸相となった。宇垣の辞任は、軍縮によって軍費を捻出して軍備の近代化をはかろうとしていた先の軍政改革案が陸軍内で合意を得るに至らず行き詰っていたことによる。そのうえ、「三月事件」でクーデターに関与していた疑いがかかったことで辞職は決定的となった。

しかし、若槻内閣期の陸軍の人事は南陸相の他、杉山元次官・金谷範三参謀総長・二宮治重参謀次長・小磯国昭軍務局長・建川美次第二部長など宇垣の人脈によって固められたものであった。宇垣系と称される彼らは、総動員態勢の構築を基礎として中国大陸における利権を拡張するために、満洲を重視すると同時に対ソ作戦の準備も進めねばならないとの考えであった。即ち、華北と内モンゴルを勢力圏化して北進していく構想である。そして、南と金谷を中心に、戦時師団数の削減・近衛師団縮小・教育総監部と東京警備を廃止することによって捻出した費用で、航空戦力と在外部隊の増強を主として兵備を改善すべく協議が進められた。

こうした宇垣軍縮路線による構想は、荒木貞夫教育総監部本部長や畑俊六参謀本部第一部長らの反発を受けており、またそれが宇垣の辞任にもつながったのであるが、軍制改革案の大綱決定過程の間に満州事変が引き起こされ、結果的には満州事変によって軍縮路線自体が吹き飛ばされる事になる。結果的には、慢性的な不況の経済状況の中で、軍備の近代化は飛行機・戦車・高射砲などの新装備を部分的に導入しただけの未熟な改革に終わってしまう。

張作霖爆殺の後の陸軍中央では、満蒙問題への対応策として、張学良を排斥し国民政府との関係構築によって親日政権を樹立することと、独立国家を建設して日本が満蒙を占領することが目指された*17。これは参謀本部第二部の「情勢判断」として提言された案であったが、謂わば出先である関東軍の独走傾向を追認する姿勢と言えた。

南陸相は満蒙問題を検討するために、六月一一日に参謀本部第二部長の建川美次を長として、陸軍省の軍事課長・人事局補任課長、参謀本部の総務部編制動員課長・第二部欧米課長・支那課長からなる「五課長会」を発足し、それぞれの課長である永田鉄山・岡村寧次・山脇正隆・渡久雄・重藤千秋らが参加した。

この五課長会によって定められた「満洲問題解決方策の大綱」(六月一九日)では*18、翌年二月に予定されている「ジュネーブ一般軍縮会議」で軍部の要求を貫くことと、大陸師団の常設と装備改善を定めた一方で、満蒙問題に関しては関東軍の行動に慎重を求め「一年間の隠忍自重」を方針とする消極策が出されて、武力解決はできるだけ避けることとされた。また、満蒙問題の解決には内外の理解を得る事が絶対に必要との認識から、全国民が満洲の実情を理解するように陸軍大臣が他の国務大臣に働きかけること、具体的には帝国在郷軍人会を国防思想普及運動に動員することと、外国に対しても外務省との連絡の上で万が一の武力進出の際に諸外国の理解が得られるように準備しておくことが求められた。即ち、この内外の理解を得るためには一年間の時間が必要であるためにその間は「隠忍自重」するという方針が立てられたのであった。

張作霖爆殺事件以降の陸軍中央は、満蒙問題の早期解決を望む関東軍との間に緊張関係があり、張の爆殺はその緊張関係に加速をもたらしていた。張作霖排斥の謀略は、河本らの目論見とは反対に満洲問題についての内閣の態度を硬化させたのだが、その後に起こった中村震太郎大尉失踪事件は、陸軍省や参謀本部にとって、現地にさらなる戦火拡大の口実を与え兼ねない問題であった。中村大尉の失踪事件とは、参謀本部から派遣された中村震太郎大尉と井杉延太郎予備曹長とが、一九三一年六月末に興安嶺方面での兵要地誌の調査の過程で殺害された事件である。中国の屯墾軍の関玉衡第三団長の凶行であったことが次第に明らかになり、七月下旬には関東軍の内部でこの事件の責任を張学良に求めて、武力使用も考慮に入れた独力解決の意見が出てきた。

さらに七月二日には万宝山事件も起きた。長春北方に位置する万宝山において、朝鮮人入植者が水田をめぐって現地の中国人農民と衝突したことをきっかけに、日本の領事館警察隊と中国官憲との対立に発展した事件である。朝鮮人らが用水路工事を強行したことから、中国側から農民数百名が大挙して襲撃し、発砲事件にまで発展した。双方に死者はでなかったが事件はこれに終わらず、朝鮮に在住する中国人への報復となって朝鮮半島にまで波及することになる。事件の翌日から朝鮮では仁川・京城などで暴動が起き、朝鮮人らが在鮮中国人の家屋を襲撃した。中国人の被害は死者一〇九人、負傷者一六〇人以上と言われ、万宝山での衝突以上の暴動となった。朝鮮人が過激な行動に出た理由は、万宝山事件を報道した「朝鮮日報」に、万宝山で多数の朝鮮人が惨殺されたと掲載されていたためであった。日本の機関と親日朝鮮人を情報源にした記事であったことから、その後は朝鮮と中国各地で排日運動が展開されたのである。大規模な騒動となった万宝山事件の収拾は、林久治郎奉天総領事・重光葵公使・張学良・王正廷国民政府外交部長の間で処理され、国家間レベルの外交問題となった。万宝山事件の報道は直ちに政府外交批判となり、軍部のみならず政友会・貴族院・右翼が強硬論を展開した。

陸軍中央の満蒙政策として、満蒙に対する一年間の隠忍自重を基本とした五課長会は、先の「満洲問題解決方策の大綱」を成立させた後もさらに会合を重ね、軍制改革案を提示した。それまでの民政党内閣では、軍縮実施の他に帷幄上奏権廃止や軍部大臣の文官任用などが検討されていたが、陸軍は軍縮とは全く正反対に軍備の機械化・航空隊新設を主とした軍拡案を提示したのである。その上で八月に予定されている軍司令官・師団長会議での陸軍大臣訓示案を成案した。そして迎えた八月四日の軍司令官・師団長会議では、南次郎陸相がこの訓示案に基づいて以下の講演を行う。

南は、「茲に軍制改革案成るの時に於て諸官の会同を求め其の壮容に接し所思を開陳する」として、軍制調査研究の具体案が出されたことを述べ、財政上の問題から十分に徹底した編制装備の向上にはなり難いが、「国軍総威力上」のやむを得ない犠牲として「此の衷情を諒解し部下の指導に際し細心の留意を望む」と呼びかけた。さらに、軍制改革案での陸軍の要求は最小限度の内容であるから、それにも拘わらず軍縮を求めるような声は国防に関心がなく無責任であるとして、これらに対しては進んで理解をさせるよう「管下の軍部内外に徹底せしめ」ることを求めた。そして、満蒙問題についても言及する*19。

「満蒙の地が国防的に政治的に将亦経済的に帝国の生存発展上極めて密接なる関係を有するものあるに

拘わらず近時該方面の情勢が帝国に取りて甚だ好ましからざる傾向を辿り寧ろ事態の重大化を思はしむるのあるは真に遺憾とする所なり蓋し此の如き情勢を馴致せる所以のものは国際政局の変化竝我が国民元気の萎縮に伴ふ対外国威の退転と長年月に亙り宣伝培養せられたる隣邦の排外的国権回復思想竝新興経済力の満蒙方面発展等に其の根柢を有し決して一時的現象にあらずして永続的現象と認めざるを得ず此の秋に方り職を軍務に奉ずるものは益〻奉公の誠を固くし教育に訓練に熱と誠とを尽し以て其の本分を完うするの用意に欠くる所なきを期せられたし」

と、満蒙問題に対する武力解決を示唆するような内容となっていた。

陸軍による満蒙問題解決に強い決意を表明しながら世の軍縮論を批判したこの訓示は、政府批判の潮流に梃入れすべく発せられ、且つ異例的に公表された。南の訓示は、即日新聞各紙の夕刊に掲載され大きな反響を巻き起こした。

翌日の「東京朝日新聞」は、

「陸軍側では当面の行政整理なり、あるひは来年二月の国際軍縮会議なりに関連して、軍縮に関する輿論の台頭をけん制するため、満蒙問題を殊更重大化せしめて、国民の注意を寧ろ軍拡の必要にまで引きつけんとする計画」

として、満蒙問題の危機意識を敢えて煽ったものと批判し、「東京日日新聞」でも「暴慢極まる言動」と報道された。閣議を通して計画されたわけではない陸軍の満蒙政策が横暴であると指摘されたわけである。

また民政党からも批判がなされた。

陸軍においては、五課長会の指針によって国民に理解を求めるために軍事力の必要を訴え、危機認識を醸成できる政治状況づくりに乗り出したつもりであったが、南の訓示の公表はむしろ逆効果であった。マスメディアは、世界的な合意の上で進められてきた軍縮路線を逆行させる目論見であるとして、陸軍への不信感を強く打ち出し、こうした批判の噴出によって南陸相は若槻首相に呼び出されて反省を求められた。

これに対して、批判にさらされた陸軍は中国での排日運動を背景に、中村事件を公表して反撃に出た。事件が公表されるとこちらも新聞に大きく取り上げられ、満洲特派員からは排日運動の被害を受ける在満邦人についても報道された。中村事件と在満邦人の被害が伝えられると、世論は満蒙問題悪化の原因を「軟弱外交」に求める対中強硬論に傾斜し、批判の矛先が陸軍から若槻首相の外交方針に向けられていく。当の若槻も、府県会議員選挙を控えて行われた九月五日の民政党北陸大会では、満蒙の権益擁護に言及せざるを得なくなり、満蒙権益を保護するために断固として問題に臨む「決意と覚悟」があることを明言せざるを得なくなっていた。

陸軍中央にとって中村事件は軍拡の追い風となったが、しかし同時に石原ら関東軍の暴走に結び付く懸念の種でもあった。実際にも石原は、中村の遭難に関して「近ク奉天軍憲ニ交渉ヲ開始スル予定」があり、状況によっては「実力調査」を行うと述べていた*20。しかし、これが中央の採用するところとならないことが解ると惜しみつつも諦め、中央の意向に従って即座に撤回することになる。さらに石原は中央の懸念を見越して、八月一二日に永田に対して書簡を送り、これまでの満蒙問題の行き詰まりは政府外交の無能ぶりにあるとして、中村事件の扱いは外務省や総領事などには任せず、歩兵一個小隊を現地に派遣した上で関東軍が直接に調査・交渉を担当すべきであると意見しながらも、「如何ニ無謀ナル関東軍司令部トモ雖独乙ノ山東ニ於ケル如ク中村事件ヲ以テ直接ニ満蒙占領ノ口実トナサントスルモノニアラス*21」とも述べて、中村事件を武力侵略に利する選択を自ら打ち消して見せた。

事実、石原は中村事件をこの後に起こす満州事変の口実にはしなかったが、しかしそれは、五月時点で既に周到な計画が用意されていたからであった。即ち「謀略ニヨリ機会ヲ作製シ、軍部主導トナリ国家ヲ強引スルコト」も困難ではない*22。ここに述べられる「謀略」が柳条湖事件に見られる鉄道爆破であったが、その謀略の見込みは以下の三つの根拠によって支えられている。第一には、満鉄の保護が日本の既得権利であることである。これは、単に権益の侵害を訴えるだけでなく、奉天軍閥が日本の権利に抵触することで、同時に日本政府に対しても権利保護を理由に報復義務を負わせる効果が見込めるという第二の理由と表裏のもので、態度の煮えきらない政府に報復義務を負わせる事で事態への介入を否応無しに「強引」する目論見であった。そして第三の理由は、鉄道を根拠とする行動が国際連盟に対しても権益保護という言い逃れができる口実だったことである。占領計画の契機をあくまで鉄道に結びつけたかった石原は詳細不明の中村事件よりも、張作霖勢力を日本の権利に抵触させる方が得策と判断していたのである。

計画を実行に移すために、板垣・石原は中村事件が起きた七月に張学良軍との戦闘作戦を想定して参謀旅行を実施しており、対ソ作戦のための研究と称して北満での演習を行うが、既述の通り錦州に対する演習も既に重ねていた上に、一九三〇年春の段階で佐久間亮三に命じて奉天城攻略のための現地戦術も立てており、城壁突破のために城壁の破損箇所や脆い部分にも見当を付けていた。

また、石原にとっては先の南陸相が公表した訓示こそが、この謀略を決行する「ゴー・サイン」となっていた。石原は永田への書簡において、

「今日陸軍大臣カ満蒙問題ニ対スル軍部ノ重任ヲ訓示セラレタル最モ時機ニ適セルモノト拝察ス　而モ此

訓示ヲ一片ノ議論ニ止メス之ヲ事実ニ示ス為今回ノ事件ハ真ニ絶好ノモノタリシコト生等ノ深ク信スル所ナリ*23」

と述べて、満蒙に対する軍備の必要性を説いた南の訓示を「事実ニ示ス」べきとした。それを事実にできるのは、石原ら現地部隊の他にはないのであって、しかも訓示に従うかのように決行できれば、中村事件による世論の追い風も手伝い、用意した謀略計画も容認されるであろうとの考えである。石原にとっては一連の状況によって国家を「強引」しやすい環境に整えられたように思われたであろう。従って、石原は満州事変を創出する謀略において中村事件を利用する気は全く無かった。河本らの直接行動では政府を扇動することができなかったことを知る石原は、もっと大掛かりで確実性の高い謀略を以って占領を達成するのである。河本らの決起に対して、武力行使に踏み切るでもなく、河本らを処分するわけでもなかった本国の意向を無視して、石原は領有のための機会と根拠を創り上げた。張作霖爆殺事件の反省と、首謀者の中堅将校は処分を受けないという先例が生み出した発想だったということである。

ところで、国内の危機意識醸成に利用された中村事件は、現地の満洲における邦人らには国内の強硬世論よりも緊張して捉えられていた。満洲では当時、満鉄の青年社員による「満州青年連盟」が結成されていた。青年連盟は、在満邦人に対する啓蒙的宣伝と満蒙問題の研究とを目的に、本国への遊説隊を組むなどして、現場からの声としての満蒙問題を訴えるなどしていたが、当初は支持を集められないばかりか満鉄からも睨まれていたという。この青年連盟が、中村事件が公表されてからは関東軍の処理の仕方が不徹底であることを批判し始めた。そのため、八月下旬になって関東軍司令部の幕僚らが青年連盟との会談を申し込み、三宅光治参謀長以下、石原も参加しての会見となった。

青年連盟側は幕僚らに対して、排日運動の危機意識を背景に、張学良政権に虐げられてきた経験を話すことで世論喚起を求めた内地遊説の結果を説明すると、これに対して石原は露骨に否定的な態度をとって「結局、青年連盟も権益主義者か」と聞えよがしに言ってみせた*[24]。青年連盟の山口重次は石原の発言に対して、青年連盟が一切の権益を放棄して日満協同による独立国を目指しており、それに比して日本政府は「帝国主義」的で、関東軍は「腰ぬけ主義」だと批判した。石原は民族協和の実現には疑いの目を向け、「あなた方の信念は分つた」と山口の述べる理念は聞き入れつつも話を流してしまい、張学良政権の武力討伐を宣言してみせた*[25]。満州事変に向かう石原は、青年連盟の日満協同の独立国建設や「民族協和」の理念を積極的には認めようとしなかった。しかし、この態度は満州事変直後に大きく変わることになる。

4　満州事変の決行

奉天城の攻略には大砲が必要であったため、石原らは陸軍中央に要求して、二四糎榴弾砲二門が事前に運搬されてくる手筈を整えた。一九三〇年一一月に渡満してきた永田鉄山との話し合いで決定したもので、防備を名目に石原から永田に依頼してのものである。砲の設置作業は事変決行の前に行われ、実際に砲が運搬されてきてからは奉天城に向けて予め標準を定めておき、守備隊の歩兵に対しても大砲の操作を訓練させていた。

関東軍司令官に任命された本庄繁が旅順の軍司令部に到着したのは八月二〇日であったが、九月七日から長春・奉天をはじめとする各地の部隊を巡視して、その検閲を終えて旅順に戻ったのが九月一八日であった。石原の独断専行による計画に対して、特務機関の花谷正少佐は直ちに賛成したが、板垣は当初は賛意を示さなかったという。この後、張学良顧問府補佐の今田新太郎大尉を加え、主としてこの四名が満州事変の実行計画を立案した。

この過程で、関東軍の謀略は政府の知るところとなっていた。九月一五日の段階で幣原喜重郎外相が独自の情報ルートから関東軍が独断で決起行動を起こそうとしていることを掴んだのである。幣原は真相を確かめるために閣議の席で南陸相にこれを問い質し、南がこれを受けて建川美次を派遣することになったため、石原らは予定していた本来の計画を繰り上げて一八日に決行することになるのである。

そして当日、河本末守中尉ら数名が北大営から南へ七〇〇メートル弱の地点に位置する柳条湖で爆破を行った。レールの一部が吹き飛んだものの、その直後には奉天行きの列車が通過しており、極く規模の小さい爆破であった。謀略隠蔽のため買収した二人の中国人を殺害して爆破犯に仕立てあげた。爆音を確認した板垣は、直に遼陽の第二師団司令部に電話をかけ、仙台第二師団の多門二郎師団長に緊急出動を命じた。爆破から一時間以上して奉天特務機関から軍司令官に宛てられた第一報は、一八日夜一〇時過ぎ、奉天北大営西側に於て暴戻なる支那兵が満鉄線を破壊し、我守備隊と衝突せりとの報に接し、独立守備第二大隊が現地に向い出動中なりとの内容であった。三宅参謀長の官舎に幕僚が集合し、本庄関東軍司令官、三宅参謀長、板垣・石原以下各参謀が司令部に登庁して会議が開かれた。

石原は会議の席上において、機先を制するためとして直ちに各部隊が出動して敵中枢を制圧すべきことを具申し、関東軍司令官の権限に基づいて兵を出動させることを求めたが、関東軍の警備計画では、奉天付近での有事の際にはまず軍主力が奉天付近に集中し、その上で行動をとることになっていたため、本庄は石原の意見を却下して即時進攻を認めなかった。

ところが、その直後の午前〇時半頃に奉天の板垣から奉天独立守備隊の一部が張学良軍と激戦中であるとの第二報が入ったことで、石原の出動案が採用されることになる。作戦計画は非常時に押されて全面的に石原の計画案となった。奉天では、森島守人首席領事が特務機関に駆け付けると、板垣らが慌ただしく動いているので、軍命令がどこから出されたものかと問い質した。板垣は、緊急事態であるため旅順の本庄司令官に代わって自分が出したと答えた。

司令部の一行は午前三時に旅順を出発して奉天に向かい、車中では石原の命令によって片倉衷が各参謀の役割分担案を作成した。奉天駅では板垣が出迎え、駅貴賓室で状況報告がなされた。本国の陸軍省と参謀本部に対して事変の報告が打電されたのは翌朝であった。

本庄が石原らに説得されて、満洲占領のための増兵要請を決定したのに対して、その後に本国から届いた訓令電報では、「陸軍大臣発電」として「帝国政府ハ、事態ヲ拡大セシメザルコトニ努力スル旨方針ヲ決定シ、軍ノ行動ハ、コレヲ含ミ善処セラレタシ」と不拡大が指示され、「参謀総長電」においても「軍ノ今回ノ行動ハ、コレヲ是認スルモ爾後ノ行動ニツイテハ、政府ノ方針モアリ、拡大セザルヨウ留意セラレタシ」と自重が求められた。金谷範三参謀総長は「事件発生以来支那側ノ態度等ニ鑑ミ事件ノ処理ニ関シテハ必要度ヲ超エサルコトニ閣議ノ決定モアリ従テ今後軍ノ行動ハ此主旨ニ則リ善処セラルヘシ」と伝えている（電第一五号）*26。さらに、朝鮮軍司令官より参謀総長から部隊出動を差し止められたとする電報が入った。

朝鮮軍の出動については、それまでに石原が神田正種参謀を通して三度にわたって申し入れており、林銑十郎軍司令官は事変の第一報を受けるなり師団の出動準備と航空隊への出動を命令していた*[27]。しかし、「参謀総長ハ本職再三ノ意見具申ニ拘ラス強ヒテ増遣隊ヲ差止メラレシニ依リ、飛行機以外ノモノハ、一時新義州以南ニ停メ状況ノ新ナル発展ヲ期待シアリ*[28]」と、金谷によって差し止められたとのことであった。

関東軍は、金谷の不拡大への配慮を求める訓示を余所に第二師団を長春に集結させて、次なる作戦行動に移る準備を進めた。九月二〇日、本庄は土肥原奉天特務機関長を奉天市長に任命して臨時市政を施行したが、同日に建川美次が軍司令部を訪れて、長春以北への派兵は認められないとする旨を伝えてきた。実際の中央の意向は、ソ連との衝突を懸念して、長春以北への派兵は避けるべきであるが、吉林・洮南などへは一刻も早く攻撃を加えて張学良政権を潰してしまいたいとするものであった。また建川は、溥儀を擁立して親日政権を樹立することが得策として、石原が構想していた領有案には反対した。即ち、対ソ関係を悪化させることなく、満蒙問題を解決する機会として事変を捉えていたのである。特に、吉林省でも北鮮対岸にあたる豆満江付近は朝鮮軍の管轄であったため、吉林での軍事行動は一旦中止された朝鮮軍派兵が再開されてしまう可能性があった。そして、板垣・石原は実際にも吉林省での有事を引き起こすための工作を行なう。

謀略工作を担当したのは吉林省政府顧問の大迫通貞であったが、大迫にこれを依頼したのは板垣らの意向を受けた元憲兵隊の甘粕正彦である。吉林省では在留邦人会の会長からも出兵の嘆願電報が届いていたが、この申し入れが石原らの謀略であることを見越した本庄は承認を与えなかったという。しかし板垣の深夜に及ぶ長い説得の末に結局本庄は二一日に派兵に同意した*29。本庄は、吉林へのルートは吉林-長春間の路線のみであるため吉林居留民の保護のためには出兵の他に手段がないこと、また現兵力のみでは吉林軍に対抗できない可能性があるため積極的な行動を必要としたこと、そして新義州に待機している朝鮮軍の増援を得ねばならず、そのためには吉林派兵が必要であったことを考えて派兵に同意したとされる*30。派兵が決定すると、直ちに第二師団に吉林へ向けて進軍の命令が下され、朝鮮軍へ電報が飛んだ。林司令官もこれを以って独断越境の命令を下した。朝鮮軍混成第三十九旅団が越境し、本庄にその旨が打電された。本国へは三時間引き延ばして独断出動の後に知らされた。朝鮮軍の支援を得た関東軍は、吉林軍が戦闘を避けて撤退したために無血入城を果たし、二二日までに南満洲を制圧する。

事変に対する張学良は不抵抗・不拡大の「無抵抗方針」を原則としていたため、関東軍は労せず南満洲を手に入れていた。張作霖亡きあとの当時の満洲には、張学良麾下の二三万の北方軍閥軍が存在すると言われていたが、軍閥が割拠する中国国内には張学良と対立する勢力も多く、関東軍との抗争に向き合えるような状況ではなかったのである。張学良は後に、

「不抵抗は、私が自発的に決めたことです。当時の私は日本軍は中国全土を占領することは不可能だという判断をくだしていました。私はできるだけ日本人を刺激せず、彼らに事態を拡大する口実を与えるのをできるだけ避けようと思い、東北軍は、〝殴られても手を上げず、罵られても言い返さず〟という姿勢を取ったのです。」

と証言した。張学良の判断は事態の収拾を企図してのものであったが、関東軍は抵抗のない張学良軍に対して手を緩めることはなかった。張はその点についても、

「抵抗するなという命令は私が下したものです。私の判断は誤りでした。私がこのような命令を下したのは、事態を拡大させないためでしたが、事実は逆になってしまいました」

と自身の予想したような結果にならなかったと述べている。しかし当時の日本軍への不抵抗は、蒋介石による指示でもあったのであり、張学良は拠点としての奉天を失いながらもそれを受け入れざるを得なかったのである。

その後、関東軍は九月二八日には吉林独立を宣言させた＊31。東三省は各省が一旦中華民国から独立する体裁をとっていくのだが、吉林独立は東三省独立の初動となった。続いてハルピン市特別区が独立宣言を声明することになる。

かくして、石原の謀略はほとんどそのシナリオ通りに進みつつあったが、こうした満州事変には、張作霖爆殺事件の前例と、中国の未統一状態によって張学良軍の抵抗がなかった前提とがあったわけである。石原らは無抵抗の張学良軍を駆逐していたのであるが、このような進撃は当初より張学良軍が弱小であると観測していたことも要因となっている。石原が関東軍に赴任して間もなかった一九二八年の末、中ソ共同管理となっていた東支鉄道の権利を張学良が強制回収したことがあったが、これが鉄道利権をめぐる争いとして翌年八月までに極東ソ連軍との武力紛争に発展した。強大化しつつあったソ連の軍事力の前に張軍は歯が立たず、近代化されていない張軍の実態が露呈されることになった。この北満での紛争は、日本側にソ連軍の強大化を認識させるよりむしろ、張軍が脆弱であることを認識させた。

このように、石原の謀略が反映された満州事変は、張作霖爆殺の事件責任が訴追されなかったことと、奉天軍閥が脆弱であるとの認識が要因となり、ほとんど躊躇うことなく決行された。その結果、軍縮への合意を含めて浜口内閣以来進めてきた「国際協調体制」は完全に無視されることになり、幣原喜重郎外相の協調外交との矛盾から第二次若槻内閣が倒壊するという政治的・国際的影響をもたらすことになる。

事変後に、若槻首相は朝鮮軍の独断越境の予算を追認して「統帥権干犯」の訴追をかわしたが、それは満蒙問題解決の主導権を内閣が手放して、陸軍に明け渡したことを意味したのであり、国際的にも民政党外交の信頼は失墜した。即ち、日本の外交は満州事変によって国際秩序として形成されつつあった「協調外交」から離脱することになるのである。また、国内においては政党政治を打倒することで軍部主導体制を創ろうとする軍部・右翼勢力を伸張させる社会的影響も与えた。

石原の国家を「強引」する謀略は、かくも多大な歴史的影響を残すのであるが、果たしてそうした影響までが考察されていたであろうか。外務省亜細亜局第一課長の守島伍郎によれば、満州事変直後の関東軍では司令官すら「座敷牢にでも入れられた」ような状態で統御の力はなく、板垣・石原・花谷が活躍の中心を占めていて、彼等は酒の席では必ず、

「この計劃は前からちやんと企ててあつたので、既に七月二十五日には奉天に砲列を布いておいた。我我はこの計劃に成功したのだから、次には内地に歸つたらクーデターをやつて、政黨政治をぶつ毀して、天皇を中心とする所謂國家社會主義の國を建て、資本家三井、三菱の如きをぶつ倒して、富の平等の分配を行はふ。必ずやつてみせる。」

と言っていたという*32。

実際には、満州事変に際しての昭和天皇は張学良政権に対する軍事行動は容認しても、関東軍が満蒙を独立させることには否定的だったのであり*33、果たして内地におけるクーデターによって天皇を中心と

した新体制が達成できたかを考えるに疑問がある。石原の発言や態度には影響の結果に対する緊張は見られないが、それ故であるのか、満州事変後の石原は最終戦争構想の根底に関わる重大な問題に直面せねばならないことになる。

註

1　横山、前掲、一四四頁。
2　前掲「戦争史大観の序説」、一一九頁参照。
3　「戦争史大観」前掲『石原莞爾資料Ⅱ』、三五～三九頁参照。
4　前掲「戦争史大観の序説」、一二〇頁参照。
5　前掲「戦争史大観」、四〇～四一頁。
6　同前、四二～四五頁。
7　同前、四八～四九頁。
8　筒井、前掲『二・二六事件とその時代‐昭和期日本の構造‐』、一一四頁参照。
9　「満蒙問題解決の為の戦争計画大綱（対米戦争計画大綱）」前掲『石原莞爾資料Ⅱ』、七〇～七二頁。
10　「満蒙問題私見」、同前、七六～七七頁。
11　同前、七七頁。
12　「満州建国前夜の心境」、同前、九〇～九二頁。
13　「現在及び将来における日本の国防」前掲『石原莞爾資料Ⅱ』、五八～六八頁。
14　「満蒙問題の行方」前掲『石原莞爾資料Ⅱ』、八八～九〇頁参照。

15 板垣征四郎「軍事上より観たる満蒙に就て（昭和六年三月）」『現代史資料（7）』（みすず書房、一九六四年）、一四〇頁。
16 中国に対する進出は民間においても概ね肯定的な評価を受けていた。例えば、民本主義者の吉野作造は『日支交渉論』で「対華二十一ヶ条要求」が正当な主張であるとしただけでなく、むしろ政府の交渉態度が弱腰であることを非難した。
17 「昭和六年四月策定ノ参謀本部情勢判断」前掲『現代史資料（7）』、一六一頁参照。
18 「満洲問題解決方策の大綱」、同前、一六四頁。
19 「軍司令官及師団長会議に於ける南陸軍大臣の口演要旨（昭和六年八月四日）」、同前、一四九～一五〇頁。
20 「中村大尉捜索ニ関スル件」前掲『石原莞爾資料Ⅱ』、八二頁。
21 「永田大佐宛書簡」、同前、八四頁。
22 前掲「満蒙問題私見」、七八頁。
23 前掲「永田大佐宛書簡」、八四頁。
24 前掲『悲劇の将軍石原莞爾』、九八～一〇〇頁参照。
25 同前、一〇二～一〇四頁参照。
26 『現代史資料（11）』（みすず書房、一九六五年）、三一一頁。
27 神田正種「神田正種と石原莞爾」前掲『資料で綴る石原莞爾』、三〇～三六頁。朝鮮軍が越境するまでの過程についても述べられている。
28 前掲『現代史資料（11）』、三一二頁。
29 横山、前掲、一六四～一六五頁参照。
30 参謀本部『満洲事変作戦経過ノ概要：満洲事変史』（厳南堂書店、一九七二年）、二九～三〇頁参照。

31　石射猪太郎『外交官の一生』（中公文庫、一九八六年）、二〇七頁参照。関東軍参謀が拳銃を突きつけながら独立を認めさせたとされている。

32　原田熊雄『西園寺公と政局』第二巻。（岩波書店、一九五〇年）、七七頁。

33　前掲『昭和天皇の軍事思想と戦略』、五七～五八頁参照。

第七章
*満洲国建国にともなう変節

これまでに、石原の入信過程と、対米戦争が社会的関心となっていたこと、そして対米戦構想を構築した石原がその初動に位置づけられる満洲領有を実行していく過程を見てきた。その上で、以下では本書の主要な課題である石原の変節を検証する。

はじめに述べた通り、本書における課題は三度の変節をそれぞれ解明することであるが、先ずはその「第一の変節」となった満洲国建国にともなう変節を検証する。

1　新国家樹立案

満洲事変に対する不拡大方針を伝えるために満洲に派遣されてきた建川美次によって、満洲に親日政権を樹立する提案がなされていたこともあり、関東軍では事後の方針を決定するため、九月二二日に三宅光治参謀長、土肥原賢二大佐、板垣征四郎大佐、石原莞爾中佐、片倉衷大尉の五人の幕僚による話し合いが行われた。本庄は張学良顧問の柴山兼四郎中佐によって満洲独立案を薦められたことから、天津に隠棲していた溥儀を引っ張り出す提案をしており、司令官である本庄が新政権樹立案を求めたため、三宅が参謀長室に各員を集めて方策を会議したのである。席上では土肥原が溥儀による帝政復帰には民衆がついてこないとして反対し、石原と片倉もこれに同調した。また、奉天特務機関の補佐官であった花谷正はさらに前進して五族協和による共和政権の樹立まで進めるべきとしていたという。しかし、これらに対して板垣は、

「共和制は理想としてはサッパリしていいが、しかし国際的に面倒だし、ぐずぐずしているとどんな邪魔が入らんとも限らないから、この際は手っ取り早い方法で溥儀を頭首とした親日政権をつくって、反学良の勢力を糾合することが最もいいと思う。溥儀でうまく行かなきゃ、その時になって共和体制に変えたっていいし、何しろ今は手っ取り早くやることが必要だ*1」

と形式に関わらず事態を早期に収拾すべき意見を述べた。板垣の粘り強い説得により、会議では折衷的な解決策を方針とすることになる。

結果として、「我国ノ支持ヲ受ケ東北四省及蒙古ヲ領域トセル宣統帝ヲ頭首トスル支那政権ヲ樹立」する方針となり、各民族の楽土とすること、国防・外交は新政権からの委託の形により日本が行うが内政は新政権が統治すること、従来から宣統帝派として日本軍と連絡していた者を鎮守使として治安維持を担当させることが定められた。そして、天津の香椎浩平駐屯軍司令官に対して日本租界にいる溥儀を保護下におくように打電された*2。石原はこの決定を不服として、奉天にいても自分のすることがないと長春の視察に行ってしまう。また会議では、張学良政権が錦州に建てられたとの情報から、錦州爆撃が決定され、そしてまたここに本国から政権樹立に軍が関与することを差し止める電報が入ったが、片倉はこれを握り

潰して本庄には知らせもしなかった。

石原が奉天に戻ると、幕僚たちの間では例え本国の支援がなくとも革命を実施しようと盛り上がっていた。全員が陸軍に辞表を叩きつけて構わないという意気込みだったという。しかし、石原はむしろこれを宥めて、中央に対して最後通告的な案を示した後に独立を考えるとして、ソ連に対抗しながら満蒙の独立運動を進める解決案を提示した*3。

石原は先の会議の席上において最後まで満蒙の独立案に反対していた。しかし、石原の望んだ満蒙の領有が、とても建川や中央の容れるところとならないことを悟り、例え会議の席上において説得し得たとしても領有が実現しないことを理解して、独立案を認めることになった。この経緯については、横山臣平によって証言されたものであるが、長春から戻った石原は既に独立案に切り換えていたのであり、ここには重大な変節が含まれた。横山証言にはまたも石原の深刻な葛藤が抜け落ちているのであるが、変節問題については次節で検証する。

樹立方針を決定した関東軍は、一〇月四日に「今や政権樹立の運動各所に発生し庶民斉しく皇軍の威容を謳歌するも旧頭首を推戴せんとするの風微塵もなし」として、新政権樹立を内外に宣伝した。これは本国の意向をまったく無視するという意思表明である。そして、関東軍の独断行動は石原の錦州爆撃によって決定づけられた。

張学良は事変に際して天津に亡命したが、その後は配下とともに錦州に臨時政府を設置し、満洲奪還を目指す根拠地とした。張学良の勢力は次第に増大しつつあったため、石原は航空参謀に依頼し、一〇月八日に錦州の爆撃を決行した。錦州爆撃は二〇キロ爆弾の六〇～七〇発を以って行われ、市民にも死傷者を出したが、錦州政府に対する実害よりも、関東軍による満蒙独立の意思表明に続けて行われた軍事行動であったという点において大きな意味があった。現地の関東軍には、本国の制止によって行動を自粛したり、思いとどまったりするようなことがないということを示した意味においてである。

錦州にはイギリスが利権をもつ北寧鉄道が走っており、奉天と北京を結ぶ重要幹線であった。そのうえ、石原の落とした爆弾は錦州城内のアメリカ領事館にも被害を与えた。これが当然にもアメリカの抗議報道によって伝えられ、錦州爆撃は世界に知れ渡ることになる。爆撃はもはや「事変」の域を出た戦争行為であり、英米に対する直接的な被害を与えたことからも、錦州爆撃は満州事変が国際的な問題に発展することを決定づけた。国際連盟では、中国から提訴されていた満州事変問題を既に受理しており、日本に対して撤兵を要請していたが、アメリカのスチムソン国務長官からも厳重な抗議が届き、幣原喜重郎外相は責任を問われた。また中国は錦州を中立地帯とする提案を国際連盟に対して行い、参謀本部は利権保護の観点から、錦州の中立化だけは阻止しようと関東軍を引き戻した。

日本政府は張学良に対して錦州からの撤兵交渉を試みたが、交渉は進まなかった。錦州爆撃は若槻内閣の標榜する不拡大方針を吹き飛ばすと同時に、国際連盟理事会が若槻にかけていた期待をも潰したのであり、出先の関東軍がまさに「国家を強引」したのはこの時であったと言えるかもしれない。錦州はこの後、国際連盟が認めていた匪賊討伐権を根拠にして行われる錦州作戦によって占領されることになるが、張学良はさしたる抵抗はせずに撤退した。錦州爆撃の国際問題化について、石原は「どうせ満州問題の根本的解決は世界を敵とする覚悟を要するのだから連盟案は豪も恐るゝに足りません」（一〇月三一日）と妻に語っている。

この間に国内では、三月事件で失敗した大川周明・橋本欽五郎らが、満州事変に呼応して国内改造を行うとした十月事件を引き起こしていた。十月事件での計画は、閣議を急襲して新内閣を発足し、荒木貞夫を首班として満州事変を援護する内閣を建てようとするものであった。閣僚らを殺害して軍隊が政府を乗っ取るとしたこの計画は未遂に終わったが、陸軍は真相を隠蔽し、首謀者らの処分を極めて軽く済ませた。満州事変の衝撃によって事件を有耶無耶にすることができたからである。

またこの間には、現地の関東軍と陸軍中央の間で、満洲をめぐる独立国家建国案と親日政権樹立案がそれぞれ主張されていた。当初の陸軍中央は中国人による親日政権樹立の案にすら反対の意向で、むしろ満州事変を偶発事件として処理するつもりであったため、関東軍との温度差はかなり開いた状態であった*4。関東軍自体が陸軍から独立しようとしているという噂や、政治家殺害計画としての十月事件によって、何が起こるか分からないという空気が醸成されていた中で、中央は関東軍との折り合いをつけるために白川義則大将と今村均作戦課長を渡満させた。

奉天についた白川と今村は料亭に案内され、そこで板垣以下の幕僚と会談した。石原は席に着くなり「何ということです。中央の腰の抜けかたは…」と放言して、今村が中央の方針を説明し、関東軍の進めようとしている「独立国家建設案」を「新政権樹立案」に後退させようとすると、「ああねむくなった」と寝ころんでみせ、今村を無視しようとした。対米戦争を目的とする石原にとって、本来的には満蒙の完全領有による領土化は前提に過ぎず、当たり前のように考えられていたのが、事変直後に領有論を手放さねばならなくなった状態で、日本の影響力が確保されない可能性のある新政権案などは問題にすら思われなかったであろう。話し合いは全く成立せず、軍事行動はさらに北満に拡大していく。

北満への拡大は満鉄がその機会を創出した。関東軍は北満への進出を図るために、中国からの独立を宣言した張海鵬の協力を求め、張海鵬軍をチチハルへ進軍させた。これに対して、黒竜江省政府主席の万福麟から軍の総指揮を任された馬占山が、黒龍江省軍総司令としてチチハルに五千の兵を集結させた。コサック馬族の頭目を出自とする馬占山は、文盲でありながらも優れた戦略眼によって頭角を表し、黒河警備司令歩兵第三旅長を務めていた。張海鵬軍と馬占山軍の両軍はチチハルを東西に走る嫩江を隔てて対峙した。馬占山は、嫩江に架かる洮昂鉄道（洮南‐昂昂溪）のいくつかの橋を焼き落としたが、この橋は満鉄の出資によって架橋されたもので、そこを走る鉄道も満鉄が担保にしており、北満大豆の輸送を担う満鉄の収入源となっていた。橋の修理が必要となったために、それは関東軍の軍事行動の大きな口実となるのである。

関東軍は吉林の第十六連隊に嫩江への出動を命じた。関東軍側の一方的な進攻によって進められた満州事変一連の中でも、嫩江では馬占山軍の激しい攻撃を受けた。部隊は馬占山軍による包囲攻撃を約三日間にわたって受けたが、長春に残っていた第十六連隊の大隊と第二十九連隊による増援が到着し、大興の占領に成功した。この後も馬占山軍による抵抗が続いたため、日本本国では南陸相が病床にあった若槻首相からチチハル占領の了承を取り付け、参謀本部は長期占領を不可としながらもチチハル攻撃の許可を与えた。第二師団によるチチハル攻撃を受けた馬占山は撤退し、占領されたチチハルでは東三省特別区行政長官の張景恵によって黒竜江省の新政権樹立が宣言された。これによって関東軍は九月一八日からのわずか二カ月にして、東三省の各省都を占領したのである。日本軍に武力で対抗することを困難と見た馬占山は、板垣との会談によって和平交渉に応じた。

この後の一一月二六日の「第二次天津事件」（土肥原による謀略により中国軍から攻撃を受けた天津軍が日本軍に応戦した事件）においては、陸軍は国際連盟を背景として現地の暴走を止めようと委任命令を発していた。しかし、関東軍が匪賊討伐権を主張して引き続き錦州攻撃を求めると、一二月七日には陸軍省もこれを追認した。その直後の一一日に若槻内閣が倒壊すると、錦州攻略作戦が実行されることになる。

若槻内閣の倒壊後、元老西園寺は「憲政の常道」を崩さずに、後継首班に犬養毅を推薦し、一三日に内閣が成立した。南次郎の後任陸相は、軍事参議官と三長官の合議によって決定することとなり、荒木が選出された。宇垣一成朝鮮総督は阿部信行を推していたのだが、困難な局面を抑えられる人物は荒木の他には考え難いとされたことから宇垣の人事案は却下された。

錦州へ進行した日本軍は、張学良の無抵抗方針により一月三日には無血開城を果したが、日本軍による錦州占領はアメリカの態度をさらに硬化させることになった。一月七日には、満州事変による現状変更は一切認めないとする「スティムソン・ドクトリン」の声明があり、日本側に通告される。ところが国内では、こうした国際情勢の悪化とは正反対に、一月八日に満州事変勃発以来の戦闘を労うための勅語が関東軍に対して与えられた。勅語では、「皇軍ノ威武ヲ中外ニ宣揚」したとして「朕深ク其忠烈ヲ嘉ス」と讃えられたばかりでなく、「自衛ノ必要上関東軍ノ将兵ハ果断神速寡克ク衆ヲ制シ速ニ之ヲ芟討セリ」として、満州事変が匪賊を討伐する自衛行為であったとされ、正義の戦いと評価された*5。

この勅語によって、満洲での一連の軍事行為は国際的な問題化とは裏腹に全く正当化され、朝鮮軍の独断越境行為までもが容認されたわけであるが、石原にとってはそれ以上に、天皇の意向が満洲への進行を否定するものではなかったことが解かった点に意味があったはずである。なにより、それまで依拠してきた

「予言」の主体は、菩薩の再臨たる「賢王」なのであり、最終戦争構想には何れかの時に天皇の理解を得ることが要件となるからである。

里見岸雄によれば、勅語を下賜された板垣が満洲に戻る際に、大阪駅に出迎えた後宮淳第四師団長参謀長に対して、板垣は今回の戦闘は全て石原の指揮の下で動いており、「全く石原の戦だ」と述べたという。関東軍はこの後にハルビンまでを占領し、事変から四カ月の間に東三省の主要都市と鉄道沿線地域を支配した。五カ月目には満洲の独立建国を宣言することが決定する。

これまでにも見た通り、満州事変が与えた多大な影響は国内外に及んだのであるが、国際問題としては、大戦後に形成された国際的な秩序や軍縮における合意を破壊したことが挙げられる。特に中国に対する侵略行為は、中国における権益の独占を禁止（排他的進出の禁止）した「九カ国条約」に抵触するものであった。満州事変は国際条約にも違反する石原の謀略によって拡大されたが、当時の世界恐慌下の中では諸外国も直ちに制裁にあたる措置をとらなかった。こうした状況は石原にとっては僥倖と言えたわけであるが、石原は国際情勢をどのように判断していたのであろうか。

この問題についても、従来のように石原が国防問題から満洲領有を必要視し、そのために対米戦までをも覚悟したというような解釈では理解し得ない点がある。仮にそのような理解に従うならば、「国防上の必要性↓満洲領有↓不可避となる対米戦」の順に発想されたことになり、且つ満洲領有は独断専行してでも達成せねばならない程に差し迫った国防上の問題でなければならないことになる。ところが満州事変の準備段階において、石原は満洲領有から予想される対外問題と国際条約上の問題について、九カ国条約に対しては満蒙の領有が日本の既得権益を護る手段であることを主張すれば問題ないはずであるとし、また満洲を侵略したからといって実際に何れの国が積極的に武力制裁を加えるなどの衝突をなそうとするのかということを問うのである*6。つまり、石原は満洲占領の理由を国防上の差し迫った脅威には求めておらず、さらに持論の満洲における自給体制の確立が果たされるまでは、米国との衝突の可能性も否定しているることになるのであり、国防上の問題として領有を急務とする論理とは全く矛盾する。それまでにも、「対支外交即チ対米外交ナリ」、領有には「対米戦争ノ覚悟ヲ要ス」と繰り返していたにも拘わらず*7、領有自体が対米戦を不可避とするのではなく、「対米戦争計画大綱」でも見た通り、実のところの領有は必ずしも国防上の要請というわけではない。国際連盟に対しては既得権益の保護を理由に占領を行うと言い、満洲を領有したからといって米国その他が武力制裁を行うとは考えられないというのでは、「木曜会」において永田鉄山が問い質した通り、対米戦の開戦が何によって不可避となるのか説明されないのである。

2　満洲国建国と変節

後に「民族協和」を目指す「東亜連盟」運動に取り組むことになる石原は、満洲の独立建国に当初は強く抵抗しており、特に満洲国の皇帝に清朝の溥儀を添えることに反対した。石原にとって、満蒙問題は「領有スルコトニヨリテ始メテ完全達成*8」される問題であり、石原は「独立国ヲ建設シテ保護国トナス考ハ不可ナリ」と述べて、満洲を「完全ナル領土トナス」ことを構想していた*9。また、もしも満洲を保護国とする場合には、支那本国と完全に分離させて、朝鮮と同様に日本の支配下に置くことを意見し

ている。そのため、事変直後の九月二二日に行われた先の関東軍の幕僚会合において、満洲独立が方針化された時には、

「本意見〔満蒙領有〕ハ九月一九日ノ満蒙占領意見中央ノ顧ル所トナラス且建川少将スラ全然不同意ニテ到底其行ハレサルヲ知リ万コクノ涙ヲ呑ンテ満蒙独立国案ニ後退シ最後ノ陣地トナシタルモノナルモ好機再ヒ来リテ遂ニ満蒙領土論ノ実現スル日アルヘキヲ期スルモノナリ*10」（〔 〕は筆者）

と述べた。

石原はその後の一九三二（昭和七）年四月の段階になっても、独立後の満洲で期待するような政治的効果が上がらなかった場合には、「断平トシテ満蒙ヲ我領土トシ総督府ヲ置ク」と、満洲の領有構想を棄てようとはしなかった*11。仮に満洲領有の目的が純粋に国防問題にあったなら、独立は石原にとっても問題ではなかったはずである。しかし石原は軍事研究の成果から、中国大陸で予定している「持久戦争」には、政府と軍部とが思考を一つにする政戦両略の一致が必須であることを確信しており、それは天皇の下でしか成し得ない体制であると考えていた。

石原の軍事研究によれば、持久戦争では予め終着段階を決定しておくことと、政府と軍部とが思考を一つにしていることを必須要件とした。さらに戦争目的は国策によって決まるので、主権者が政治と統帥とを一身に抱いているのが理想であるが、この困難な政戦両略の調整を完全になしえるのは、主権者が同時に総軍司令官である時に限られるとしている。石原は西洋戦史においては皇帝となったナポレオンのみが政戦調整の問題を解決したが、それは極めて稀な例であると述べて、政戦両略を一人格に占めていない君主国では大抵の場合において統帥権の独立が起こり、戦争指導の統一を困難にすると説明している。統帥

権の独立は作戦の運用上便利な利点がある反面、政治と統帥の争いが酷くなり戦争指導の統一を困難にする事が多くなるとのことである。

この持久戦争における政戦両略の統一についての要件は石原の終生変わらぬ見解で、後の一九四〇年に予備役に編入してから立命館大学で「国防論」の講義を受け持った際にも、その中で戦争指導機関について次のように整理をしている。

「一、政治と統帥即ち政戦両略の関係

政戦両略の関係は相反することが多い。〔中略〕

二、大本営

日本においては政戦両略が、天皇において完全に統一せられる。〔中略〕

最終戦争における必勝の根底は此処にある。*12」

石原は、満州事変の準備段階において既に「皇族殿下ノ御力ヲ仰キ奉ルニアラサレハ至難ナリ*13」と語っていたが、持久戦争においては軍事目的と政治・外交目的が噛合わなくてはならず、そのために独立建国による統帥権の分裂は、単なる統治の体裁の問題に留まらなかったのである。そして、満洲独立は右のような軍事問題だけではなく信仰においても計画に齟齬をきたした。

石原は対米戦争に向けての満蒙侵略を、国体論と接合した智学の主張を借用することで理論化したが、対米決戦が不可避であることを説明してくれる智学の教義は、予言の正統性を「日本書紀」や遺文から得ているため、天皇や日蓮が存在しなかった上に他の皇帝のいる国が出現すれば、予言の「賢王が漢土月氏を従える」想定は全く崩れ、満州事変と予言の直接的関係もなくなってしまい、対米戦の勃発自体も前提にはならない。つまり、溥儀擁立による満洲国の出現は、天皇を世界の盟主とする「八紘一宇」を予言するシナリオとも矛盾するために建国案には強硬に反対していたのである。また、独立国の満洲が予言に記される戦争の担い手に加わることにも矛盾があるため、予言を根拠に満洲国の経営を対米戦の体制構築のみに集中的に向かわせることは成し得ないのである。

従って、石原にとっての建国問題とは、満洲が天皇の下を抜け出た状況で、対米戦争体制構築の必然性を如何に説明するかの問題であった。独立国となった場合には、改めて満洲国自体が対米戦の理由をもたなければならず、即ち石原が「涙を呑んで」まで耐えねばならなかったのは、予言の対象外である満洲国が何故に対米戦争を想定して集中的に国力を動員させるのかという説明を改めて用意しなくてはならないことであり、満洲の独立によって日蓮主義による対米戦線への結束が望めなくなったことであった。この問題もかつて永田に追及された点と同様の問題であり、結局は陸軍において合意形成に成功しなければならないという問題が再びぶり返してきたのである。

石原は、建国問題によって真の目的である対米戦とその勝利のための体制構築に必要な説得理由を失ったが、それればかりか、それまでに自身が語ってきた日本の領有する満蒙についての理想像から逸脱することなく新たな根拠を見つけ出さなければならなかった。結果としては、石原は満蒙占領の必要を訴えるためにかつて用意していた「王道楽土」建設という理念から、対米戦を民族問題として再定義する「五族協和」を打ち出すことで解決を図った。それが東亜連盟につながる「五族協和」と「東方道義」である。

石原が独立反対から一転して満洲独立と東亜連盟を支持した事実は、満洲領有に乗り出した時点での石原には民族提携の理念と合致するような満洲観も計画も存在しなかったことを意味する。そしてそれは以下に露呈されている。

「1．若シ吾等カ民衆ノ支持ヲ得ル見込十分ナルニ拘ラス支那要人ノ利己的策動ニヨル時ハ満蒙ヲ併合シテ簡明ナル政治ヲ行ヒ各民族ノ公正平等ナル発展ヲ計ル

2．若シ我等カ民衆ノ支持ヲ得難キ時ハ日満協和乃至日支親善ハ到底望ミ難キ空論ニ過キス〔中略〕威力ニ依リ支那大衆ヲ搾取スル欧洲風ノ殖民政策ヲ強行シ物質的利益ヲ追求スルニ満足ス*14」

同文書は、東亜連盟構想が出された後の一九三二年八月に作成されている。即ち満洲は対米戦争においてしか意義を持たず、民族協和はその手段でしかない。

事実、「中国北軍閥打倒の後に、満蒙の治安維持をはかることが日本軍の使命であり、またそうすることによってのみ王道楽土の理想郷が築かれる」という板垣や石原らの主張は、満洲国の支配を関東軍が一任することに取って替わり、「五族協和」や「王道楽土」のスローガンは、単なるプロパガンダの文句としてしか機能しなかったことは史実が伝えているところであろう。石原にとっての満洲は、どのような政治形態の下であろうとも対米戦争への道程なのである。

石原は民族問題を提起して満蒙人に同族としての紐帯を求めていた。対米戦をともに戦ってくれるはずの「同族」という意識は、自身と同じように西洋に対する問題意識をもつことへの期待である。特に石原の場合には、日本が盟主となることを自明視していたため、他の東洋人に対して日本人との違いを認めない態度があり、もしも違いがあればそれは未開・無価値として否定するものであった。石原の全ての思索は対米戦争を前提に行われてきたもので、実態としての中国人が如何であるかは問題にならず、民族協和についても対米戦に他民族が協力しない場合には、威力による「殖民政策ヲ強行」して「物質的利益ヲ追

求」し、「領土論ノ実現ヲ期ス」としたことからも石原の姿勢が確認される。

以上のように、満洲国の独立問題が変節を誘発したのは、石原が建国神話を基礎に正統性を得た智学の教義解釈に依拠して「最終戦争」を説明してきたためで、独立建国が予言によるシナリオとの矛盾を意味し、独立した「満洲国」では対米戦争を遂行する予言の担い手にはなり得ないためである。しかし、東亜連盟運動に可能性が認められれば建国問題は解消されるのであり、独立支持への変節が「戦争の根拠を伴った日蓮主義」から「東亜連盟運動による戦争協力体制」への変節を意味していたことが説明されるのである。

3　変節の表明

一九三二年一月一二日、大阪朝日新聞社が主催する「日支名士の座談会」が奉天のヤマトホテルにおいて開催され、奉天市長に任命された趙欣伯や、奉天政府の地方自治指導部長となった于冲漢らが中国側から参加し（于冲漢は日露戦争時に日本軍の通訳となって以来協力してきた東北文治派の人物）、日本側からは石原ら関東軍・奉天総領事・満鉄からの参加があった。この会で石原は、満洲領有の持説を転換して所謂「独立論」を表明した。満洲事変以前には「漢民族には近代的国家建設の能力がないのではないか」と懐疑した石原は、席上で満州事変時の中国人らの積極的な協力と、軍閥打倒に対する強い意思を認めたとして、満洲領有論から独立建国論へと変節したのである*15。于冲漢が新国家建設を目指し、そこでは民意を尊重する方針とすることを語ったのに対し、石原は日本が関東州まで全て返納する形で放棄し、日本の機関は最小限度にして、日本人・中国人の区別なく新国家に参加すべきと述べた。

石原の述べる「民族協和」が、関東軍による支配のための政治利用と明らかに異なっていたことはこれまでも多く指摘されてきた通りであろう。但しそれは、帝国主義的侵略思想の関東軍と、道義を重んじた石原との違いによるというような理由ではなく、石原は満洲に在住する中国人ら他民族にも政治参加の糸口を与えることで、満洲国自体にも対米戦の意義を共有させようとした意味においてであった。

満洲国にとっての対米戦の意義については、一九二九年に起草したまま配布せずにあった「関東軍満蒙領有計画」が活用された。この中で石原は、領有後の満洲では各民族を独自の民族性を活かせるような職業に就かせ、関東軍は治安維持を担当するという構想を語り、その上で最後に対米戦の準備過程が如何に満洲の経済に対して影響を与えるかを考えねばならないとしていた*16。この構想は一九二九年の起草時には配布するに至らなかったわけだが、満洲にとっても対米戦が意義を有し、対米戦への過程が如何に満洲を発展させるのかということに理由づけをしておかねばならないという問題は、満洲独立が決定した時に、起草時よりも一層切迫した問題となって現れた。そして石原はそれまで固執していた領有論を放棄し、満洲独立論を主張するようになる。こうして「第一の変節」が起きたわけである。

建国の過程では、一九三二年二月五日から二五日の間に新国家建設のための幕僚会議が行われ、満鉄上海事務所の松木俠の起草した「満蒙自由国設立案大綱」に基づいて、独立による五族の安民を理念に、行政・財政・軍事体制が定められていった。そして、三月一日の「建国宣言」において「順天安民」・「王道主義」・「民族協和」・「門戸開放」を統治理念として掲げることになった。三月九日には「執政宣言」が発せられ、「王道楽土」の建設が謳われて、溥儀の擁立についても執政就任式典が開かれたことで実現された。

　しかしそこに、関東軍が用意した式典の様子を見た馬占山が満洲国から離反する。それまで馬占山は関東軍が組織した東北行政委員会におさまっていたが、四月にはソ満国境において国河を拠点に抗日軍を組織した。ハルビンに進撃した馬軍と対決することになった石原は、軍司令部をハルビンに設置し、本庄が作戦命令を下した。馬軍は夏までに全滅し、馬占山はソ連に逃亡したのだが、関東軍は七月に馬占山が戦死したとして公表した。

「満洲国」は、清朝の復興に望みをかける「復辟派」や、張作霖時代から独立的自治を企図していた「文治派」などと言われた中国人らと、生活の安定向上に期待を寄せる在満邦人らが混在した〝新国家〟であった。独立建国案に反対していた犬養毅内閣は、閣議においてあまり早期の内に独立を承認することがないように定めており、またリットン調査団が来日していたことからも、満洲国が傀儡状態であることをカムフラージュするために当初は日本人官吏の登用は避けられていた。

　リットン調査団の来日は、柳条湖事件をきっかけとした満洲問題を究明するために一九三一年一二月一〇日に国際連盟理事会によって現地派遣が決定された調査団で、調査団派遣は満州事変が自衛行動であったことをアピールするための日本側からの提案でもあった。イギリス枢密顧問官リットン卿を長として英・米・独・仏・伊の五カ国から構成された調査団が組織され、一九三二年二月末日に来日することになる。そして、その翌日の三月一日に満洲国建国式が行われたわけである。

　東京に到着したリットン調査団は陸軍関係者への聞き取り調査を行うなどした後、さらに日本各地を視察して満洲に向かった。視察の結果、リットン調査団は九月に完成した報告書において、満州事変以前への状況へ回帰することも、満洲国を承認することも問題の解決にはならず、満洲に対する中国の主権を前提に国際連盟が派遣する顧問の指導を得て自治政府を運営することが望ましいと意見した。満洲から全ての軍隊を撤退させた上での中立化案の提唱である。調査団の中ではフランス代表のクローデル陸軍中将が日本に同情的ではあったが、基本的には日本の軍事行動に責任を求めるこの報告書に基づいた措置が求められ、日本に対する国際的な批難が湧き起こった。

一方、満洲では「民族協和」のための組織づくりと、「東亜連盟」の結成が目指された。満洲では一九二〇年代には既に在満邦人の中から「民族協和」運動が起きており、その運動の主体となった組織が満洲青年連盟と、仏教的右翼思想を奉じた大雄峯会であった。

満洲青年連盟の山口重次・小沢開作は、建国された満洲国に対して「民族協和」の精神を反映させようと、政党の結成を計画した。満洲事変時には山口を相手にしなかった石原も、変節した今となってはこれに賛同し、一国一党を目指す「満洲協和党」の結党準備を進めることになる。設立委員は石原の推薦する人物によって構成され（和田勁・山口重次・小沢開作・阮振鐸・于静遠）、中国の軍閥・三民主義・共産主義の何れに対しても対抗していく、「民族協和」のイデオロギーを展開するとした。

満洲協和党は満洲国政府の承認を得て、民衆宣撫などの活動を行いはじめたが、「党」の名称が反資本主義的な響きがあることを理由に関東軍首脳部や官僚らに警戒されたため、七月に「協和会」に改組される。改めて設立された「協和会」では、執政溥儀が名誉総裁に、本庄司令官が名誉顧問となり、政治活動を排除した運動組織として規定された。石原は、この協和会が建国の理想を体現するための組織として発育し、関東軍に代わって満洲国の内面指導を行えるようになることに期待した。石原が満洲を去った後の一九三三年三月の「満洲国協和会会務要綱」で、「東亜連盟」を結成することが目標として明記されることになる。

石原による民族提携がアメリカに対抗する為の団結であり、日中提携も満洲独立もそれ自体を目的としていないのは既述の通りである。石原は、

「満州国ヲ理想ノ楽土タラシメ真ニ日満協和日支親善ノ実ヲ挙クヘクコレニヨリテノミ我日本民族ハ東亜ノ王者トシテ白人種ニ対シ最後ノ決勝戦ヲ試ムルヲ得ヘシ*17」

と述べたが、それは在満邦人に犠牲を強いようとも顧みない態度であった。そのため、在満居留民に対しても、「関東軍は日本人居留民の保護などの為には一兵たりとも動かしません*18」と公言するのであったが、そうした態度は「五族協和」に対する真摯な姿勢と思われた。

石原の変節問題は、結局のところ満洲侵略までの合意を形成し得ても、対米戦構想までは合意を集めないままに事変を決行した点に終始する。そもそも関東軍の独断専行の経歴は、対ソ戦略の拠点として満蒙を確保するという意識によるのであり、満洲占領そのものは陸軍の全体的な期待でもあった。そしてその関東軍の目標は、満洲国建国と「日満防共協定」において関東軍が実質的に満洲国全土の防衛を受け持つことで達成されることになったのであり、満洲の確保を目標としてきた環境の中で、石原が領有論に拘ったことは理解されなかったのである。

石原は満洲における「対米民族戦線」としての民族協和を日本政府に認めさせるために、四月二二日に小畑敏四郎参謀本部第三部長宛に書簡を送っている。この書簡にあるのが、満洲国で政治的効果があがらなかった場合には「断乎トシテ満蒙ヲ我領土トシ総督府ヲ置ク」の一文だが、その後の五月に小畑が渡満

し、石原との会談で日本が満洲国を正式に承認することを約した。そして石原は八月の定期人事で帰国することになる。石原は陸軍兵器本廠付きとなって東京に戻るが、その後の満洲経営はまったく石原の計画したようには進まなかった。

4　石原莞爾研究と信仰問題

①ナポレオン研究に見る分析と戦略

これまでに、石原の満洲領有が国防上の必要性からよりも、対米戦に勝利する構想を推進することが優先されたために主張されたものであり、また対米戦略が世代的な課題として認識されていたことを考察したが、それは信仰問題や情勢判断からだけでなく、石原が「最終戦争論」を思索する過程において研究していた軍事史研究からも判断できる。

漢口時代から持久戦争を研究した石原はその後のドイツ留学において、フリードリヒ大王とナポレオンの戦史を先例に持論を追究した。陸大時代においても、石原の研究の重点は持久戦争を勝ち抜いたフリードリヒ大王と、持久戦争を決戦戦争に転換して覇を唱えたナポレオンの戦略・戦術であり、ドイツ留学時もジュネーブにおいても古書店を回ってはナポレオン関係の書籍や絵画を集めてコレクションしていた。それらは山形県の酒田市市立図書館に現存しているが、「戦争史大観の序説」では「フランス革命を動機とする持久・決戦両戦争の変転を研究するための、即ち稀代の名将フリードリヒ大王とナポレオンに関する軍事研究の資料は、日本では私の手許に最も良く集まっている結果となった」と述べられている。

石原は、短期決戦たる決戦戦争の指揮の見本としてナポレオンを第一に挙げ、戦史研究の好材料とした。領土の切取り次第に外征軍が自給し、戦争の継続による新たな土地の獲得で次の戦争を養うという「戦争給養法」もナポレオンから構想を得ていたが、なかでも石原が特に精力を注いだのは対英戦争で、決戦戦争の代表格であるナポレオンの戦争方法も英国に対しては持久戦争に終始したと述べ、この対英戦争を持久戦争から決戦戦争への転換を象徴する恰好の戦史とした。石原の思索では、持久戦争と決戦戦争という戦争の二つの性質は、単にその都度における戦争の性格によって決定されるのではなく時代的な規定を受ける。そのため、持久戦争時代には持久戦争が、決戦戦争時代には決戦戦争が行われるのであるが、その時代は法則的に交互に繰り返され（二性質交互作用）、螺旋状に進化を遂げながら最終戦争時代へと進んでいく。従って、石原の言うところのナポレオンが成した転換とは、持久戦争時代から決戦戦争時代への転換を指してのものである。

石原によれば、対英戦争の目的は英国植民地の奪取・英国本土に対する軍事的侵入・経済封鎖であった。そしてエジプトを奪取して英国に衝撃を与え、同時にフランスの国民精神を昂揚して、その勢いによって英国に侵入しようとしたと分析した。その分析の根拠として、

「当時ナポレオンは申すまでもなく統領でもありません〔中略〕人気のあつた大将に過ぎない。さう思ひ通りなことも出来ませんから、情勢によつてはエヂプトや印度までも勢力に入れて自分の名誉心を満足さすと共に英国を屈服させる非常に大きな原因にしようといふやうな気持ちを持つてい征つたのではないか、と私は想像します*19」

と、後の一九三九（昭和一四）年時においても述べている。

石原は対英戦争に関して、当時のナポレオンが将軍に過ぎなかったためにフランス本国において英国を攻める合意形成がなせず、第一段階としてのエジプトを奪取して国民精神を昂揚させることから始めなければならなかったと説明したが、この見解は、ナポレオンのエジプト以前の遠征目的までもがあたかも英国攻略のみにあって、それまでの各戦役が英国侵略の準備要素に過ぎないというような評価に基づいている。

また石原は、対英大陸封鎖について、ナポレオンが封鎖を徹底しなかった事と、反ナポレオン政策を執る政府との間に乖離が発生した事とが原因して敗戦に追い込まれたが、実際には大陸封鎖が英国に効果を現していたのであり、封鎖を引き続き敢行していれば英国は屈服したと主張した。

ナポレオンのエジプト遠征の目的は確かにイギリスの最重要植民地としてのインドを攻略するための基地を創出することにあった。しかし、遠征自体はフランス政府が行うアイルランド侵攻と同時に行うことでイギリス海軍を分断することを主旨としたものであり、またナポレオンが若年であることを理由にフランス本国では総裁になり得ず、外征をし続けねばならなかったために東方を目指していたという背景を負っている。さらにエジプト遠征は、実際には制海権を奪われたナポレオンがエジプトに閉じ込められる事態に陥ったあげくに、部隊を残留させたままフランス本国に一人帰還することになった遠征だったのであり、軍事作戦としての成功を見なかった事例である。しかし、石原はこれを対英封鎖の前提として高く評価した。そしてこれが石原の対米戦争のシナリオと酷似していることに気付かされるのである。

「全ヨーロッパに対し対英大陸封鎖令を宣布しました。ナポレオンは即ち『陸を以て海を制せん』とフランスの支配下にあるヨーロッパ諸国の港湾を、英国の通商に対して悉く封鎖した〔中略〕

…若し本当にこのヨーロッパ大陸のいはゆる経済一体化を図って英国に対抗し得る状況に置いたならば非常に合理的な戦争ができた…[20]」

石原の評価では、ナポレオンは大陸資源を利用して英国に対抗するのに成功していたことになっている。石原はナポレオンにとってのイギリスをアメリカに見立て、ヨーロッパ大陸を満洲に見立てて、持久戦争を展開した後に対米決戦に転換する自身の構想と、各遠征を経たナポレオンの対英戦争時の状況とが似ていると主張しているわけである。特に大陸の「経済一体化」を図るとする説明は、満洲を軍需工業基地化する構想との同一視に他ならない。対米戦を目標にしていた石原は、ナポレオンの対英戦争を手本とする持久戦争を満洲で展開し、遠征の如き持久戦争を以って戦争を養い、最終的にはアメリカとの決戦戦争に転換させるつもりであった。

以上のように、ナポレオンの大陸遠征を英国戦略の前哨であると見做している点からも、石原にとっての満洲占領の目的が国防や領有そのものではなく対米戦争での勝利にあったことを看取できる。

②信仰問題―満洲と国防の関係―

これまで石原の信仰は、深く検討されないまま容認されてきた。本書の見地からは、石原に対する評価において、つくられたイメージから王道楽土の理念にのみ着目されたり、それとは正反対に侵略の責任が訴追されるなどの極端な評価の偏りや、明確な変節があるにも拘わらずそれが不問に付されたりしてきた問題の原因は、信仰問題を棚上げしてきたことにこそある。しかし、日蓮主義への入信過程を検証して見れば、対米戦争という目的なくして、石原が国柱会を選択したり、まして「不動の目標」を得ることにはならないことが解かる。

石原の特異な点は、伝統的に対ソ戦略しかもたなかった陸軍にありながら、太平洋上が主戦場となる対米戦争において、満洲を戦争遂行基地にすることで、陸軍が対米戦での勝利に決定的に貢献し得ると考えた点にある。石原は確かに智学の「撰時抄」による世界戦争の話から「ヒント」を得たのであろうが（第三章3／註43）、日蓮主義の世界終末戦争のシナリオを借用する必要があったのは戦争構想の結論がアメリカとの決戦だったからであり、石原には陸軍と占領後の満洲を対米戦争体制の構築に向けるだけの理由や説得的な説明が必要だったためである。

また、国柱会が対米問題に取り組む時期は一九二四年以降のことであることが確認される*21。従って、智学が対米問題に取り組むのは石原が入会して四年後のことであり、教義の「予言」と日米問題を同一視するのは、やはり石原の独断であったことが解かるのである。

智学には国家の政策論理に接近する必要があり、陸軍においても国体論が隆盛した時期に同調的に国体論を展開していたことは先に検証したが、石原の入会から約半年後に智学が国体論の研究の必要を「宣言」した一九二〇年は、田中義一陸相が「良兵良民」政策によって国民の国家主義的な精神教育を重視していた時期であり、また国柱会が対米問題に取り組む一九二四年とは、関東大震災と虎の門事件によって思想的な危機が社会問題化したタイミングである。それぞれは、本書の述べる『偕行社記事』で国体論が隆盛する第二期目と、三期目に当たるが（59頁参照）、特に一九二四年についてはアメリカで成立した「排日移民法」の報道が国内の反米熱に火をつけた社会状況があった。

このような石原の信仰問題が解明されないまま残存し続けたのは、評伝はもちろんのこと、人物研究においても石原の信仰に疑いの目が向けられたことなどなかったからであろう。それは何よりも石原自身が国体問題によって日蓮主義に入信したことを語っているからである。しかし、それが語られた「戦争史大観の序説」が執筆されたのは一九四〇（昭和一五）年のことで、その頃の石原と言えば、日蓮信仰を放棄しかけた「第二の変節」を余儀なくされて（信仰上における変節については第九章２に後述）、最終戦争構想がほとんど破綻した時期なのであり、そのような時に信仰の動機など語りようがないはずである。

では、何故石原が信仰の動機を国体問題に帰したのかといえば、なるほど昭和一五年からふり返れば、国柱会の第一の特徴は国体論であったろう。それは「八紘一宇」に対する全国的な認知度からも容易に知られる。しかしながら、これも既に検証したように、石原の入会時には国体論はその特性とは言い難かったのである。また昭和一五年当時は東亜連盟運動が継続されていたため、石原の周囲には信奉者や石原を慕う者が多かった。そのような中で、対米戦を行うつもりで信仰を選択したなどということをどうして話すことができるのだろうか。従って、石原自身の証言でもあった、国体問題を動機とした信仰というのは、変節を覆い隠し、東亜連盟運動の辻褄を合わせるカバーストーリーなのである。

横山臣平は、「石原は有名な日蓮信者で、田中智学に師事してその教義を究め、真の安心を得たのであるが、既成のいわゆる日蓮宗を嫌っていた*22」と述べ、さらに中央幼年学校時代の同期生である飯沼守によれば、「石原は中央幼年校の時から、田中智学氏の法華経の研究に凝り」その教書を読んだということになっている*23。また横山は、石原は中央幼年学校在学中に既に日蓮の気魄や立正安国論による国難の予言などに感動して熱心に日蓮を研究していたと言っている*24。これに従えば、石原は幼年学校時より智学を知っていたことになるが、その場合には石原が何故「大正八年以来、日蓮聖人の信者である」と

して、それ以前より智学を知っていたことを語らなかったのかが問題となる。横山はまた、

「石原は少年時代から神仏に対する信仰心厚く、幼年校時代既に日蓮を信仰し、韓国守備の新任少尉時代には、筧博士の古神道大義を精読して敬神尊皇の志を養い、更に心の糧をイスラム教とキリスト教に求めて大いに悟るところあり、若松の中尉時代、日蓮上人に帰依し、その後田中智学師の教義を聴くに及んで、真の安心を得、又国体観に関し確信を得るに至った…その後漢口に赴任大正八年に、国柱会の信行員となったのである。*25」〔「大正八年」は九年の誤りである - 筆者〕

としている。しかし、『古神道大義』の件や、智学の教えによって「真の安心を得」たと表現している点から、石原の日蓮信仰に対する説明が「戦争史大観の序説」を基にしていることは間違いないであろう。さらに実際にも横山の同著では、右の話題に続けて「戦争史大観の序説」が引用される。こうした問題から横山証言によって石原の信仰を判断し得るかについては大いに疑問の余地がある。

石原が対米戦の勝利を至上目的としたのは、日露提携による対外政策を模索していた陸軍が、ロシア革命によって完全な方針転換を迫られたことに起因している。中国をめぐる対米関係の悪化を背景にしながら、陸軍では思想戦にも勝ち抜くための課題と、米国との戦争が想定された場合の陸軍の役割を打ち出すことが既に求められていた。そして石原は独自に対米戦に勝ち得る方策を研究したのである。その結果、満洲領有による勝利の方法を得たが、ワシントン体制下では既に対米戦が不可能であるとの認識が広くもたれていた。その意味で、「最終戦争論」は軍部が諦めつつあった対米戦に、もう一度可能性を求める思索であった。そのため、石原は依然として対ソ中心に国防を考えていた陸軍の内部において満洲を「領有する」価値を訴えることから始めなければならなかった。満洲の価値については、

「その伝統の政策にかんがみまして、もし満州にソ連が進出し、赤化の策源となりましたならば、満州の治安の確立をえざるのみならず日本自体がその国防をまっとうしえず支那また国防上重大なる関頭に立つものといわざるをえません*26」

石原はあたかも陸軍の伝統的対ソ戦略から脱することなく、満洲の獲得に陸軍の本分が存在するかのような論拠を挙げながら、共産思想と対峙する姿勢を打ち出しているわけである。石原が自らの計画を伝統政策に位置づけながら、満洲領有を国防問題として語るのは、資源や戦費の問題から不可能と思われた対米戦への合意形成の必要からであり、戦費についても大陸資源の活用で見通しを立てて見せる必要があったからである。そして、思想戦の支柱であった日蓮主義の教義（天皇の正統性こそが君主に相応しい徳性であり、だからこそ日本が世界の盟主となるとした予言）が満洲独立によって価値を失くした後は、民族協和という「対米多民族統一戦線」を掲げた。

対米戦という目的がなければ、そもそも日蓮主義信仰を選択し得ないという前提が確認されていなければ、こうした石原の思索の足跡を読み取ることはできず、またそれこそが従来の研究で石原の変節や言動の矛盾が説明されなかった理由である。例えば、マーク・ピーティー氏は、「最終戦争論」におけるシナリオは歴史的根拠が貧弱で、前提が疑わしいと評価していたが、それは石原が信仰や歴史観の結果に対米戦を必然視したのではなく、対米戦争体制の構築を説得する手段として日蓮主義や軍事史研究を活用したためであった。

註

1　横山、前掲、一九〇～一九一頁。
2　「満蒙問題解決策案」前掲『石原莞爾資料Ⅱ』、八五頁。
3　横山、前掲、一九三頁参照。
4　「時局処理方策」（十月八日）稲葉正夫ほか編『太平洋戦争への道　別巻　資料編』（朝日新聞社、一九六三年）、一三五～一三六頁参照。中央では満洲の「新政権」樹立には「絶対ニ表面的関与ヲ避ケ」るとされ、その後の解決策も新政権と交渉して行う方針であった。
5　前掲『昭和天皇の軍事思想と戦略』、六一～六二頁参照。
6　「情勢判断に関する意見」前掲『石原莞爾資料Ⅱ』、七四頁参照。
7　「国運回転の根本国策たる満蒙問題解決案」、同前、四〇頁。
8　同前、四〇頁。
9　「対支謀略に関する意見」、同前、七五頁。
10　「満蒙問題解決案（石原註記）」、同前、八五頁。
11　「為小畑少将」、同前、九七頁。
12　「国防政治論」『石原莞爾全集』第二巻。（石原莞爾全集刊行会、一九七六年）、一四頁。
13　前掲「満蒙問題私見」、七九頁。
14　「満蒙〔経略〕に関する私見」、同前、一〇八頁。
15　「満洲建国前夜の心境」、同前、九〇～九二頁参照。
16　「関東軍満蒙領有計画」、前掲『石原莞爾資料Ⅱ』、四五頁参照。
17　「為磯谷大佐」、前掲『石原莞爾資料Ⅱ』、一〇一頁。

18 松沢哲成「満州事変と『民族協和』運動」『国際政治』第四三号、九九頁。
19 「ナポレオンの対英戦争について」、前掲『石原莞爾資料Ⅱ』、三一三頁。
20 同前、三一八〜三一九頁。
21 大谷栄一、前掲、三三〇〜三三一頁参照。同書は智学と日生の活動から国民国家化と国体観の定着過程を捉えた研究であるが、石原については対象になっていない。
22 横山、前掲、六四頁。
23 横山、前掲、七三頁参照。
24 横山、前掲、三四一頁。
25 横山、前掲、九三頁。
26 日本国際政治学会編『太平洋戦争』第一巻。(朝日新聞社、一九六三年)、四一四〜四一五頁。

補論2
石原莞爾の「発心」についての推論

先に、ドイツ留学に向かう過程で石原が「発心」したことを述べたが、それが何を示していたのか、ここでは原因となった『日蓮聖人伝十講』から推測したい。

石原が感動して「発心」し、何かを強く決意した同著の第二講の内容は、同時代の日蓮批判への論駁に大半を割く、極めて一般向けの著書である。第二講は八〇頁と内容も多くなく、一読すれば日蓮信仰を既に二年半以上続けていた石原が、わざわざ発心しなければならないような内容は見当たらず、その可能性は二カ所に限定できると考える。この他の箇所は特に同著の特徴としても挙げられず、他の日蓮教学の書籍と比較して突出しているわけでもないためである。

その一つは、「宏遠な抱負を、子供の内から養わさねばならぬ〔中略〕印度支那になってしまはねばならぬだらう」＊1とあり、日蓮が一二歳で日本国と日本民族について大願を抱いたことを称えている箇所で、これに「発心」したのだとした場合には、幼年学校時代より自発的に軍事を志して勉強に励んだ石原が、日蓮と自己を照し合せて励みとした可能性が考え得る。

もう一つは、「法華経行者は、自分の就いて居る業務、地位に近いもろもろの悪弊を革め、其の事柄に当然あるべきさまざまの美処善処を発揚し実行して、新しい社会を造るべく、自らの人格を完成して行くべきもの」*2という箇所である。また次頁では、日蓮は「最初起こした大疑惑を解決することにのみ孜々汲々」としていて、信者もそのような態度であるべきとしている。

日蓮主義には時に応じて実行することを善行とする教えがあり、石原が同書を読んだ時期の「立正ノ春」において、国柱会内閣が構想されたのも「日蓮主義の実効期」として当時が捉えられたからであった。文中の「最初起こした大疑惑」を石原に当てはめてみれば、石原の日蓮信仰は対米戦を前提としたものであったから、山川の著書がその初発心を貫けと励ましたことになる。即ち、石原が就いている軍人業務に関して、悪弊を改善しつつ陸軍を改造し、新しい社会を創造するために信仰が必要だということになるのであり、この内容は、南部譲吉の談話にあった「陸軍を改正してみせる、ドイツにでも何でも勝ってみせる」（第一章2）と述べた石原の初願とも関連づけられよう。

石原が国柱会入会時に智学に尋ねた最後の質問を確認することはできない。しかし、入会を決定させた質問とは、国柱会が「アメリカとの戦争を肯定するか」というような対米戦についての質問ではなかっただろうか。それは石原が、自身の対米戦構想に「国柱会は賛同するか」との意味でもある。そして智学は、戦争という手段が、折伏による善行になり得ることを応えたであろう。智学にも国家・軍部との接点と、侵略（折伏）による海外への伝教に利点があった。そうであればこそ、石原が慣例を破り、「一躍信行員になった」ことも理解できるものである。

註

１　山川智応『日蓮聖人伝十講』(新潮社、一九二一年)、一一四頁。

２　同前、一五一頁。

第八章
＊参謀本部改革と「国防国策」

陸軍内部での合意形成がなせないまま満州事変に踏み切った石原は、結局のところ、他の将校らとの目的の共有がなかったことが問題となって、満洲の武力占領を達成しながらも領有構想を実現させることができなかった。しかし、参謀本部に戻った石原は、満州事変前のように他の将校に合意を求めねばならないだけの立場ではなく、今度は自身が参謀本部での計画や方針を主導していく立場に就く。

想定外であった満洲国の建国によって覚束なくなった戦争計画を再構築するために、石原は参謀本部を改革する。特に第一部長に就任してからの参謀本部は、「石原イズムの最も高潮した時期」を迎えることになるが＊1、それは失いかけた対米戦体制を改めて構築し、満洲の軍需工業基地化を果たすための新たな計画の始動であった。

1　満州事変後の人事

満州事変による軍事的成功の立役者として、「石原の戦争だ」とまで言わしめた石原は、人事異動によって満洲を離れて東京に戻ることになったが、他にも本庄繁司令官は軍事参議官に、三宅光治は参謀総長から陸軍省運輸部長に、土肥原賢二は歩兵連隊旅団長に、片倉衷は第十二師団参謀に転出しており、満洲国顧問に就いた板垣征四郎を除けば、満洲事変の参謀たちは満洲から立ち退いた格好になっている。この人事には、陸相に就任した荒木貞夫の影響があったと言われる。直接的には眞崎甚三郎によるものとも言われるが、一説では協和会への懸念がその原因であったとされている。

何れにしても、石原は一九三二年八月に大佐に進級して帰国することになった。大佐進級は同期の中でのトップであった。そして帰国した石原は、まもなく開かれるジュネーブの国際連盟総会臨時会議に随員として出席することになる。石原のジュネーブ行きは、代表の松岡洋右が陸軍への配慮を示して、陸軍の意向を重視するとのアピールから補佐役としての同行を陸軍側に依頼したためで、山下奉文軍事課長が松岡の監視を兼ねて石原と土橋勇逸中佐を随員に推したのである*2。

石原と土橋は外務省事務嘱託として派遣を命ぜられ、一〇月に日本を出発する。欧州へはソ連領を通過する経路で向かった。ソ連ではウォロシロフ国防相が満洲事変を起こした石原大佐に面会を申し込んだが*3、石原は国防相には会わずに、参謀総長への面会を求めた。ソ連のエゴロフ参謀総長は石原との会談の最後に「日ソ不可侵条約」の締結を申し入れてきたという*4。ソ連は「五ヵ年計画」の過程であったため、日本との衝突を望んでおらず、相互条約を望んだのである。石原は、ウラジオストックの発展のための沿海州開発において、日本人・朝鮮人の労働力を受け容れるべきであることを具申したという。

ジュネーブに到着したのは一一月半ばで、石原は当初から連盟の意向など無視する気でいたが、結局連盟総会には一度も参加しなかった。これは、石原には具体的な随員としての仕事は何一つ与えられていなかったことも示しているのだが、当の石原は、松岡に毎日のように会って話を聞かされ、「実につまらな」かったともらしている＊5。総会においては、松岡が日本をキリストに擬えて、日本が十字架にかけられようとしているとする「十字架上の日本」演説を行う一幕もあったが、キリスト教諸国の心象を益々悪化させただけであった。休会を経た翌年の二月一四日、連盟の小委員会はリットン報告書の採択と満洲国の不承認を全会一致で可決した。この小委員会での決定が理事会でも承認され、総会本会議で採択されると、松岡が脱退を表明するのである。三月二七日、連盟に脱退通告が送られて、日本国内でも周知された。

この間に、中国では関東軍が張学良軍の支配下にあった熱河省に対して軍事行動を起こしていた。一九三三年一月一一日には、武藤信義関東軍司令官が「熱河平定作戦」を決定し、二月四日の閑院宮載仁親王参謀総長からの上奏に対し、昭和天皇は長城線を超えないことを条件として裁可した。二月一八日、満洲国政府が対熱河総司令部を設置して、熱河討伐の声明を出し、二二日には熱河省の中国軍に関東軍から撤退要求が出された。これに対して中国軍は要求を拒絶したため、二三日に関東軍・満洲国軍による熱河進攻作戦が開始された。関東軍は三月一日の満洲国建国一周年記念日を総攻撃の日と定め、翌日に熱河省の省都である承徳を占領した。作戦は順調に推移して長城の関を全て制圧し、三月二四日には熱河入城を果たした。

四月以降には長城線をも越えて華北地帯を第二の満洲国とするために南下していった。昭和天皇は長城線を越えない範囲を条件として軍事行動を許可するとしていたため、関東軍の作戦行動に憤慨したが、中国側からの停戦申し入れによって事態が収拾されると、結局はこれを追認することになる＊6。五月末に天津郊外の塘沽において停戦協定が結ばれ、長城以南を非武装地帯にすることが決定し、この「塘沽停戦協定」によって満洲と中国本土が分離されることになった。後に石原はこの熱河作戦について、

「塘沽協定によって、日支全面戦争に至らず局地解決に導き得たことは一応の成功であった。しかし、さらに外交交渉をすすめて、蔣介石をして排日停止、共同防共、満州国承認、少なくとも黙認まで約させるべきであった。満州事変の終末指導をいいかげんにしたことは、将来、支那事変にまで進展させた一つの素因であった」

と述べている。

ジュネーブから帰国した後、石原は一九三三年六月に参謀本部第一課の今田新太郎少佐（元張学良の補佐役）から陸海総合の国防意見書を求められて「軍事上ヨリ見タル皇国ノ国策竝国防計画要綱」を執筆した。同稿の中では、満洲を「日支親善亜細亜団結ノ基礎」とし、「アングロサクソントノ決勝戦」が行われることを前提にして、東亜連盟の完成が必要であることが主張される。この中では、「迅速巧妙ニ支那本部ヲ我支配下ニ入レ日支満三国」に自給経済を確立して持久戦争を展開するとしており、石原が目標にしているものは従来の持論から変わりがなかったが、着目すべきは「戦争ノ動機」が「東亜聯盟ノ成立ヲ妨害スル敵国ノ出現ニアリ而シテ其敵カ米蘇英タルトヲ問ハス」として、将来の対米戦勃発の根拠として東亜連盟を挙げていることである。つまり、長らく説明できずにいた対米戦の根拠について、一時は「予言」を失ったことでさらに問題化したが、新たに用意された東亜連盟がその役割を担うようになっているのである。

また石原は、今田の要請に応えて、陸海軍協同による攻略作戦や、敵主力艦隊との決戦を想定して「皇

都カ敵空襲ニ曝露スルコト」があっても堪えるべきことを説いた「海洋方面ノ作戦」も執筆している。この石原の海軍についての言及には佐藤鉄太郎の影響があったとされ、「とくに佐藤の主張する国防理論が多く加味されていたことは事実*7」であるとされている。

この後の八月の異動により、石原は仙台の歩兵第四連隊長に就任した。第四連隊は石原の古巣であるばかりでなく、満州事変時の実行部隊である第二師団に所属する連隊であり、この年の一月に満洲駐箚から帰還したばかりであった。師団長には多門二郎の後任として、東久邇宮稔彦王が赴任したが、中央幼年学校時代には石原の一級上で、同じ中隊に所属したこともある東久邇宮が石原を連隊長として引き受けての異動であった。東久邇宮は石原を評価していたようで、両者の交流は戦後に至るまで続くことになる。

この間の陸軍中央では、先述の如く荒木が犬養毅内閣の陸相に就任し、次官に柳川、軍務局長に山岡、軍事課長には山下を任命して皇道派人事で固めていた。参謀総長は閑院宮であったが、実質的に参謀本部を指揮したのは次長の真崎であった。つまりは宇垣系を一掃して荒木系が掌握するための体制である。

翌三二年五月の五・一五事件後の人事では林銑十郎も教育総監に就いて、一夕会が目標とした三将軍は実質的に三長官を占めることになった。しかし、荒木は確固とした政策構想をもっていたわけではなく、国内改革を指導するような力量を発揮することがなかった。斎藤実内閣が成立してからも荒木は陸相に留任したが、一九三三年一〇月の「五相会議」では、斉藤首相と高橋是清蔵相の求める財政・外交政策優先の意見に抑えられ、荒木は陸軍の主張を貫徹することができなかった。即ち、対ソ強硬路線としての軍備増強の計画は成立せず、陸軍は財政・外交の主導権を握るに至らなかったのである。これが陸軍将校らを失望させたことから、部内では荒木に見切りをつける雰囲気が顕在化した。一夕会は「反宇垣」の運動においては結束し得たが、それがなされた後には、そもそもの目指すべき構想の相違から、統制派と皇道派と呼ばれることになる派閥分裂を起こすのである。

陸軍内部の対立は、戦時自給体制をめぐる構想の対立が原因となっていた。大戦後に日本の経済力が乏しいことに対する自己認識をもった陸軍では、経済力の弱さに対する認識の故に、長期戦略体制を目指すべき志向と、短期決戦を尖鋭化すべき志向とを別々に、しかも対立的に生み出した。田中義一・宇垣一成の「主流派」は長期戦略を必要として、政治経済に対する陸軍の影響力を拡大させることを企図し、これに対立する上原勇作・田中國重ら「非主流派」あるいは「九州閥」は少数精鋭の短期決戦思想を育もうとした。それぞれの立場は、人事問題を伴って大正中期以降の国防方針や軍縮に影響を与えている*8。

この二つの流れは「統制派」・「皇道派」のそれぞれに対立的に引き継がれた面があり、宇垣やその下の小磯国昭の下で総力戦体制の計画を担っていた永田鉄山は、武力戦だけでなく、経済戦・思想戦での勝利も必要になるとの考えから、国力を総体的に統制し得る体制づくりを目指していた。しかし、皇道派では対ソ作戦が最重要視されたことから、極東ソ連軍が充実する前に先制して叩くべきと主張された。この構想対立は、永田と小畑敏四郎の対立に結びつき、一九三二〜三三年頃に表面化した。永田は中国資源なしに対ソ戦を行うことは不可能であるとして、対ソ戦を将来に先延ばしにしようとしたのだが、対ソ強硬論をとった小畑はこれに真っ向から反対したのである。参謀本部内部で激しく争った両者は、一九三三年八月の人事でそれぞれ旅団長に転出させられることになる。

一方、皇道派の代表であった荒木も斎藤実内閣に陸相として留任してはいたものの、その後は体調を崩して翌年の一九三四年一月に辞任することとになった。後任陸相の選定は、かつての主流派であった宇垣系の後継者である南次郎らと、眞崎甚三郎らとの対立の結果、中立的な立場にあると思われた林銑十郎が選ばれた。そして、林は軍務局長に永田を抜擢する。永田と対立した小畑は陸軍大学校の幹部となり、中央への復帰はできなかった。

このように、陸軍部内に起きた対立問題の調整としての意味を多分に含んだ一九三四年三月の人事によって軍務局長に就任した永田は、荒木を擁立する皇道派の排除に乗り出す。永田が排除の対象にしたのは、青年将校らが望む革新運動に理解を示す将校らであったため、これが後に永田が軍務局長に就いてからは青年将校に合法的な運動すら許されなくなったと言われる所以である。

永田の対満政策は、外務省や海軍との意思統一のうえで進めることを方針とし、民間による日中の経済提携の促進を目指すものであった。四月には満洲・華北へ視察団を派遣し、中国の状況が安定してきたことを確認して、中国問題に対しては暫く静観する方針となる。永田が自身の戦時統制経済の構想を明確に打ち出したのは、一〇月に発表した「国防の本義と其強化の提唱」（「陸軍パンフレット」）においてであったが、これが事実上、永田ら「統制派」の綱領を表わしていた。将来の戦争に備えて経済・産業における統制按配を訴え、国民の国防意識を求める同パンフレットは、陸軍省新聞班によって大々的に報じられたが、世論には陸軍の政治的干渉・専横であるとの批判が表れ、皇道派からの攻撃対象にもなった。永田と皇道派の対立は深まる一方であった。

こうした対立の深まる一九三五年に、徳富蘇峰が皇道派の満井佐吉を伴って石原を訪ねている。蘇峰は石原に対して、中央に出て軍部内の青年将校を統制し、対立を解消して欲しいと依頼したが、石原は蘇峰の依頼が軍閥に与せよとの依頼であるとして拒絶した*9。

その後、石原は一九三五年八月一日の異動によって仙台の連隊長から参謀本部作戦課長に就任した。また参謀本部に着任した八月一二日の当日に「相沢事件」（永田鉄山斬殺事件）があったことはよく知られるところである。相沢三郎は仙台出身の白河藩士族の子で、幼年学校では石原の一期下の後輩であった*10（永田殺害の動機は、眞崎甚三郎大将が教育総監を更迭されたことを恨んでの凶行であった）。石原は永田の死亡に対して「何だ、殺されたじゃないか」と言い放ったという*11。対米戦体制の構築を目指す石原にとって、国内での派閥対立は陸軍の根本的な問題にならず、冷ややかな目で見ていたようである。

2 二・二六事件

石原の着任時、参謀本部には対ソ兵備についての準備も計画も全くなく、北満が放擲されている状態に見えた*12。「帝国陸軍作戦計画」（作戦課が秘蔵している機密文書）からは、極東ソ連軍が強大になっているのに比して、在満日本軍がその三割程度の戦力すら保有しておらず、比較にならない状態であることが明確であった*13。ソ連は一九三三年から「第二次五カ年計画」を進めて、極東の軍事力を強化するとともにシベリア鉄道の複線化に着手して、大型爆撃機も保有するようになり、対日間の国境紛争に対応する大規模なトーチカの建設などもしていたのである。

一方、日本国内でも、総力戦体制構築の観点から一九二六（大正一五）年段階で、人的・物的資源の統制運用を統轄する「資源局」が内閣に設置され、永田を中心に国家総動員業務が遂行されてはいたが、それは対米戦構想の観点からは到底十分足り得るものではなかった。

つまり、石原にとって一つの誤算であったのは、自身が内地で連隊長を務めている間に極東ソ連軍が大きく増強されると、もはや日本の在満兵力では対抗し難いほどに差がひらいていたことであった。これに対する石原の対策は、航空戦力を主とする軍備の近代化と、本国からの増援に頼らずに済むだけの兵力を朝鮮・満洲に常備することであった。具体的には極東ソ連軍と同等か、あるいはそれ以上の兵力を生み出すことであるが、そうなればその軍隊を維持するだけの食料の他に、武器弾薬も必要となる。石原は満洲を軍需生産基地として稼動させることでその計画を達成できるとして、鉄鋼の年間生産量を二千五百万トンとする重工業化を含んだ計画を立てた。ところが、当時は日本の経済力を総合的に判断できるような組織がなく、その研究調査さえも行える状態ではなかった。

一九三三年秋、石原は満鉄経済調査会の経済学者・宮崎正義と会談し、「日満財政経済研究会」（通称「宮崎機関」）を設立させた。総裁は松岡洋右に依頼して就任させ、参謀本部と満鉄から資金援助を受けることになった*14。宮崎はこの「日満財政経済研究会」で、生産力拡充計画の実現するための「五カ年計画」を立案する。

また、石原は杉山元参謀次長から意見を求められたのに対し、九月に「昭和維新」を提出して、ソ連の極東侵攻を防ぐために北満に一大兵力を移駐させ、空軍力と機械化を充実させて、東亜連盟の結成による生産力拡充が重要であることを述べた。極東ソ連軍が増強されたため、満洲および朝鮮の兵力が劣勢となっていたのに加えて、ソ連はシベリア鉄道の改築によって輸送力も向上させており、この段階では対ソ計画は成立しない状況となっていた。

こうして、石原が長期的な戦略に裏付けられた体制を計画していた一九三六（昭和一一）年の二月二六日払暁、在京部隊の将兵約一五〇〇名が首相官邸をはじめ、陸軍省・参謀本部を占拠する「二・二六事件」が起こる。石原が事件を知ったのは、朝の七時頃内閣調査局で調査官をしていた鈴木貞一からの電話によってであった。石原は、第一・第三連隊長に電話を入れ、連隊旗を奉じて三宅坂に行けば兵は連隊旗に必ず集まり引き揚げさせられると指示を出した。弟の六郎の証言では、いつも出がけにおどけて家族を笑わせてから出勤する石原が、この日は緊張したまま家を出たという。

事件の首謀者である磯部浅一の指示で、反乱軍は斬殺対象者のリストを作っていたが、石原は林銑十郎・渡辺錠太郎・武藤章・根元博・片倉衷とともに対象者に入っていた。石原が参謀本部に出勤する際に、安藤輝三大尉と兵士らに止められたのを、石原が「陛下の軍隊を私するとは何ごとか」・「卑怯者」など恫喝して堂々と通過したエピソードが有名であるが、そうして参謀本部に入った後、部課長会議において鎮圧の方針が決定されるのである。

二七日の午後三時に戒厳令が布かれると、石原は同じ作戦課の岡本清福・公平匡武らと兼任で軍人会館に設置された戒厳司令部の参謀に任命される。司令官には香椎浩平中将が就いた。石原は、討伐のために四師団の他、重砲・戦車・飛行機まで出動させた。飛行機からは勧告のビラを散布した他、電話による勧告も行った。二九日には香椎がラジオ放送によって兵士たちに投降を促し、広告気球を使った勧告もなされた。反乱将校らは相談の結果、兵を部隊に帰して投降する。将校らは逮捕され首謀者は銃殺刑に処せられた。

一方、この間の満洲では東亜連盟運動を担う「協和会」が、陸軍の公認組織となっていた。満洲において民族協和を実現させることを目的に結成されて以来、協和会は満洲国内での唯一の合法組織となり、一九三六年には国家機関として公認されることになる。一九三三年二月、関東軍の南次郎軍司令官は、従来の満洲国政府に対する内面指導を改めて、協和会を満洲国の国家機関化する方針を明らかにした。東亜連盟が満洲国協和会の声明として発表されたのは、三月九日のことであった。この年の六月に、石原が仙台で連隊長に就いている頃、陸軍中央部が正式に東亜連盟を採用している。七月には辻正信・花谷正らを中心に協和会の綱領・機構改正が行われ、翌八月には満洲国の宗主権が天皇にあり、関東軍司令官が皇帝の後見人であることを表明する「満洲国ノ根本理念ト協和会ノ本質」が内示された。石原は東京の協和会支局委員会において、満洲国を傀儡化させようとしている同案に反対したが、現地では協和会関係者に極秘裏に公布され、関東軍による内面指導は引き続き残存していくことになる。

3　戦争指導課の設置

石原は、二・二六事件後に行われた人事体制を背景に参謀本部の改革を実施することになる。陸軍省では、寺内寿一大将が陸相となったが、中央勤務の経験がなかった寺内の下では、次官の梅津美治郎と、その下で軍務局長となった町尻量基大佐が二・二六事件後の粛正人事を実質的に担当していた。この人事によって石原を信任する西尾寿造中将が参謀次長に、桑木崇明少将が第一部長に就いたが、西尾寿造は参謀本部業務を石原に任せるところが大きく（参謀総長は閑院宮載仁親王）、石原の参謀本部改革と国防計画の体制づくりはこうした環境を前提に行われている。これはまた、相沢事件により永田が死去した上で、皇道派も粛清された結果として、石原主導の改革が行い得る環境となったことを表わしている。

石原は、一九三六年三月一二日に対ソ国防の確立・満洲経営の促進・粛軍を方針とした「時局対策」を起草して省部に配布し、さらに参謀本部における従来の作戦が国力を無視して策定されているとして、作戦課の上位に戦争計画の総体を策定する課を新設して、東亜連盟による生産力拡充を企図した「昭和維新」の達成を目指すのである。この方策に基づいて六月五日には編制改正を行い、戦争指導と情勢判断を主務とする「戦争指導課」を新設して参謀第一部第二課とし、自らがその課長になった。戦争指導課には、国際情勢に対する情勢判断も含めて各部課の国策に関する業務を集中させ、参謀本部業務の中核として位置づけた。

他に、総務部の第一課で担当されていた編成・動員と、第一部第二課で担当されていた作戦を総合して計画立案できるように、第三課が作戦・編制・動員を統轄することとし、従来の第三課が担当した防衛は第一部に新設された第四課が担った。総務部第一課は編制動員を行わなくなった代わりに演習を担当する演習課となる。また、参謀第二部においては第五課（ロシア課）を新設して、対ソ作戦の準備計画を充実させる措置をとっている。即ち、同改正によって参謀本部は、

総務部：庶務課・第一課（演習課）
第一部：第二課（戦争指導課）・第三課（作戦課）・第四課（防衛）
第二部：第五課（ロシア課）・第六課（欧米課）・第七課（支那課）
第三部：第八課（運輸）・第九課（通信）
第四部：第一〇課（戦史）・第一一課（戦略戦術課）

の体制となった（従来の体制は以下の註に示す*15）。

従来、外国の情報を収集・調査する情勢判断は、参謀本部第二部によって担われた。第二部は一九〇八（明治四一）年一二月に設置されて以来、欧米課（第四課）と支那課（第五課）の二課によって構成され、支那課は「支那通」たちの輩出拠点となった。石原の改革によるロシア課の設置はソ連担当部門として欧米課から分離独立させたものである。

参謀本部における一連の改革は、閑院宮総長・西尾次長・桑木第一部長らの支持を得て進められたものであったが、第二部はそれまで担当した情勢判断の業務を戦争指導課に奪われる形となっていたため、第二部からは改革への反対意見が出ていた。これが後の日中戦争時に石原の不拡大方針に反対する禍根となったと言われている。戦争指導課の部員は石原によって集められ、国防に関係する産業拡充計画を担当した。戦争指導課では、長期にわたる戦争を産業・財政・交通通信とともに総合的に計画することを目的とした。

「戦争指導」という用語自体が石原によってつくられたものであったが、石原が作戦中心で国力の総合的な見地がないと批判した参謀本部の問題点とは、具体的に言えば、当時の陸海軍の戦争遂行能力と、中国の抵抗能力、そこに介入し得るソ連と米英の軍事力および政治力、さらにそのソ米英の介入に対して独伊の力がどれほど対抗力となるのか（独伊がどの程度までソ米英に均衡する勢力となり得るか）、などを総合的に判断する作戦計画が立案されていないことであった。つまり、戦術的な作戦だけでなく、国際情勢の観察の上で経済力や生産力も計画できねばならず、それが戦争指導であるということである。こうした石原の改革は、省部を横断する体制づくりとして実施されており、それは宮崎機関の「五カ年計画」を担う主体を創出するためであったが、石原が参謀本部の中枢業務を担当するようになったことから、国防方針や戦争計画に直接的に関与することとなったのと同時に、統帥機関の一員として海軍軍令部との折衝も石原が行わねばならなくなったことも背景となっている。

石原は国防方針の改定にも着手して、短期決戦による作戦と兵力のみ策定していたそれまでの「大正十二年国防方針」（同方針は上原勇作らの主導により「短期決戦思想」を基礎に策定されたもの）を改めようとした。対米戦を想定する石原の観点からは長期戦略が必要であり、対ソ計画では開戦劈頭の一撃が可能なだけの兵力を大陸に駐屯させた後に、北支・南洋の経済・文化の発展を期し、中国および南方に国策を展開する作戦を立案する。石原は海軍軍令部の福留繁作戦課長と協力して、この対ソ戦略を陸海軍の統一的な国策となる「国防国策大綱」として策定し、参謀総長の決裁を経た後に海軍側との交渉に臨んだ。

しかし、海軍は北守南進論を基礎に英・米・蘭を対象とした南方作戦の立案を計画していた。軍令部は一九三六年一月の時点で国防方針の改定を提案しており、一九三六年末から失効する海軍条約に備えて対米軍備の推進を求めたことから、国防方針よりも国防国策を優先しようとする石原案に反対するのである*16。石原は、所用兵力や用兵綱領を定める国防方針において南方に仮想敵を策定することになれば、海軍が南進を強行する恐れがあるとして国防方針の改定が先決されることに反対し、現在の日本は一刻も早く満洲支配を固めるべきで、他に戦力を割くような余裕はないのであって、米ソの他に仮想敵国を増やすようなことはすべきではないと、福留を通して海軍側に訴えた。しかし、西尾参謀総長と島田繁太郎軍令部次長との折衝では、結局仮想敵国の順位を決定するに至らず、この後は海軍が独自の国策要綱を成立させて、南方作戦の準備を進めていく。国防方針の改定については、軍令部の主張に基づき、米ソを主敵とする短期決戦計画の方針が制定された。国防方針は六月に天皇の裁可を受けるが、南北併進を方針にした陸海軍の折衷案的なこの国防方針の成立は、石原が東亜連盟を基礎に構想していた持久戦争計画が否定されたことを意味するものであった。

参謀本部の戦争指導課長となった石原は、この段階で初めて自身が海軍との意見対立を調整せねばならない立場に立っていたのである。そして、その意見調整に失敗した石原は、国防方針に見切りをつけ、陸軍独自の国防国策として宮崎機関の「日満産業五カ年計画」を進めていく。

石原は六月三〇日、日本が東亜の指導者に位置づくべく英・米・ソに対抗する航空戦力を中心とした兵力を増強し、持久戦争に臨むべきことを要領とした「国防国策大綱」を提出して陸相・参謀総長の了承を得た。八月には石原の提案により、省部の課長以下（町尻量基軍事課長・石本寅三軍務課長・佐藤賢了内政班長）が集まり国防方針についての会合を行った。三月の粛正人事で着任したばかりのメンバーである。これによって先ず「五カ年計画」の推進が課長クラスにおいて確認された。

一一月には、石原の構想に基づいて軍事課が作成した「軍備充実計画の大綱」が策定された。昭和一七年度までに平時兵力二七個師団と一四〇個飛行中隊として整備し、その内の一三個師団を朝鮮・満洲に常駐させ、戦時兵力として四一個師団と一四二個飛行中隊を整備して、四連隊で構成される師団を三連隊制とし、火力装備を強化する計画が決定した。石原の構想する対ソ戦備計画が陸軍において方針化されたのである。そして、この基礎となるのが「五カ年計画」であった。

宮崎機関は、一九三六年六月に「第一次日満産業五カ年計画」を作成し、石原はこれを池田成彬ら財界人に提示して説明を行い、概ねその支持を得た。この計画案では、翌三七年以降の五年間の見込み歳入・歳出を設定し、その中から軍事費を策定するとともに、計画を推進するための強力な指導体制を築くとして、行政政府の抜本的改正、軍事力強化のための予算の確保および陸海軍間での予算調整、軍事産業の拡充と輸出産業化などを目指した。また、空襲被害に備えるために、軍需工業を地方に分散して育成する案も説かれている。石原は、ソ連が達成したのと同様にこの五ヵ年計画を二期にわけて一〇年間をかけ、それが達成されるまでは対ソ作戦の遂行は避けるべきで、兵力の損耗はできないと考え、向こう一〇年間は不戦でいくべきとしたが、こうした計画を達成するためには、官民双方が軍事経済体制の必要を認めた上での一致協力が前提となる。そのため、石原は軽井沢の近衛文麿を訪ねてこの案に意見を求めると、それを受けた近衛は結城豊太郎興銀総裁に研究を依頼した。

この後の一九三七年一月に林銑十郎内閣が成立すると、石原の計画に賛同した林首相が結城を蔵相に任命し、閣外でも池田が日銀総裁に就任した。アメリカが金本位制から離脱して徐々に景気を回復しつつあった問題などを背景として、宮崎機関の経済力拡充案には財界の支持が集まりつつあったのである。

また、この間の一九三六年一〇月から翌年五月の間に行われた昭和天皇に対する御進講では、石原が作成した御進講案が採用されていた。御進講は毎月一回陸海軍の参謀次長・軍令部次長がそれぞれ行っていたが、西尾参謀次長の教案は石原が作成し、持論の決戦戦争・持久戦争を内容として、石原自身も西尾の補助官として御進講に侍立した。石原は御進講について、

「天皇が正しい軍事能力を有しておられないで、万一戦争が起った場合、軍閥どもに統帥権を握られて何をされても、おわかりにないような事になったら、それこそ一大事である*17」

と述べたが、この背景には陸軍独自の国防国策を進めようとする石原の構想があったのであり、政府との合意を形成しつつある過程において行われた御進講は、石原にとっては、将来天皇に戦争計画を上奏する

際の事前準備としての意味があったであろう。

4 「五カ年計画」の可能性と意義

石原が国内での参謀本部改革を進めていた頃、満蒙では特務機関によって「内蒙古工作」が実施されていた。ソ連が外蒙古に設置していた情報機関が内蒙古に対する諜報活動をはじめていたことから、関東軍も内蒙古に情報機関を設置したのである（徳化特務機関／機関長は田中隆吉）。一九三六年に関東軍は内蒙古に自治委員会を設置したが、陸軍中央はこの工作がソ連と国民政府の双方を刺激しかねず、満洲国そのものの存在も危うくし兼ねないと懸念して、工作中止を勧告していた。石原も満洲経営重視の観点からこの工作の必要性を認めず、一一月には新京を訪れて板垣参謀長以下の参謀らに中止を要請した。石原の言いつけに対して、武藤章関東軍第二課長が「あなたのされた行動を見習い、その通りを内蒙で、実行しているものです」と批難すると、石原は武藤に言葉を返すことができなかった。

帰国の際には、蒋介石と付き合いの深い北京大学の教授・鮑明鈐と会談した。石原は鮑に対して東亜連盟の理念と計画を訴えたところ、日中の国交調整に期待できると踏んだ鮑がその席で蒋介石に電話を入れた*18。蒋介石の返答は、石原の意見に「全面的に賛成」とのことで、石原はこれによって、蒋介石に満洲国成立を承認させる代わりに、日本が冀東地域を返還すれば、国民政府との関係は調整できると考えた。

しかしこの後の満洲では、関東軍が第二の満洲国としての蒙古独立政権樹立を企図して軍事行動を起こし中国側に撃退されるという「綏遠事件」が発生し、また一二月には蒋介石が張学良らに拘束される西安事件が起きた。中国情勢は全く不透明となったが、一九三七年一月には関東軍司令部で「満州産業開発五ヵ年計画要綱」が決定し、満洲の軍需産業拡充計画が成立した。それと同時に、石原は国内において宇垣一成の組閣阻止運動を展開することになるのだが、それはこの満洲での計画を達成するための行政改革案があったからで、石原は構想を実現し得る内閣の成立を望んだためである。

同一月に広田弘毅内閣が陸軍の圧力で倒壊すると、石原は参謀本部の班長ら中佐・少佐級の将校を集めて、「宇垣軍縮」や「三月事件」時の宇垣の嫌疑について説明し、幕僚らの間に「反宇垣」論を醸成した。宇垣排斥は参謀本部と軍務局を中心に形成されていき、陸相を得る見込みの立たない宇垣もその気運に配慮する形で大命を辞した*19。そして大命は一月二九日に林銑十郎に下ったのである。こうして、石原の計画を推進するはずの林内閣は、国防五ヵ年計画と対中関係改善を方針として成立した。しかし林内閣の創出は、その過程で梅津美治郎・東條英機らの一派との対立を生みだすことにもなった。

石原と梅津は宇垣内閣を流産させる時点では協力関係にあったのだが、林内閣の陸相選定において石原らが板垣を推すと、それが梅津との対立の契機となり、以後は対立が構造化していくことになる。陸相には中村孝太郎が選出され、石原は林内閣と絶縁することになる。また、軍備拡充計画の石原構想を陸軍省で担っていた町尻と、参謀本部の富永恭次第三課長が、参謀本部から大蔵省への予算案を出すと、これを大蔵省に呑ませることを困難と見た陸軍は大蔵省に妥協して予算を削減してしまう。この措置をとったのが次官の梅津であった。富永が梅津に反発すると、富永・町尻の両名は人事異動によって左遷されるのである。

石原は一九三七年三月の定期人事で第一部作戦部長に就き、少将に進級した。第二課長の後任には河辺虎四郎大佐をあてているが、西尾参謀次長も石原構想の賛同者であったため、河辺の人事は第二課における石原構想継続を意味している。さらに河辺と同期で親交のあった柴山兼四郎が軍務課長に就いていたため、両者の連携によって構想が実施されることに期待できた。

林内閣は、予算案と法案を通過させると同時に議会を解散させ、その後の五月末には早くも総辞職することになるのだが、その間に石原は宮崎機関の研究成果を基に、日本と満洲における主要産業の拡充を図る「五カ年計画」案を陸軍省に提案し、五月に「重要産業五カ年計画要綱」が陸軍省に移管されることになった。これによって国家統制経済の方針が政府計画として確立したわけである。さらに、大蔵省と商工省が作成した案を基礎に、この計画を統括する部局としての「企画庁」が設置された。

林内閣の総辞職の後に成立した第一次近衛文麿内閣は構想を引き継いで、組閣直後の六月一五日の閣議決定において計画が採用となり、五カ年計画案は「重要産業計画要綱」となった。この中では、産業規模を二倍から三倍に拡大し、飛行機生産を一〇倍に膨らませるなど重工業化への転換が企図された。これが達成されれば、内地に先駆けて軍需産業を成長させられ、満洲において生産される軍需品によって持久戦争を展開できる目途がたった。即ち、国防方針の策定において海軍との意見調整に失敗した石原は、計画の挽回を図り、陸軍独自の国防国策としての「五カ年計画」を政府方針にすることで、内地や海軍の協力なしに対ソ持久戦略である「国防国策大綱」を実現できる計画を進めようとしていたのである。

これは、満洲国建国時より現れた「最終戦争」構想における対米戦勃発の可能性の問題、つまり満洲が独立したために「予言」の対象外となり、対米戦争体制構築の根拠を喪失した問題の完全解決を見込める計画であった。一九三三年六月時点で今田新太郎の依頼によって執筆した「軍事上ヨリ見タル皇国ノ国策並国防計画要綱」（本章1）でも、東亜連盟を「戦争ノ動機」として、対米戦が勃発することを説明したが（なにより石原はそのために東亜連盟を認めたが）、その時点では具体的な戦争計画を伴っていたわけではなかった。それが、「五カ年計画」の国策化により解決の具体性が見えたのである。しかし、この最後の望みたる方策も日中戦争の勃発により頓挫することになる。

註

1 木戸日記研究会・日本近代史研究会編「西浦進氏談話速記録（上）」（一九六九年）、参照。
2 前掲『現代史資料（11）』、八八一頁参照。
3 横山、前掲、二二七頁参照。
4 石原、「滿洲事變の思ひ出」『東亜連盟』一九四二年九月号、一〇～一二頁参照。
5 鳥海、前掲、三五六頁参照。
6 前掲『昭和天皇の軍事思想と戦略』、六二～七一頁参照。
7 横山、前掲、一一二頁。
8 陸軍内部の両派の対立と影響については、前掲『近代日本の陸軍と国民統制 - 山縣有朋の人脈と宇垣一成』を参照のこと。
9 高木清寿『石原莞爾』（錦文書院、一九五四年）、九五～九七頁参照。
10 石原は事件の公判において、特別弁護人になることを相沢本人から依頼された。しかし、西田税らの介入によって石原が弁護人となることは取り消されてしまった。相沢事件は軍閥の相克の中で起こされた事件で、公判の背景には所謂「統制派」による粛清の意味があった（横山、二五三～二五四頁参照、または伊東六十次郎「ナショナリストの回想記」東亜連盟同志会編『日本ナショナリズム　東亜連盟編』（全貌社、一九九五年）、一二〇頁所収参照〕。

11 片倉衷『片倉参謀の証言叛乱と鎮圧』（芙蓉書房、一九八一年）、五一頁。

12 「日満財政経済調査会」前掲『石原莞爾資料』、一三九頁参照。

13 極東ソ連軍には飛行機九五〇機および狙撃師団数一四があったのに対し、日本軍は飛行機二二〇機および五個師団であった。〔『大本営陸軍部』〈1〉防衛庁防衛研究所戦史室（朝雲新聞社、一九六七年）、四〇〇頁参照。〕

14 前掲「日満財政経済調査会」、参照。

15 総務部 - 庶務課・第一課（編制動員）／第一部 - 第二課（作戦兵站）・第三課（防衛）／第二部 - 第四課（欧米）・第五課（支那）／第三部 - 第六課（運輸）・第七課（通信）／第四部 - 第八課（演習課）・第九課（内国戦史）・第一〇課（外国戦史）。

16 福留繁『海軍生活四十年』、参照。

17 横山、二八二頁。

18 高木、前掲、一二五～一二七頁参照。

19 田中新一「石原莞爾の世界観」『文藝春秋』一九六五年二月号、二〇二～二〇三頁参照。

第九章

＊構想の破綻と変節

石原莞爾がこれまでに多くの関心を惹き付けながらも、未だに定かな人物評価がなされないのはその変節に因る。前章に述べた通りに、「第一の変節」となる満洲国建国時の変節においては、満洲経営を対米戦争の準備に向ける理由をなくしてしまったことが原因となっていたが、その問題は国防国策の策定によって解決しつつあった。石原は宇垣内閣の成立を阻止してまで「五カ年計画」を推進し得る内閣の登場を望み、またそれは林銑十郎内閣の成立によって財界との抱合が可能性を見せたことで期待通りに推移し、続く近衛内閣においても実現しつつあった。しかし、わずかな期間の内に「五カ年計画」は破綻の危機を迎えることになる。

本章では、計画が頓挫する過程と、構想の破綻にともなって「第二」・「第三」の変節が起こることを検証する。

1 盧溝橋事件と近衛文麿内閣

一九三七（昭和一二）年七月七日、一発の銃弾をきっかけとする盧溝橋事件に端を発し、日中戦争が開始された。

石原は「五カ年計画」の観点から終始不拡大を主張し、南京政府との早期和解を求めた。参謀本部において石原の不拡大方針に同調したのは河辺虎四郎と、河辺の同期で軍務課長に就いていた柴山兼四郎だけであった。盧溝橋事件の報に際して、柴山が「困ったことになった」と言ったのに対して、武藤章は河辺への電話で「愉快なことが起こったね」と対照的に述べたが、参謀本部では戦線拡大が方針化されていった。石原は七月一一日に近衛のもとを訪れ、その日の緊急閣議で陸軍が提出することになっている動員案を否決して欲しいと依願し、近衛も了承したが、閣議では陸軍の動員案が容れられることになる。そして石原は不拡大方針を望みながらも、自ら派兵を行うことになる。

後年石原はこの時の動員を認めた理由について、現地では既に戦闘行為があったことと、派兵しても現地到着までには数週間かかることから、国内での動員を一先ずは行ったと説明している*1。しかし、この後も派兵はなし崩し的に実施されていくことになるのである。

当初の石原による動員は、動員を進めつつも中国側との戦いを局地戦闘に留めて解決しようとしたものであった。これに対して、拡大派は日本の領域拡大の好機と捉えた点に相違がある。この拡大派の中心にいたのが梅津と武藤であった。武藤が第三課長に就いていたのは、先の定期人事で石原が富永の後任に据えたもので、石原にとっては武藤と同期の田中新一軍事課長との連携を期待しての後任人事であったが、田中も石原の不拡大方針を否定した。また先述の通り、石原の参謀本部改革によって権限を縮小されたかつての第二部に所属した者たちも石原の方針には反対したのである。

一方、盧溝橋事件の現場にいた支那駐屯軍は、当初は中国側の発砲についての謝罪を要求するに留める意向であった。ところが、所管外であるはずの関東軍が積極的に介入し、植田謙吉司令官・東條英機参謀長・今村均参謀副長らが中央に対して武力発動の決断を求めたのである。さらに小磯国昭朝鮮軍司令官も攻略を意見具申した。

近衛内閣が動員を決定したのは七月二七日で、翌日には支那駐屯軍が戦闘を開始した。不拡大方針は完全に破られ、その後に続く増派によって戦線が拡大されると、「五カ年計画」は全く前途を遮られることになった。生産力拡充のために充当し得る資源は圧迫され、計画の主体であるはずの企画院も、臨時的な物資需給計画である「物資動員計画」を立案していくのである。日中戦争の全面戦争化は、石原の「国防国策」の構想を支えるための唯一の見通しである「五カ年計画」の妨げであり、しかも閣内外での支持を集めて政府方針化する目途がたったところであったにも拘わらず、動員を認めたことで石原自らが全面戦争化を許してしまった。

石原が戦争拡大に対して手をこまねいていたのには、昭和天皇の意向への配慮があったものと思われる。当時、昭和天皇はカンチャーズ島事件*2を背景に、強大化したソ連軍の進攻を懸念して、盧溝橋事件の早期収拾を強く希望していた。そのため、八月一三日の「第二次上海事変」によって上海にも戦火が及んでからは、「重点ニ兵ヲ集メ大打撃ヲ加ヘ」た後に和平を求めようとの考えの下に、大兵力の集中投下による決戦を求めた*3。

『昭和天皇独白録』では、近衛は不拡大方針を表明していたが、昭和天皇自身は「上海に飛び火した以上拡大防止は困難と思つた」として、

「当時、上海の我陸軍兵力は甚だ手薄であつた。ソ聯を怖れて兵力を上海に割くことを嫌つてゐたのだ。湯浅〔倉平〕内大臣から聞いた所に依ると、石原は当初陸軍が上海に二ヶ師団しか出さぬのは政府が止めたからだと云つた相だが、その実石原が止めて居たのだ相だ。二ヶ師団の兵力では上海は悲惨な目に遭ふと思つたので、私は盛に兵力の増加を督促したが、石原はやはりソ聯を怖れて満足な兵力を送らぬ。＊4」

と石原との齟齬があったことを明確に語っている。右では、昭和天皇が兵力増強を督促したとまで述べられているが、石原が抵抗を示しつつも、天皇に強く反対するような様子がなかったように見られる。即ち、石原は天皇の意向によって戦線を継続的に拡大することを決定づけられてしまっているのであり、それが「五カ年計画」を破綻させる結果を招くことを解かっていながらも、拡大を強引に阻止するようなことはできなかったのであろう。石原が派兵を認めた理由を説明した「応答録」(218頁／註1)では、既述の通り、現地では既に戦闘行為があったことと、現地到着までには数週間かかることから一旦は動員を認めたとして、石原なりの理由があったことを述べていたが、この「応答録」とは一九三九年の秋に参謀本部において竹田宮恒徳王に対して説明したものであり、行うべきでなかった戦争拡大の原因を昭和天皇に帰すようなことは言い得なかったのである。

その一方、国民党による革命が進んだ中国では国内統一がなされつつあり、満州事変時のように分裂割拠の脆弱性を残したままではなかった。現地が独走して拡大した満州事変に対して、日中戦争は中央が現

地を焚きつけたことで戦争へと拡大された性格がある。またそれは、石原が軍事的成功としてもたらした満州事変の影響によって、武力で一撃すれば中国が屈服するという「一撃論」が陸軍の支配的な中国観になったまま、更新されることがなかったことも大きな要因となっていた。

そして石原は、部内の拡大派によって、一九三七年九月二八日に関東軍参謀副長に転任となり、中央から追放される。石原なき後の参謀本部では、武藤の指導によって戦争指導課が指導班に格下げとなり、第二課がかつての作戦担当課に戻された。石原構想を進めるための部局は解体されて、参謀本部は元の作戦中心の組織に戻されてしまったのである。参謀本部に石原体制が敷かれていたのは、わずか一年四カ月の短い間だけだった。

関東軍参謀副長への転任が決まった石原は、一九三七年一〇月七日に上野を出発して満洲に向かった。石原は、それまでに朝鮮北部の寒村である羅津を開発して、新潟と貿易ルートを結ぶことで、内地と満洲の貿易中継基地とする経済圏形成を構想していた。これは、日本海をちょうど瀬戸内海のように日本と大陸の間の内海になぞらえ、北満の石炭や大豆を内地に輸送することで、裏日本とされていた日本海側の各都市を発展させる「日本海内海化構想」である。関東軍参謀時代には羅津の港湾建設計画を立案して、対ソ作戦の兵站基地とする構想を立てており、裏日本を工業地帯とする計画であった。

石原は羅津経由で満洲に向かい、大連以上に発達させたいと期待をかけていた羅津に赴いた。ところが、満鉄が主導する羅津の都市計画においては、全くと言っていいほど開発が進んでいなかった。石原は、着任後すぐに満鉄総裁の松岡に会いに行き、「ひどいぢゃありませんか、大連集中主義を固持して羅津をあんな有様にして置くとは」と不満をぶつけた。松岡は、「君からあんなことを言はれるとは思はなかった。

吾輩は羅津の発展に最大の力を用ひてゐるのだ」と言い返したという*5。約五年ぶりとなる満洲自体も、石原の望んだ五族協和・王道楽土とはかけ離れた状態で、関東軍の満洲国に対する内面指導は相変わらず継続されており、日系官僚が支配的であった。

満洲では、満洲人の高官が徒歩で通勤するのに、日系官吏は下級吏員に至るまで目と鼻の先に行くにも車に乗っていることや、日系官吏が現地の中国人や朝鮮人を蔑み威張っている様子が見てとれた。石原は、「満洲国に従事するのであれば、他の民族と一緒になってやらねばならない」、「満洲開拓においても、新たに移り住んだ日本人が自ら開墾すべきで、土地を奪い取るようなことはしてならない」、「満洲国は独立国。それを関東軍は泥棒した」など関東軍と日系官僚らを批判した*6。そしてまたそれは東亜連盟の理念にかける石原の情熱として受けとめられるのである。

また、満洲赴任は東條英機関東軍参謀長との対立を深める結果になった。石原は協和会を満洲国の国策の協議機関にするつもりで、それが王道主義の基盤となると考えたが、自らの構想実現のために満洲国や協和会から極力日本人に手を引かせようとする石原の意見は、関東軍の内面指導を指揮する東條には受け容れられることはなく、また石原はそうした東條を平然と罵倒した。上官であってもはっきりと意見具申や批判をするのが石原のパーソナリティであり、それは同士や部下には頼もしい存在であったとしても、上官を面前で罵るような行為自体は、軍隊の規律を重視する立場からは認めようのないものであった。

その間にも国内では、近衛内閣が大陸の日本人及び現地駐留軍を保護・支援する方針から、派兵を認めて戦争化を促進させていた。蒋介石が徹底抗戦を決意していたのに対し、近衛は戦争拡大に躊躇していたが、国内では参謀本部による「対支一撃論」や通州事件*7の報道から硬化した対中世論を背景に華北総攻撃が容認されたのである。近衛内閣は「南京政府の反省を促す」との声明を発する一方で、駐華独大使トラウトマンを仲介役に華北や上海に非武装地帯を創出しようとする和平工作も行った。これを企図したのは石原で、参謀本部第二部の馬奈木敬信中佐を仲介としてトラウトマンとの連絡には成功した。石原の転出後に武藤によって格下げされた戦争指導班は、石原なき後も参謀本部内の数少ない不拡大派として存在し、石原の満洲構想を継承しており、一一月二一日には「対支中央政権方策」として蔣介石との講和を図ることを方針に、蔣介石の「面子ヲ保持シテ媾和ニ移行スル」方策を立てた＊8。即ち、国民政府の首都である南京を陥落させることで蔣介石の面子を潰してしまう前に講和を図ろうとの方策である。またトラウトマン工作を成功させた上で、御前会議によって天皇から不拡大を表明してもらおうと、参謀次長に新任された多田駿中将にも協力を要請した＊9。多田が仙台陸幼の出身で板垣とも知己の間柄であったことや、戦争指導班の堀場一雄による工作もあり、一九三八年一月一一日に御前会議が開催されることとなった。不拡大派は御前会議によって一挙に講和を実現させることに期待したが、しかし一二月一三日の段階で日本軍が南京を占領していたことから、多田次長と戦争指導班による参謀本部の早期和平論は閣僚の間でも批判的に捉えられ、トラウトマン和平工作は打ち切りの方向に進められることになった。さらに政府はこの南京陥落を背景として、一月一六日には国民政府との関係拒絶を表明する「近衛声明」を発表する。不拡大派は、前日の一五日に行われた大本営政府連絡会議によってトラウトマン和平工作の打ち切りが明らかとなっていたので、その夜のうちに閑院宮参謀総長に参内してもらい、翌日の近衛の参内より前に天皇から講和の裁可を得てしまおうとしたが、昭和天皇は予定外の閑院宮の割り込み上奏を拒否して面会しなかった。そして翌日に「近衛声明」が出されたのである。

帝国政府は爾後国民政府を対手とせず、帝国と真に提携するに足る新興支那政権の成立発展を期待し、是と両国国交を調整して更生新支那の建設に協力すると述べた近衛の声明は、国民政府から除名処分を受けて蒋介石と敵対していた汪兆銘を味方に引き入れる工作に依拠していた。日本軍との徹底抗戦を主張した蒋介石に対して、和平を主張していた汪は重慶を脱出し、新政府の樹立が図られていくことになるが、南京陥落を背景とした楽観論によって出された近衛声明は、自ら国民政府との交渉窓口を絶ってしまったわけである。こうして、東亜連盟の理念を通じた蒋介石との和平や、石原の最後の計画とも言える「五カ年計画」を破壊した「第二次上海事変」以降の派兵と戦争拡大は、昭和天皇によって決定づけられてしまった。このことは、戦後の石原が「天皇と心中しようと思わない」と、批判めいて語ったことの原因ではなかったかと思われる。

この後の国内では、四月に国力の全てを軍需へ注ぎ込める法律の「国家総動員法」が成立し、平時における「統制経済」体制が構築されて、軍需物資が増産されていく。民需は最低限まで切り詰められていくが、これは日中戦争の激化により軍の需要を平時の経済状態のままで満たすことが出来なくなったためであった。時局収集ができないことを理解した近衛は、先の「対手とせず」声明を撤回する「第二次近衛声明」（反共主義による「東亜新秩序」声明）を出さざるを得なくなり、蒋介石政権との関係改善に着手する。また、そのために近衛内閣は閣僚を入れ替える内閣改造の必要があったが、近衛が蒋介石との和平路線への切り替えに期待して陸相に選定したのは板垣征四郎であった。板垣が陸相となれば、次官には石原の可能性が大きい。そもそも近衛が板垣を選定したのは、日中戦争の不拡大方針をとった石原を評価していたからである。

ところが、板垣の就任が決まると、すぐさま梅津次官の後任として東條が関東軍参謀長から次官に就けられた。これは拡大派の影響によって杉山元と梅津が近衛内閣における石原の次官就任を阻止するために行ったと言われている。関東軍参謀長には東條の同期生である磯谷廉介中将が就いた。板垣は、この後近衛内閣・平沼騏一郎内閣の陸相を務め、汪兆銘工作をはじめとする和平工作を進めていくのだが、近衛内閣において期待された汪兆銘との和平工作は失敗に終わる。

満洲においては、石原は満洲国の指導役を協和会にまったく譲り、関東軍の干渉を排除すべき意見であったが、東條の後任である磯谷廉介にはその理解を得られず、内面指導の改善は進まなかった。そして本国においても、板垣の望む日中戦争の早期解決は、東條次官との間での合意には至らないことから進展しなかったのである。すると、石原は植田軍司令官に予備役願いを提出し、正式に受理される前に勝手に帰国してしまう。陸軍部内では東條らによって石原の無断帰国に対する処分が求められ、これに対して秩父宮雍仁親王をはじめ、本庄、多田、板垣が石原の引退を引き留めた。植田は、まずは持病の治療に専念するようにと石原を諭し、帰国した八月から入院させ、その後に板垣が舞鶴要塞司令官に転出させる人事異動を強行した。石原は東大病院で病気療養のための入院生活を送った後、一二月五日に舞鶴要塞司令官に補せられた。

2　構想の破綻と「第二の変節」

日中戦争によって国防国策による構想が破綻した石原は失意のうちに満洲を去った。するとその後、信仰の対象であった「予言」の解釈に重大な変更を迫る「第二の変節」を起こすことになる。

それまでの石原は宗教において最も大事なものは予言であり、その中でも日蓮の予言が特に精密なものであるとした上で、「撰時抄」における歴史区分について説明していた*10。「撰時抄」では釈迦の登場を起点に歴史が区分され、釈迦登場以降の二五〇〇年間を五〇〇年ずつの五つの時代に区切って、五つそれぞれの時代に対する予言がなされる。その中で「闘諍堅固」と称される五期目の五〇〇年間〔釈迦登場から二〇〇〇年／末法時代最初の五〇〇年間〕には特に「五五百歳」という別称があり、この時代に「一天四海回帰妙法」*11による世界統一が達成されることになっている。「観心本尊抄」において四菩薩が現世救済のために現れるのも、この「第五の五〇〇年間」であり、石原の手帳の抜粋もこれを示している〔本書62〜64頁参照〕。また、国柱会は「戒壇建立」が実現して世界統一が達成されるこの時期を「百年から三百年後」の未来としていた。

ところが、石原は満洲独立後から頻りに戒壇設立の達成時期を独自に計算し、全くの独断によってそれが近いことを訴えた。石原は国柱会の見解を知りながらも、それを無視して「二一〜三〇年の内」に世界が統一されるという切迫した捉え方をするのである*12。そして遂には国柱会から受け入れられなくなる「末法二重説」を提唱する。

「戦争史大観の序説」では以下のようになっている〔〔 〕は筆者〕。

「昭和十三年十二月、舞鶴要塞司令官に転任。〔中略〕中学校の教科書程度のものを読んでいる中に突如、一大電撃を食らった。〔中略〕東洋史を読んで知り得たことは、日蓮聖人が〔中略〕実は末法以前の像法に生まれたことが〔中略〕正確らしい。私はこれを知ったとき、真に生まれて余り経験のない大衝撃を受けた。この年代の疑問に対する他の日蓮信者の解釈を見ても、どうも腑に落ちない。そこで私は日蓮聖人を〔中略〕信仰することは断然止むべきだと考えたのである。〔中略〕私は、〔仏国土到来の時に〕本化上行〔菩薩〕が二度出現せらるべき中の僧としての出現が、教法上のことであり観念のことであり、賢王としての出現は現実の問題であり、仏の末法の五百年を神通力を以て二種に使い分けられたとの見解に到達した。日蓮教学の先輩方の御意見はどうもこれを肯定しないらしいが、〔中略〕世界の統一は仏滅後二千五百年までに完成するものとの推論に達した。そうすると軍事上の判断と甚だ近い結論となるのである。*13」

「撰時抄」の予言では、摂受をもって流布を行うべき時代には上行菩薩という仏が僧侶の姿で現れ、折伏を行うべき時代には、賢い王の姿で現れて愚かな王を誡めるとして、上行菩薩が現世に二度目の出現をした時に世界統一が達成される。そこでは一度目の出現が僧侶の姿で現れると予言されていることから、日蓮はそれが自身であるとして教義を広めた。二度目の菩薩出現は王の姿とされたため、近代の信者らにはそれが将来の天皇であることが期待されたわけであるが、石原が「末法二重説」で主張しているのは、上行菩薩は末法時代になってから登場することになっているため、その生まれ変わりであるはずの日蓮が実際には像法時代の生まれであるならば、予言には解釈の変更が必要だとする主張で、末法生まれでなかった日蓮は上行菩薩の生まれ変わりではあり得ず、現世救済の上行菩薩が出現するのは賢王としての登場一度きりであるとした。

この「末法二重説」では、石原自身が「精密」であるとして評価していたはずの日蓮の予言を変更してしまい、しかも石原は日蓮信仰を止めるべきであると結論している。本来の予言の解釈によるのであれば、日蓮が像法生まれであるならば、日蓮以降の時代に僧の姿をした本物の上行菩薩の出現を待たねばならず、世界統一の「大闘諍」は一層先延ばしにされねばならないが、一度目の上行菩薩の出現を省いてしまい、戦争の予定を縮めている点に石原の独断がある。

予備役編入願と前後して出される石原の「末法二重説」は、予言よりもむしろ自身の「軍事上の判断」を優先し、軍事史研究の成果に照らし合わせて逆算した結果である。即ち、予言が戦争計画を担保しない場合には石原は日蓮を信仰しないのであり、石原にとっての信仰は来るべき戦争のための信仰であって、戦争計画なしに日蓮への帰依はない。だからこそ、予言による戦争発生の裏付けがなされないとしたら、信仰は価値を持たず「止むべきだ」となるのである。

この背景には、日中戦争による計画の頓挫と、張鼓峰事件において強大な軍備で北満を圧するようになったソ連に改めて危機認識を得たことがあった。石原が満洲に関東軍参謀副長として赴任した時には既に、「満州事変から僅かに四年、満州事変当初の東亜における日・ソの戦争力は大体平衡がとれていたのに、昭和十一年には既に日本の在満兵力はソ連の数分の一に過ぎず、殊に空軍や戦車では比較にならないことが世界の常識となりつつあった。*14」

として、軍備を整えて北満を圧するソ連との間に、甚大な兵力差がついたことを認識していた*15。これを挽回するための方策が、一〇年間の不戦状態によって在満兵力の大規模な機械化と航空戦力を強化する宮崎機関の重要産業計画であったが、日中戦争の開始によって「十年不戦」の前提条件は破られたわけである。兵員・物資の消耗は次第に増大し、資源は次々と前線へ配分されて全面戦争化したために、以後には政府予算を三倍も上回る予算がなくては計画を達成できない状態となり、「五カ年計画」は非現実的な計画となった*16。米ソとの戦争どころか、親善提携の相手にせねばならないはずの中国を相手とする持久戦争と、生産力拡充という二つの目的を同時に追求せねばならなくってしまっていたのである。そしてさらに、一九三八年七月に東満国境でのソ連側との武力衝突をきっかけとした張鼓峰事件が発生すると、ソ連軍は機械化部隊を出動させ、日本側の第一九師団は死傷者を出した。満洲国境をまたいで進出してきたソ軍に対して、重光葵駐ソ大使が停戦協定を成立させるが、ソ連軍の侵攻に対しては、不拡大を望みつつもこの時にはどうすることもできなかった石原は、重光の外交努力によって救われた格好となっていた。

こうして構想計画の頓挫が明確になると、石原は八月に「予備役願」を提出し、それが引き留められて一二月に舞鶴要塞司令官となると「末法二重説」が出されたのである。戦争計画の前提条件が崩れれば現役引退を望み、引き留められて留任する限りは戦争計画を練り直すも、日蓮信仰を放棄しかけるという「第二の変節」を起こす。もはや計画の達成は東亜連盟運動にしか見込みが立たないので、国柱会の教義は切捨てようとしても、日蓮の遺文による戦争の予言だけは保持するという「末法二重説」が誕生したのである。

それまでの石原には、田中智学との間に満洲国に対する合意があった。一九三二年一月二三日から『大日本』に連載された「国業の一部を満蒙に実行せよ」において、智学は満蒙で国家事業としての鉄道敷設・鉱山開発などの産業育成を行うことや、日本人移民の大量排出を行うべきとしており、「国体の王道を以てして、満蒙の新天地に、清浄無垢の日本精神を樹立し、翻つて日本内地の手本に」すべきであると主張しており、それは石原の構想と合致するものであった。しかし、東亜連盟と「国防国策大綱」によってその役割が担われれば、予言の他にはもはや日蓮主義には見るものはないのである。「末法二重説」の後にも、予言については「この最終戦争に結末をつけ、本門戒壇の願主たるべき御方は皇太子殿下と拝察す*17」と述べているが、石原の「予言信仰」は日蓮教義自体とは離れて保持されていくことになる。

以前の「第一の変節」において、満洲国建国が石原の変節を誘発したのは、石原が予言に依拠して「最終戦争」のシナリオを説明してきたためであり、独立した「満洲国」では対米戦争を遂行する予言の担い手にはなり得ないためであったが、しかし東亜連盟運動に可能性が認められれば戦争体制構築の問題は解消されるのであり、その時点から国柱会の重要度が相対的に低下していったので、信仰上の変節としての「第二の変節」も起きたのである。

これらの事実は石原にとっての信仰が純粋な必要性によるものではないことを示して見える。では、結果として日蓮信仰が不要であったのかと言えばそうではなく、石原は日蓮教義によって論理を与えられ、表現の手段を得たからこそ「最終戦争論」成立までの思考が支えられたのである。大江志乃夫氏は『日本の参謀本部』において、石原の「最終戦争論」を「石原自身による戦史研究の論理的帰結を日蓮信仰の宗教的確信と無媒介に結びつけたものであり、みちびきだした論理を綿密な情勢分析にそくして具体的に検証し、とるべき方針を明らかにするという手続きを欠いていた」と評価した。予言と戦史を無媒介に結び付けたという意味においてはその通りである。しかし反対に言えば、予言のシナリオを無媒介にでも結び付けないかぎり、石原には「最終戦争論」を描くことはできなかったであろう。石原が国柱会を選びとったのは、闘争としての戦争を論理化する教義に共鳴するだけの要求を抱えていたためであった。「大闘諍」の予言が何らかの期待に応え「不動の目標」を与えるためには、それを求めるそもそもの動機が石原になければならないし、そうでなければ本書に明らかにしたような入会経緯にはならない。従って、日蓮の予言が軍事研究に光明を与えたというのは、石原の憤懣をすくい上げた意味においてであったが、その憤懣が論理化されねば石原は構想の見通しを立てられなかったのである。石原にとっての信仰は、予てからの欲求を理論武装して発露する方途を示した点において有用であったことを評価できる。

3　「最終戦争」構想の放棄―「第三の変節」と敗戦―

日中戦争の拡大を止められない近衛内閣は一九三八年一一月三日に和平声明としての「東亜新秩序」を発表し、反共政策において日本・満洲・中華民国の連携を求めようとした。新秩序の理念にはアジアを欧米の影響から解き放つことが掲げられており、日中戦争の目的を「東亜永遠の安定を確保すべき新秩序の建設に在り」とする「東亜新秩序声明」には、日満支三国の提携を求めるなどの点において、東亜連盟の影響を多分に受けている。さらに一二月には第三次となる声明を発し、その中では中国国民が新秩序建設を理解することを期待するとして、善隣友好・共同防共・経済提携による「近衛三原則」を提示した。また、企画院によって「重要産業生産力拡充四年計画」がまとめられ、翌年一月には「生産力拡充計画要綱」として閣議決定されたが、この計画も、鉄鋼・石炭・軽金属などの生産量を四年計画で大幅に引き上げることを目標とした謂わば石原の「五カ年計画」の見直し案と言えた。しかし、この生産力拡充計画についても、日中戦争の長期化によって資源が直接的に軍需に動員され、さらには九月にヨーロッパで第二次世界大戦が勃発すると、軍需関連物資の国際価格が高騰したこともあり、破綻することになる。

石原は一九三九年八月の人事で中将に昇進したが、京都の第十六師団司令部に配属となり、中央へは復帰できなかった。閑職であった要塞司令官の時期は、「最終戦争論」の整理などを行って過ごしたのであったが、京都生活において力が入れられたのは、「東亜連盟」運動であった。

一九三九年一〇月に「東亜連盟協会」が設置され、王道主義による国防の共同と経済の一体化、そして日本の政治的影響から独立する東亜連盟の結成が掲げられた。このような協会の趣意は、石原の意図を反映させたものであり、石原を盟主として進めて行く東亜連盟運動の拠点が成立したことを示すが、同時に前年に近衛内閣によって発表された「東亜新秩序声明」と連動して国内世論の統一を図るものでもあった。東亜連盟協会は機関誌『東亜連盟』を創刊し、一九四五年一〇月まで刊行を続けていくことになる。

一九四〇年二月には立命館大学出版から『昭和維新論』が刊行され、三月一日の満洲建国記念日に行われた京都市堀川高等女学校での講演の内容も『満洲建国と支那事変』として出版されている。これらの中では、近い将来の満洲国が日本や関東軍の支配から独立することを前提として、日本の満洲国支配や東條への批判を露骨に展開した。協会は全国的に組織化を進めて、東北から四国・九州までの日本各地に地方事務所と支部を設置した。学生による運動も起こり、東京大学をはじめ慶応・早稲田・明治大学の学生を中心とする「東亜学生連盟」も結成された。日本・中国・満洲の道義上の紐帯を求める東亜連盟の構想は、中国においても支持を得ていた。東亜連盟運動では、「八紘一宇」が東方道義を広めるためのスローガンとして積極的に使用されたが、かつての石原にとっては満洲領有の正統性を支えるスローガンだった「八紘一宇」から大きく転換していると言わざるを得ないであろう。石原が自身の信仰の動機を国体問題として語った「戦争史大観の序説」が執筆されたのはこうした過程においてである。果たして、この状況で石原によって述べられた信仰の動機、即ち国体問題によって国柱会に入信したという説明をそのままの通りに解釈すべきであろうか。

九月に石原述の『世界最終戦論』が東亜連盟協会関西事務所編として立命館大学の出版部から刊行されると、中国でも東亜連盟中国総会の会員によって訳本が出された。一年の間に八〇もの版を重ねていることからは、爆発的な売れ行きであったことが解かる。この時期の石原は様々な場所で講演を行ったが、その中では公然と東條や梅津を批判した*18。そして、『世界最終戦論』の売れ行きや、東條に対する批判から、石原に対する著作の発禁や、陸軍からの追放の動きが出されることになる。結果的には一九四一年三月の人事によって石原は予備役に編入され、現役から退かされた。

石原が予備役になると、立命館の中川小十郎総長が新設の「国防学」の講師に招聘した。石原は立命館で半年間教鞭をとりながら、全国各地に依頼があれば講演に出かけて過ごした。石原の講演は人気を博し、各地とも盛況だった。最終戦争と東亜連盟についての講演は、聴衆から連盟協会への参加者も集めたという。しかし、石原の講師生活では当初からの予想通り、憲兵隊や特高警察による大学への圧力が激しく、自ら大学を辞することとなった。そして九月に郷里の鶴岡に転居する*19。

鶴岡では東亜連盟運動の一環として農業指導に勤しんだ。当時はまだ新しかった酵素肥料を用いるなどの「東亜連盟農法」と称する農法によって、収穫を倍増させることが謳われた。一九四二年の初頭に千葉の小湊にある誕生寺で「東亜連盟中央講習会」が開催され、石原は「国防政治論」を三日間に亘って講義した。既に太平洋戦争がはじまっており、日中戦争の解決までは対米戦は行えないというのが石原の持論であるが、詔勅の出されている開戦自体についてはもはや反対することはせず、戦争が既に行われている以上は国民が一丸となって勝利に向けて努力するよう強調するのみであった。

太平洋戦争において、当初は予想を超えた成果をあげていた東條内閣は、一九四二年五月のミッドウェー海戦を境に船舶不足の問題を抱え、一九四四年までにはマリアナを失って「東條ライン」と呼ばれた絶対国防圏を維持できなくなるが、その過程の一九四二年の暮れ頃に、鶴岡で生活していた石原を甘粕が訪ねてきた。甘粕は新京において満洲協和会の中心的指導者として活動しており、満洲映画協会の理事長でもあった。訪問の目的は石原と東條とを面会させることであり、東條が行き詰った国策に対する回天の方策を求めてのことである。軍人会館で行われたこの会見上で、石原が東條に対して「戦争は君では勝てない」、「即刻総理大臣をやめるがよろしい」など面と向かって辛辣な批判をしたことが知られているが、それもあってこれ以後も石原に対する憲兵や特高による監視が続いていく。

東條内閣は、戦局悪化にともない宮中の木戸幸一ら重臣らに打倒を目指されるようになり、宮中では戦局の好転を積極的に考えるより、むしろ戦争の責任を陸軍に追わせることの方が優先された。七月一〇日付の『近衛日記』には、近衛の実弟が明石元長男爵から聞いたこととして、石原が陸軍の本土決戦案について「本土は防衛の第一戦だ。ここが守り切れなくなったら、陛下を京城へ奉還し、京城がだめになったらさらに満州へお出を願うのだ」と話したと記されている。石原は大陸での持久戦争を天皇の下で行う構想を示したつもりであったのだろう。しかし、その八日後にはサイパンが陥落するのであり、戦争の大勢は既に決していた。

敗戦後の日本が占領下で武装を解除すると、石原はそれまでの東亜による対米戦勝利論から一転して非武装を支持する。石原にとっては対米戦の行えない軍隊に価値はなかった。石原が期待するものは、対米戦での勝利の他にはなかったからである。そして、非武装平和主義の日本が高度文明を達成するとした

「新日本の建設」による「第三の変節」が起きた。

石原の講演は戦後も続けられており、会場は相変わらず盛況であった。「敗戦は神意なり」として、誤った統治方針によって他の民族的進歩を阻害した態度を日本国民一人一人が反省し、敗戦を受け容れて真の平和国家・新国家を建設すべしと主張する石原は、「国民皆農」「農工一体」「都市解体」「簡素生活」を提唱した。国民が等しく自給可能な耕作生活を送り、基本的人権の尊重を基礎に、武力ではなく最高文化の建設を目指す「新日本の建設」である。即ち、ついには「最終戦争」構想が放棄されたのである。

終戦後に、東久邇宮稔彦王による内閣が成立して直に、石原は内閣顧問を要請された。顧問は拒否することになるが、東京に滞在することになった石原は政府の用意した第一ホテルを「アメリカ人の出入りするホテルは嫌だ」と言って拒否している*20。石原の生涯に一貫性を見出すとすれば、それは第一に右のようなアメリカへの悪感情なのであり、変節の背景を分析してみれば、動機としての対米観が明らかとなるのである。

4　石原莞爾の戦後

満州事変の後の展開は、全く当初の石原が予定したようではなかった。石原にとってはだからこそ敗戦したことになるのだが、以下では、戦後に石原自らがふり返って語っているいくつかの問題を考察する。

石原は、自分が東條に代わって戦争指導を行っていれば、日本は敗戦しなかったと述べ、太平洋戦争では、

「補給戦を確保するため、ソロモン、ビスマーク、ニューギニアの諸島を早急に放棄し、戦略資源地帯防衛に転じ、西はビルマ国境から、シンガポール、スマトラ中心の防衛線を構築し、中部は比島の線に退却、他方、本土周辺、およびサイパン、テニアン、グアムの南洋諸島をいっさい難攻不落の要塞化し、何年でも頑張りうる態勢をとるとともに、外交的には支那事変解決に努力を傾注する。

とくにサイパンの防衛には万全を期し、この拠点は断じて確保する。日本が真にサイパンの防備に万全を期していたら、米軍の侵入は防ぐことができた*21」

としている。確かにサイパン島の要塞化は必須ではあったが、果たして石原の構想通りに展開されたであろうか。

石原がワシントン体制下において対米戦を構想した時、既に国際的な経済システムに依存しながら戦争資源を確保することは困難であった。石原の最終戦争構想は、満洲に工業発展を養成できる基地を創造することであったが、しかし石原は以下の二つの見通しにおいて大きく誤っていた。一つは、対米戦争に対する合意が陸軍において形成できるとしていたこと、あるいは満洲領有を正当化する謀略さえ果たせれば、日本本国と満蒙全土を将来の対米戦に動員できると見込んでいたことであり、もう一つは、日米決戦という自身の絶対的結論から逆算して全ての問題を考察したために、日米決戦までの三〇年前後に亘る準備の間には、米国との平和な関係が約束され続けていなければ成功しないような満洲の経営計画しか起草できなかったことである。アメリカが石原の戦争体制が完成するまでそれを黙認したかということを想像するに、それは考え難いのではなかろうか。

また、石原にとって結局最大の問題となった満洲独立の経緯については、

「満州国を世間ではいろいろと悪くいうが、しかし満州誕生に際しての経緯は、一般にはよく認識されていない。

元来満州というところは、東亜諸民族混在の地で、各民族おのおの言い分があり、民族間の闘争の絶え間がなかったとことである。はげしいこの闘争と苦悶の結果、協和がなくては生存も、繁栄もとうていできないことを悟って、民族協和という新道徳が創造され、民族協和のうるわしい理想郷の建設を目指して、満州国は生まれたのである。

満州国は日本軍が武力で勝手につくったように、世間では思っているようだ。当時の日本国内においてさえ、満州国を認めない、占領であるとした思想も多く、一部の人々が独立国の出現に反対したほどであった。またある者は独立国としたのは植民地のカムフラージだと思いこんだり、日本人自身の満州観が統一されなかった。満州の現地からの見方とは相当の距りがあった＊22」

と語っている。

建国の過程であれほどまでに固執していた領有論についてはすっかり欠落しているが、石原は満洲国経営の失敗を非革新的な官僚の存在と、中国人の嫌う奸漢が日本に取り入って私利を貪ったことに求めている。

また他にも満洲国については、

「満州国独立の結果は、日本人が満州を独占して多民族を圧迫し、建設そのものもただ単に多くのビルの建設と鉄道の建設に止まり、産業開発もまた期待を裏切った。俺は在満中国人に対する約束を裏切った。この意味に於て俺は立派な戦争犯罪人だ。

俺はこれら独立に協力した中国人に対し、はなはだ済まなかったと考えている。ただ中国の当局者がこれらの人々に寛大な態度をもって臨まれるよう希望するのみだ。……溥儀を皇帝に推すことに関してはなんら関心を持っていなかった*23」

としているのだが、こちらについては本心であろうと思われる。右の内容は、満洲国が日本人の利己的活動によって蝕まれたことよりも、むしろ自身の構想につき合わせながらも何の勝利も得られず、結局満州事変の意義もなくなったことへの反省に見える。

石原が三度目の変節によって構想した「新日本の建設」は、戦後復興の要件である当時の人口七千万人を養うための食糧問題の解決であった。石原は食糧不足に苦しむ原因が、都市部が安価に食糧を入手するのに対し、農村では食糧増産が価格の下落をもたらすために増産に対する意欲を失することにあると考えた。この問題の解決は、国民の簡素化生活を前提とする都市解体と、都市解体による国民皆農に求められるのだが、石原は各都市が空襲を受けたことを都市解体の好機と捉え、

「自給自足の原始生活は文明の進歩と共に分業より分業へと進歩したが、歴史は再転して綜合的経営の方向をとり、農工の対立は急転して農工一体、国民皆農へと進む〔中略〕都市生活による生物学的滅亡の危機から救われ、八紘一宇実現後の最高文明に向かって大道を邁進するのである。*24」

と述べている。「自給自足」や「八紘一宇」の用語も、変節とともにその意味を変え、ついには折伏の予言とも切り離されていることが解かる。

註

1　「石原莞爾中将回想応答録」『現代史資料（9）』（みすず書房、一九六四年）、三〇六～三〇七頁参照。

2　一九三七年六月一九日に満洲北部のアムール川の中州であるカンチャーズ島にソ連軍が上陸し、これに対して現地に駐屯する第一師団が陸軍中央の制止を無視して攻撃した事件。日本軍はソ連の砲艇を撃沈するなどしてソ連軍は撤退したが、ソ軍が態勢を立て直し進攻してくることが懸念された。

3　前掲『昭和天皇の軍事思想と戦略』、八四～八六頁参照。

4　寺崎英成、マリコ・テラサキ・ミラー編『昭和天皇独白録・寺崎英成御用掛日記』（文藝春秋、一九九一年）、三七頁。

5　前掲「満洲事變の思ひ出」、一四頁。

6　「石原顧問語録」『東亜連盟』一九四三年九月号、三一～三二頁参照。

7　関東軍による冀東防共自治政府への誤爆がきっかけとなり、冀東政府の中国人部隊である保安隊が、七月二九日に日本人居留民を虐殺した事件。日中戦争激化の一つの要因ともなった。

8　前掲『現代史資料（9）』、四九～五〇頁参照。

9　前掲『昭和天皇の軍事思想と戦略』、一〇一頁参照。

10　前掲「戦争史大観」、五二～五五頁参照。

11　戒壇の設立に伴って果たされる日蓮教義による世界統一。全人類による日蓮宗の帰依を意味している文言。建立が実現する時は即ち世界が仏法に帰依する仏国土実現の時となる。

12　「仏国土到来」の達成時期は国柱会の幹部らによれば、①里見岸雄が「二三百年くらい後」と石原に向けて述べており〔前掲「大正九年の日記」、一九七頁。〕、②山川智応が「三百年の暁」と表明している〔山川、『日蓮聖人伝十講（下）』（新潮社、一九三八年）、七四五頁〕。石原がこの山川の著書における右の内容を読んだ事は前掲の「大正九年の日記」で確認できる。従って石原は国柱会の見解を知りつつも敢えて予言の時期を早める解釈をしている。

また、これら石原の予言に関する独断が如何に国柱会の見解と異なるかは西山氏によっても詳述されているところである〔西山、前掲、三二六〜三二七頁参照〕。
13 前掲「戦争史大観の序説」、一二七〜一二八頁。
14 前掲「戦争史大観」、一一三頁。
15 ソ満の兵力量については〔「日ソ極東大陸兵力の推移一覧表（参謀本部調査）」『現代史資料（10）』（みすず書房、一九六四年）、xvi〜xvii頁参照。
16「国防産業拡充五ヵ年計画遂行見込表（日満財政経済研究会）」、同前、六九九〜七〇五頁参照。

17「日蓮聖人伝覚え書」『石原莞爾選集8』（たまいらぼ、一九八六年）、九二頁。当初の石原が予言の「賢王」に当てていたのは昭和天皇であったと思われるが、戦後の昭和二一年の段階では、本文のように「皇太子」になっている。これも変節の影響と言い得る。
18 前掲、『悲劇の将軍石原莞爾』、二八〇〜二八四頁参照。
19 特高警察が東亜連盟運動を取り締まった理由には、他民族とりわけ朝鮮人の政治参加を認める東亜連盟に対して、特高が東亜連盟を利用した独立解放運動を行うのではないかということを恐れたことが挙げられる〔『昭和特高弾圧史7』（太平洋出版社、一九七五年）、二九四〜三〇二頁参照〕。
20 阿部博行『石原莞爾（下）』（法政大学出版局、二〇〇五年）、五六五頁参照。
21 横山、前掲、四八頁。
22 同前、五六〜五七頁。
23 同前、三七〜三八頁。
24 石原、『人類後史への出発』石原莞爾平和思想研究会編（展転社、一九九六年）、二一六〜二一七頁。

第十章
＊満州事変と予言信仰の錯誤

1　戦争計画の変更にともなう石原の変節

「石原莞爾旧蔵書目録」には二二二五冊もの蔵書があるにも関わらず、日蓮教学に関するものはわずか二冊のみであることが指摘されている＊1。石原の信仰と計画は熱烈な信仰態度とは裏腹に変節を重ね、信仰自体も放棄しかけていた。一九四二年二月刊行の『世界最終戦論』（新正堂版）には、読者からの質問を基に「『最終戦争論』に関する質疑応答（昭和十六年十一月九日於酒田脱稿）」が収録されたが、その中では、最終戦争が必然であることを説明する宗教的な言説を理解することが難しく、科学的な説明がない限り現代人には理解されないのではないかとの問いが発せられている。石原は、これに対して、最終戦争論は宗教的説明が目的なのではなく、軍事的科学的考察を基礎とするもので、日蓮の予言は自身の軍事研究を傍証するために挙げた一例にすぎないと応えている。予言の精密さを信奉していたはずが、もはや傍証の材料以外の価値づけは行われなくなっているわけであるが、石原のこうした日蓮主義への態度は、「末法二重説」による変節の以前であったなら、決して示されることがなかったであろうことは誰の目にも明らかではないだろうか。

本書では、石原の「動機」の問題を解明するためにも、信仰と戦争計画との関係性について検証し、当初の石原の日蓮信仰とは、戦争の発生を断言する予言を選択してのものであり、日蓮教義そのものを信仰したものではなかったことを論証した。それが確認できてはじめて変節問題を分析できるのである。これまで解明されることがなかった変節について要約すれば、石原は先ず予言のシナリオと矛盾したがために満洲国建国に反対したが、民族協和による体制構築によって独立論を支持する「第一の変節」が起きた。その後満洲経営の停滞が問題となり、挽回するための「五カ年計画」を基礎とする「国防国策」方策を立てたが、日中戦争により頓挫すると現役引退を望んで、日蓮信仰を放棄しかけるという「第二の変節」を起こす。最終的には敗戦によって「最終戦争」自体を放棄する「第三の変節」が起きた。即ち、石原は予言のシナリオと実際の戦争計画が食い違う度に変節を起こしているのであり、①満洲領有論から独立建国案へ、②日蓮教義の放棄、③「最終戦争論」の放棄とそれに伴う戦後日本の非武装の支持へ、と言説を急旋回させていたのである。以上のように本書は、石原の特徴でありながらも論じられてこなかった信仰問題を分析し、石原の変節は常に戦争計画上での変更に伴って起きていることを検証した。

また本書では、石原の計画を最終的に蹉跌させた昭和天皇の影響についても言及したが、昭和天皇との関係についても変節に由来する問題として解釈し得る。石原が第十六師団長に就いたのは、板垣からの推挙によるものであった。板垣が石原を推したのは、この師団が満洲常駐の部隊として大陸に渡ることが決められていたためで、板垣は対ソ戦の観点からも石原を満洲に留めておくべきだと考えていた。この人事に対して昭和天皇はかなり鮮明に懸念を表明しているのだが、それは石原が政治に干渉する性格であると評していたからであった。昭和天皇の石原に対する評価とは、西園寺公望からの助言によるものだったのであり、またそれは西園寺の秘書官である原田熊男からもたらされた情報である。原田が抱いた石原の印象とはまさに満州事変を強引に決行し、その後に財閥を打倒目標に含めた国内改造を目指す将校なのであり、つまり変節する以前の石原の姿であったろう（第六章註32参照）。その後に変節し、東亜連盟を目指してからの石原の構想には日中戦争を解決する可能性があったわけであるが、原田は変節を知ってか知らずか石原が政治に干渉するとの印象を変えることはなく、西園寺も石原に悪印象を抱き続けた。西園寺を信頼した昭和天皇は、石原を重用しようとする近衛や板垣を信用せず、そのことが蒋介石との和平工作の頓挫にもつながったということである。変節問題の解明は、このような日中関係がたどった進路とも関係する重要な問題を含んでいるのである。

従って今後の石原の人物研究においては、検証の無いままに信仰を前提とするのではなく、単にイデオロギーの問題に解消させてしまわない検討が必要である。それは同時代認識や環境を理解する一助となり、今後の満州事変研究にも寄与できるからである。信仰問題は個人の内心に関わるが故に実証研究の対象から外される傾向があったように思われるが、その検討によって石原の国柱会入会を決定づけたのが将来の戦争を擁護する教義であり、対米戦構想が信仰によって導き出された結論ではないことや、変節の原因がはじめて理解できる。

石原の戦略と信仰が対米戦構想を前提にしてきたことを理解すれば、石原の情勢判断に関する意見や、ナポレオン研究への眼差し、宗教的言説を読み取ることができ、変節を繰り返した石原の行動が、対米戦という一つの目標に限っては一貫性を見せていたことが解かるのである。

2 「顚倒の論理」――「最終戦争論」における失敗の原因――

石原の「最終戦争論」は信仰を得たからこそ成立したことを述べたが、その「予言信仰」は変節を誘発する根源にも他ならず、失敗の原因ともなっていた。ここでは、石原の論理的陥穽とも言うべき信仰問題の原因が、そもそも石原が依拠した智学の思想の中に当初からあったことを考察する。

日露戦争後の社会において宗教活動が活性化したことは、日本が植民地を獲得したことと無関係ではなかった。例えば、智学の場合には一九〇四年に『世界統一の天業』という著書を記して日露戦争の出征兵士にむけ数千部の寄贈を行っているが、そのなかでは、世界統一をなそうとする国の中には「盗賊的統一」とか「侵略的統一」をめざす国があるが、本当に統一を果たすべきなのは「道義的統一」を目指している国で、それは日本だけであるので最終的には日本が世界統一をなし得ると述べられていた。そして翻って、道義的権限を持つ日本だからこそ戦う必要があるとして武力闘争を肯定し、兵士を鼓舞している。「道義的統一」を達成すべき日本は他国を包括する権限があると主張されているのだが、日露戦争に勝てば今度は勝ったという既成事実を根拠にして、日本は道義国であるから勝利したのであると、その本末を逆転させて日本の道義性が語られるのである。このように、智学の主張は既に存在している事実を後から価値化することによって立論されるのであった。

そもそも智学には日蓮主義を国家宗教としたい考えが明確にあり、日露戦争の頃からナショナリズムの昂揚が顕在化されて、仏教界全体が国家主義と結びついていく中で、それを先駆けて主体的役割を担った。これは、近代の仏教勢力が戦争を背景に国家に接近し得たことを示すが、植民地獲得によって対外的にも対内的にも国家の正統性が理論づけられる必要が表れると、植民地問題において宗教が一つの役割を担ったということも示している。

国柱会は日蓮主義による戒壇建立を実現するために、国家規模での運動の展開を必要としたのであり、そしてその実現を果たすには政府政策との結合が必要であった。この意味において、智学にとっては国体と日蓮教義とを結びつけることが前提条件だったわけである。しかし、「日本書紀」と日蓮教義の間に関係をもたせることには根本的な矛盾があった。それは、そもそもの日蓮の姿勢が法華経以外のどんな根拠や理由にも頼ることを必要としないためである。時の権力も一切認めず、法華の教えを唯一の正義とするのが法華信仰の原理主義的姿勢であり、だからこそ迫害にも遭うのである。

また、釈迦や日蓮の教えの中に近代的価値としての皇室や国体を位置づけることにも矛盾がある。智学の「法国相関論」や「建国三綱」といった考え方は、近代の国際環境を背景に日蓮の遺文を遡り、日蓮主義拡大に必要な根拠を探し出してのものであり、ここでは釈迦の教えや日蓮の遺文が発生した時の概念や世界観・時代背景は検討されずに、近代の概念による智学の解釈に当てはめて根拠を摘み出す、時間の顚倒した論理が展開される。そのため、智学は「日本書紀」と日蓮教義との一致点を挙げながらも、それらを一致させることの妥当性は説明しなかった。そして、これに依存した石原は、『最終戦争論』の「仏の予言」で、日米決戦が人類間最後の戦争である事についても、またその戦争の時期が何故定まるのかという事についても何ら根拠を挙げられず、ただ「信じるのであります」と何度も繰り返すしかなかった。即ち、本末の顚倒した論理を利用した陥穽である。しかし、日蓮主義はこの方法によって国体の拡大解釈をなして政府とも協調可能となり、国家間闘争の論理化もなし得た。これが、廃仏毀釈に始まった抑圧の近代を乗り切る方途だったと評価できるのである。

一方、信者らの傾向については、「法華経」にはこれを信仰する者は迫害されることになるという予告が記されており、救済が必ず受難を伴うものとして説かれることが影響している。排他的な教義を有する法華信仰は必然的に他宗との衝突を招くが、しかしそうした圧力を受ける際には、体験した受難を法華経の予言どおりであると解釈することによって、今度はそれが法華経の正しさを裏付ける根拠となる。この解釈には、日蓮信者が「法難」と称する信仰上の矛盾や困難を体験することで、信仰心がそれまで以上に一段と強固になるという作用が内包されている。信者にとっての受難は、他宗との隔絶を図るアイデンティティーの確立でもあるのである。また石原も関東大震災を予言の前兆としたように、厄災を契機に替えて、被害を「法難」として横領し、信憑性を得ることにもなる。

法華信仰は受難を行動原理へと転化することから、憤懣解消の論理化に有効なだけでなく、社会に対する現状否定を正当化して社会変革に価値を付与する傾向を帯びる。そのため日蓮教義は社会的な不満や不安の蓄積された環境で隆盛を見せるが、個々人においては攻撃性の高い折伏を善行として得ることが憤懣や欲求を表現するための抵抗の論理を得ることに等しくなる。そして、折伏行を実践する義務を内心に秘めることになるため、それが単なるフラストレーションの吐露であっても、徳性の備わった善行として肯定される性質を自然と帯びることになり、日蓮教義はいつの時代にも自己の体験した困難・矛盾への反抗や現状否定を望んでいる人物に好まれる性格が認められる*2。

希望する理念を掲げて、その達成のために進むべき道の目的と手段とを顛倒させてしまい、その都度の条件から好事例を選択して、後から価値づけを行うような「顛倒の論理」によって、石原も対米戦の結論から逆算したような「白人種」の問題を提起した。問題解決に踏み出す以前から実は結論を用意しているため、次第に思想運動としての省察は失われ、思索の結果などは導かれずに、思想を押しつけるだけの議論になっている。そのため、対米戦についての合意を得ることにも成功し得ず、変節せざるを得なくなったのである。

一九二八年に開かれた「木曜会」の第五回会合では、「日本民族生存のため、人口問題解決のために満蒙を確保する」ことで合意形成がなされていた。対米戦への合意を得られなかった石原はこの回を最後に出席しなくなっていたが、この後の翌二九年にかけて開催された第八～九回の会合では、「満蒙把持というのは領土的野心を暴露し、一面不利が生じる。だから内外に宣明して恥じることのないモットー・標語を定める必要がある」と、宣伝スローガンの検討がなされた*3。そして、そのスローガンの役割を果たしたのは智学によって生み出され、石原によって持ち込まれた「八紘一宇」なのである。智学によって教義の「広宣流布」のために創られた「八紘一宇」は、智学や石原の志向とは離れて拡大・増殖していった。

石原の言説においても、意味が変遷していった「八紘一宇」であったが、武力侵略に歴史的な意義を与える宣伝文句が持ち込まれ、同時代に蔓延したことは、石原と日蓮主義がもたらした一つの歴史的影響である。

3　満州事変の影響

中国侵略の発端となった満州事変は、帝国主義的なアジア侵略の経過と結びつけられ、明治期の山縣有朋による国家戦略としての「利益線」論の延長であると思われることがあるが、この指摘は全く当たらない。「利益線」は仮想敵国との間に第三国を中立させる国防戦略であるので、満洲を領有してしまえばソ連領と接壌し、利益線は発生しないからである。従って、新世代将校らが企図した満洲領有の選択は、むしろ「利益線」戦略の完全な放棄を意味しているのであり、陸軍の対支政策としての新しさがあった。他にも、満州事変には協調外交や軍縮路線を消し飛ばした歴史的意義があったが、国内社会に対する影響としては、陸軍の人気を飛躍的に高めた点を述べる必要がある。

一九二〇年前後の陸軍は軍縮世論を背景にひどく評判を落としていたが、満州事変はその陸軍の悪評判を一挙に挽回させた。石原がかつてのナポレオン研究から得た如く、国民意識を高揚させて陸軍を英雄視させたのである。関東軍参謀時代の文書にも、満蒙問題の解決が国民の期待に応えるとする主張が度々記されている。まさに国家を強引し、対外戦争に駆り立てて国民の団結と景気好転をもたらせば、国家改造は自然となせると目論んだ通りと言える。事実、陸軍は満州事変によって政治的地位を回復して、軍事予算も組織も拡大し得た。同時に、軍人の政治的発言力は飛躍的に上昇し、将校に昇進の機会を増加させもしたのである。

陸軍が満州事変によって国民の支持を得たことについては、「東京朝日新聞」・「東京日日新聞」の二大新聞が次第に陸軍に妥協していく過程によっても説明される＊4。統帥権干犯問題以降、軍部への批判を展開していた二大紙が、満州事変以後には、満洲権益保護のために撤兵反対の投書を掲載するなどして陸軍を支持した。海外の情報を報道できたのは圧倒的に大新聞社であったため、その記事が支配的な情報となったことも影響しているが、大新聞社の報道は一般社会に排外主義的な言説を形成し、大衆の支持を少なからず集めていく。

この現象の一端は、帝国在郷軍人会によって満州事変の直前から取り組まれていた「国防思想普及運動」に原因がある。「満洲問題解決方策の大綱」を定めた五課長会の方針によって開始されていた運動である（第六章3参照）。

石原に事変決行の絶好の機会を与えていた一九三一年八月四日の南次郎の口演では、「未だ率先真に自国の軍備を減縮せんとする国家あるを聞かず」として国際的な軍縮を否定し、また「我が国内に於ては此等の事情〔他国に軍縮の例がないこと〕を直視せず或は之を曲解し偶〻財政経済上不安を感じつつある国民の心理に投じて国内的に軍備縮小熱を煽揚せんとするが如き」声があるため、一般国民に対してジュネーブ国際会議に対する列国の野心的な態度を広く伝えなければならないとした。こうした陸軍の姿勢から国防思想の普及が展開されたのである。そして翌月に満州事変が起こると、普及運動はこれを擁護した。国防講演会は一〇月二三日までに全国で一八六六回も開催されており、一六五万人を超える聴衆を集めた。講演会やラジオ放送、展覧会が頻繁に行われ、柳条湖事件のあった九月には確認されているだけでも五〇〇回以上の講演会で、四九万人に達する聴衆を動員している*5。また満洲からも軍事行動を支援すべく遊説隊が内地に送られて来ていた*6。

国防講演会での講演は、軟弱外交批判や「中国膺懲」を内容としたものであったが、満洲を占領してその管理一切を軍部に任せるべきだとする発言が参加者から相次いでいたことには注目せねばならないであろう。聴衆は講演会においてこれらの建議や陳情を作成しており、その数は事変後の一ヶ月間で二六四件に至ったという。一九三一年秋に共産党が行った調査では、国民が排外主義を形成していく自発的な要因

が主として生活改善にあったことが表れており、それらの中では、

「戦争をすれば景気が良くなる」

「支那はニクイ。ヤッツケロ」

「アメリカが支那のしり押しをして居るのでニクイ」

「戦争が起きると景気も出るし支那の土地も取って人間は死ぬし景気が出るばかり、戦争は時々あるが良い」

と述べられている*7。

昭和期には陸軍が全国の中学以上の学校に現役将校を配属していたが*8、満州事変以前の東京の第一高等学校では、教練にやってくる将校らを「頭からピエロあつかい」しており、軍人らは学校教員に対しても謙った態度をとって過ごしていたという。

「野外演習のときなど、それらの先生〔将校 - 筆者〕が、校長や教頭や教授たちにたいしてとる、へりくだった態度は気の毒なほどで、私たちはときどき私たちのあいだでその真似をして笑った。〔中略〕いくぶんでも自尊心をもった青年なら、将来自分たちがこれとおなじくこっけいな残骸を世にさらすべき可能性をもつ軍人という職業を志望することなどは、思いもよらないことであった。彼らは肩章をつけた無能力者だと私たちは思っていた。〔中略〕これらの老朽しかかったピエロたちを、いつも笑いものにしていたが、それは後年、このピエロたちの若い後継者、より闘争的なその後輩たちによって、痛烈な社会的復讐をうける運びになるのである。*9」

また、福岡県の事例でも一九三〇年代になると、それまでとは一変して配属将校の発言権が強大化し、

「自分は『天皇陛下ノ命令ニ依リ』行動しているのであるから、自分の行動は絶対である』として、校長らの言うことを聞こうとしなくなったという*10。

このように満州事変は、軍国主義的な社会の創出に影響したが、満州事変と排日運動の高まりとを関連づける研究では、排外熱を煽る軍部に同調するだけの国民の憤懣が存在したことが説明されてきた。これは、国民の間で社会変革が要求されていたことを示すが、しかし革命を担い得る主体は軍部の他にはなく、社会的変革要求に応えられる存在こそは陸軍であった。なぜならば、軍部は統帥権を正統権力とするために天皇制機構を変革し得ないが、同時にその権力は天皇の政治正統性を代行して、他の政治主体にはなし得ない革命の可能性を保有したからである。右の構造が、満州事変と同時に期待された「錦旗革命」（十月事件）との関係性と言えるが、これはドイツ・イタリアと比較した時、両国ではファシスト政党による国内変革を経て対外侵略を行ったのに対して、日本では順序が逆転しており、対外侵略である満州事変が国内における軍国主義化を先行したことにも示される。

満州事変は、国内改造クーデターや、民間右翼と陸軍との結束の前提となったが、それは社会に対する現状否定を意味する改革への要求を代弁していたことにもなる。横山臣平は満州事変の性格について、当時ソ連が第二次五カ年計画で軍事力を増強し、これが達成されればソ連の勢力は北満に達して、関東軍ではもはや対抗できなくなるという状況で、しかも中国の民族主義運動が益々台頭する情勢の中では、日本に何らかの革新が必要であったとして、「満州事変はいわば石原が仕組んだ日本の革新運動の一つであった*11」と述べたが、当時は満洲占領に関する言説を成立させるだけの社会環境があり、満州事変には国内の社会的な不満を解消して、不人気な陸軍を一躍英雄に押し上げるだけの効果があった。生活苦や社会不安を理由に改革改造を求める声が多く、その役割を果たしたということである。この意味において満州事変には謂わば「擬似革命」としての役割があったが、それは首謀者・石原莞爾がかつて社会問題化した対米問題を背景に対米戦を構想していたことも暗示しており、またそれ以前は石原自身がその社会的不満の声の中の一人であったからである。

註

1 伊藤嘉啓『石原莞爾のヨーロッパ体験』（芙蓉書房出版、二〇〇九年）、一三三〜一三四頁。

2 近代において日蓮教義が選択される傾向は北一輝や井上日召にも見られ、テロリズム的な変革志向に影響を与えている。彼らは家系等の伝来によらず日蓮主義を選択しており、好戦的な排他論理を自己の行動原理としていた。

3 前掲『昭和期日本の構造』、一五五〜一五七頁。

4 荒瀬豊「日本軍国主義とマス・メディア」『思想』通号三九九、（一九五七年九月）、参照。同稿では新聞が軍国主義の批判者としての立場から、軍部の統帥権解釈に変更を迫りきれなかった浜口内閣期を経て漸次的に軍部の奉仕者へと転化していく過程が分析されている。

5 赤澤史朗「満州事変の反響について」『歴史評論』三七七号、六五〜六六頁参照。

6 遊説をしたのは河本大作が組織した「満蒙青年連盟」。青年連盟は一九二八年一一月に満鉄理事の小日山直登を理事長に満鉄社員によって結成された組織で、従来の権益主義から転換を図り民族協和によって満蒙を自由の天地にすると主張した団体で、会員数は三千名以上に上っていたという。河本の遊説隊は、閣僚に面会を求めて満洲問題解決の支持を依頼した上で、一般に向けても東京・大阪・福岡などの各地で演説会を開催した。

7『農民闘争』一七・一八号（農民闘争社、一九三二年一月・二月）。

8　この「陸軍現役将校配属令」が「宇垣軍縮」と引き換えに設置され、またそれが陸軍の政治的な独立と、社会の軍国主義化の基盤を形成したことについては、前掲『近代日本の陸軍と国民統制 - 山縣有朋の人脈と宇垣一成』を参照のこと。

9　手塚、前掲、五三頁。

10　福岡県立朝倉高等学校『創立五十年史』（一九五九年）、一四五〜一四六頁。

11　横山、前掲、一四四頁。

おわりに―「石原莞爾神話」の虚構性―

本書の検証の過程では、石原莞爾の級友・横山臣平の証言との食い違いが現れた。本書の最後に、つくられた虚像としての石原莞爾像の問題と、それにまつわる今後の課題とを述べたい。

本書における横山の証言との相違点はいくつか現れたが、特に陸大入学についてのエピソードは本書の見地の前提にも関わる問題である。つまり、横山の証言のように本当に石原に進学の希望がなかったのだとしたら、石原はどの段階で対米戦を望むようになったのかが改めて問題となるためである。

対米戦の想定が国柱会以前、あるいはロシア革命以前であることは明確となったので、本書の論旨や分析視角にまで関わる問題ではないとしても、もし石原が陸大進学を考えていなかったとすれば幼年学校以来の取り組みが何を目指してのものであったのか問わねばならないし、反対に陸大に入学したが故に本格的に対米戦を決意した可能性もあることから、対米戦を想定した時期を限定し得るかもしれない。推測の域を出ようがないのだが、「つくられた石原像」についての問題提起のために筆者の見解を述べることにする。

横山によれば、石原は受験勉強になど関心を示さなかったという。しかし、実際の結果が示すように石原は難関試験をクリアしたのであり、実質的にはしっかりと勉強していた。それは試験のための学習ではなく、対米戦争構想を支えるための研究であったが、対米戦略を生み出そうとする大局的見地から行われたその学習は、そもそも軍隊の本分としての戦争に対する本質的な学習だった点で、陸大の試験科目である戦術・兵器・築城などの学習にもなっていた。石原本人が陸大受験などはまったく眼中になく試験勉強もしなかったと公言していたとは言うものの、横山による石原の人柄は、「常軌を逸した放言」や「ハッタリ」を「調子づいて」言うのが有名であったと言うのであるから、そうであれば尚更当初から陸大への進学を考えていたとしても本心を話さないことも考えられよう。つまり、横山の描く石原像に従うほどに台詞の字面だけから石原の心積もりを理解することは困難となるはずなのであり、周囲を驚かせたり、期待を裏切ることなく大きな成果を持ち帰ることを好んで行いそうなものである。そもそも横山の言うような豪放磊落な石原は、義理や愛想だけでわざわざ受験などしないのではなかったのか。横山の証言による英雄的な石原像や「天才」としての評価の虚構性は第一章に述べた通りである。

しかし、石原が入学試験の勉強をしなかったということ自体は事実と思われる。対米戦を目的とする石原にとっては試験にしか有用でないような学習はむしろ時間の無駄なのであり、可能な限り早い段階でアメリカに勝利できる戦略を立てる方が重要であった。そのため石原の学習は常に実戦的で、将来の戦争において必要になる学習を既に開始していたのであり、その学習とは試験やカリキュラムに拘わることなく、戦略の本質を理解するための学習であった。しかしそれは、戦争に勝利するための本質的な学習が進学試験にも有用であったことを石原も信じたからであろう。もしも石原の予測がはずれ、陸大の入学試験が本当に試験勉強でしか結果を出せないような机上の論理を審査するものでしかないのであったなら、その時には陸大そのものが対米戦略にとって無用なのであるから、何れにしても試験勉強は必要ないことになる。

そうした意味では、石原ほど必要な勉強を本質的にしてきた学生はいないはずだったのであり、自身の勉強が進学に役立たなかったとすれば、石原にとって進学は不要であった。そうした石原において、陸大合格は自身の思い描く進路の意義を確信する一つの証明となったはずである。

本書の述べる石原莞爾の姿は、アメリカへの不満があったが故に利己的に信仰の対象を選択して「最終戦争」を構想したが、その構想には「顛倒の論理」を用いていたために、当初から欠陥のある認識しかもち得なかったことを表わしている。また本書は、対米戦での勝利を得るためであれば、真相や他の犠牲を直視せずに不都合な事実を切り落として構わないとする石原の姿勢を追及して、「王道楽土」・「民族協和」の虚偽性や不誠実性を暴こうとするものであり、「カリスマ神話」や「英雄像」を否定する内容となろう。

しかし、対米戦の勝利に対する強い拘りは、石原が自らの世代までに累積されていた問題を引き継いだ将校であったことを示しているのであり、石原は満蒙問題や対米問題を独特に提起したが、それは同時代の課題に応えてのものであったことを評価できる。当時は、国内外の不安定な情勢を背景に社会不安の解決を求める「世代的要求」が存在した。その渦中にあって、たった一人でアメリカに勝利する戦略を構想したのが石原莞爾だったのである。石原の「動機」の解明は、当時の陸軍が置かれた時代状況を理解するためにも取り組む意義のある課題である。「戦争史大観の序説」の執筆時の事例について見たように、史料解釈の方法としても、変節の意味や当時の状況を踏まえて検証されるべきなのであり、今後は変節問題の解明を避けて通るべきではないと考える。

また、本書は石原の日蓮主義信仰においての謂わば「不純な動機」を指摘してきたわけであるが、石原の信仰心自体を疑っているわけではない。それは何より、そもそも信仰心がなかったら、宗教に依拠しようという発想自体をもつはずがないからである。

本書による「対米戦での勝利が前提とされた信仰と最終戦争論」の検証は、「それではなぜ石原は対米戦を望んだのか？」、「戦争体制を構築する説得方法や根拠のために必要視したものが何故に信仰であったのか？」、「石原が宗教に説得力や説明力を期待できたのは、石原がどのような環境にいたからなのか？」、「満洲侵略への合意が如何に形成されたのか？」、「石原の判断や言説が魅力をもったのは、当時のどのような環境の中でのことか？」などの問題にとっての前提なのであり、変節が棚上げされている限りは、こうした問いを立てること自体ができない。本書が示した変節問題は石原の英雄像を否定するが、その上に立ち上がるこれらの問いの先にある石原莞爾の姿の方が、「虚像」よりもはるかに魅力のある対象ではないだろうか。そうした意味においては、変節を棚上げしてきたこれまでの評価には何れも前提に誤りがあったのであり、石原莞爾に対する研究は膨大にあるどころか、未だ始まっていないとも言い得る。右に挙げた課題や、石原の実像に迫るための課題を前進させていくためにも、先ずは本書において変節問題を解明するものである。

あとがき

本書は、三部構成であった筆者の学位請求論文のうちの第三部にあたる内容を改定・加筆したものであるが、石原莞爾についての考察は修士論文以来のテーマでもある。國學院大学史学科で安全保障をテーマにしていた私は、安保条約をめぐる日米外交や再軍備を勉強していたが、次第に安全保障の実務的な内容についても学習する必要を感じ、桜美林大学大学院国際政治学科の加藤朗ゼミに進学した。安全保障が主要な関心になる社会が必ずやって来るという根拠のない確信によって大学院に進学したものの、国際政治を全くの初歩から勉強せねばならなかった。そうして進学してから半年足らずに起きたのが、あの「9・11同時多発テロ」だった。夏合宿から自宅に戻りテレビをつけると二機目が衝突するところだった。その日から加藤先生はテレビやラジオに出演されるようになり、その後はゼミで話されていたことが後から次々と実現するように世界が動いていくようだった。私の展望は図らずも大きな手応えとなり、あれほどまでに見通しが当たったことはなかったのだが、私の予想などははるかに超えた世界的事件によって、今度は反対に「修論を提出する一年半後には、もはや世界中から安全保障問題の研究が出されてしまい、自分のような駆け出しの出る幕はなくなっているのではないか」との懸念が現れた。今から思っても全く身の丈に合わないような悩みで、それは杞憂だったのだが、就職不況のど真ん中世代の学生としては、そうしたことも考えておかねばならないことのように思われたのである。

自分にできることは何かと考えた結果、史学と政治学との両方を勉強した者にしかできない研究をやろうと思った。特に修士課程に進学して直に直面したのが、史学と政治学のギャップであり、史学では常識的な知識が政治学において必ずしも共有されているわけではなく、史学の常識を自明の前提のように考える態度が通用しない一方で、政治学に蓄積の無い私自身は政治学での常識的な事柄すら理解できていないことに驚いた。そのため、双方の架け橋になる研究を自分の様な者がやるべきだと思えた。そして、最終的に修士論文の課題となったのが満州事変だった。入学時とは全く研究計画が変わってしまったのに、加藤先生には随分な我儘をお許し頂いたと思う。

修論に取り組む過程で、「対米戦争を絶対的結論として満洲領有を計画した」という本書の仮説が浮かんできたが、石原が満洲への侵略行為について「王道これを許すや否や」を指標としていたと述べたことや、それが戦後には一転して「天皇と心中しようと思わない」などと述べていたことから、石原が天皇についてどのように考えていたのか理解が難しく、気がかりなまま修論に取り組んだ。そこへ、二〇〇二年の夏に山田朗先生の『昭和天皇の軍事思想と戦略』が刊行された。私が入手したのは年末だったが、まさに天皇問題の展望が示されたように感じられ、刊行のタイミングからしても、昭和天皇の戦争指導が示された同書の登場は(石原にとっての予言ではないが)、私にとって天与のようであった。そこから学んだ石原における天皇問題は本書に述べた通りであるが、本書の「顛倒の論理」は、山田先生の御著書によって明らかにされていた「戦争拡大が追認されていく結果優先の論理」がその出所である。また、国家の戦争遂行においては、まず戦略があり、それに基づいたシステムがつくられ、その後に兵器体系が整備されるのを順当とするが、時にこれが逆行し、兵器開発の成果に引きずられて戦略が変化することがあることが説明された「ソフトウェアとハードウェアの顛倒」を自分なりに学んだものでもある。山田先生の右の分析は、「第二次世界大戦における日本の軍事的位置」として、新刊の『近代日本軍事力の研究』（校倉書房、二〇一五年）にも掲載されている。

修士論文では天皇制についての具体的な検討は課題として残ったため、陸軍の対外膨張を天皇制との関係において分析することが博士後期課程での研究計画となった。しかし実際には、進学して改めて史学を勉強することになったのだから近代から学習せねばならないと、満州事変からどんどんと遡っていってしまった。またも入学当初の予想からは大きく逸れて、すっかり近代の学習に時間を使ってしまい、それは『近代日本の陸軍と国民統制－山縣有朋の人脈と宇垣一成』（校倉書房、二〇一四年）として成果にはなったものの、「天皇制の中の陸軍」は今もなお「今後の課題」である。

石原莞爾は、一九四九年の八月一五日に死去した。敗戦からちょうど四年間を生き、奇しくも終戦の日に亡くなった石原はまさに「十五年戦争」の申し子と言い得よう。そうした石原についての原稿を戦後七〇年の節目の年に出版させてもらえたことをとても嬉しく思っている。しかも、横山臣平の著作をはじめとする石原莞爾研究の書籍の蓄積が高い芙蓉書房から出して頂けるのはこの上ない幸運である。本書の刊行は、何と言っても芙蓉書房出版の平澤公裕社長の御厚誼のうえに成り立っている。平澤社長には博士過程に進学して間もない頃から御面識を頂き、出版のことなど何も解かっていなかった私に、出版業界・出版事情や学会のことなども度々お教え頂いてきた。立教大学史学科をご卒業された平澤社長は、史学の大先輩でもあり、恩人のお一人である。これまでの御厚情に対してもこの場をお借りしてあつく御礼申し上げたい。

末筆となったが、今も苦楽を共にしている「研究ネットワーク」（領域越境研究会／旧・若手研究者談話会）の研究仲間たちにも御礼を申し上げる。彼らと過ごす時間に大きく励まされ、本書を発表することができた。

筆者の二冊目となる本書は、私に名前と人生の目標を与えてくれた故・栗山奉行師に捧ぐ。

二〇一五年八月二日

伊勢　弘志

参考文献一覧

■参考史料

石原莞爾『国防政治論』(聖紀書房、一九四二年)。

石原莞爾『最終戦争論』(中央公論新社、二〇〇一年)。

石原莞爾『最終戦争論・戦争史大観』(中央公論社、一九九三年)。

石原莞爾『人類後史への出発』(展転社、一九九六年)。

石原莞爾『東亜連盟協会運動要領解説』(東亜連盟協会、一九四一年)。

『石原莞爾全集』1～7巻。石原莞爾全集刊行会(一九七六年)。

『石原莞爾全集』(別巻)石原莞爾全集刊行会(一九七六年)。

『石原莞爾研究　第一集』(精華会中央事務所、一九五〇年)。

上杉慎吉『帝国憲法衍義』(有斐閣書房、一九一四年)。

上杉慎吉『国民教育　帝国憲法講義』(有斐閣書房、一九一一年)。

岡田包義『神祇制度大要』(政治教育協会、一九三六年)。

筧克彦『古神道大義』(清水書房、一九一三年)。

軍事史学会編『大本営陸軍部戦争指導班機密戦争日誌(上・下)』(錦正社、一九九八年)。

『現代史資料』第七～一二巻。島田俊彦・稲葉正夫解説(みすず書房、一九六四年)。

小磯国昭『葛山鴻爪』小磯国昭自叙伝刊行会編(中央公論事業出版、一九六三年)。

皇典講究所『皇典講究所五十年史』(一九三二年)。

『近衛日記』

佐藤秀夫編『続・現代史資料9　教育2』(みすず書房、一九九六年)。

『子爵斎藤実伝。第二巻』（斎藤子爵記念会、一九四一年）。
沢田総清『国体の本義（要解）』（健文社、一九三八年）。
ＪＭ生「軍隊教育ト国民教育トノ関係」『偕行社記事』第四〇三号（一九〇九年）。
田中義一「軍人徳義論」『軍事界』第二一号（一九〇三年）。
田中義一「地方ト軍隊トノ関係」『偕行社記事』第四二七号（一九一一年）。
田中義一「地方ト軍隊ノ関係ニ就テ」『偕行社記事』第四三二号（一九一一年）。
田中義一「軍隊教育ニ就テ」『偕行社記事』第四三三号付録（一九一一年）。
田中義一「露国革命所感」『偕行社記事』第五一五号（一九一七年）。
田中巴之助（智学）『日本国体の研究』（天業民報社、一九二二年）。
田中智学『国体の権化明治天皇』（師子王文庫、一九一三年）。
田中智学『獅子王全集』第一輯第二巻「教義編」（獅子王全集刊行会、一九三二年）。
田中智学「本朝沙門日蓮」『日本精神講座　第四巻』（新潮社、一九三四年）。
田中智学「国業論」（天業民報社、一九四一年）。
田中智学「本化摂折論」『明治宗教文学集』福田行誡編（筑摩書房、一九六九年）。
田中智学『本尊造立私議』（展転社、一九八七年）。
田中隆吉『日本軍閥暗闘史』〔改定版〕（長崎出版、一九八五年）。
玉井礼一郎編『石原莞爾選集』1〜10巻（たまいらぼ、一九八五〜八六年）。
角田順編『石原莞爾資料Ｉ（戦争史論編）』〔新装版〕（原書房、一九九四年）。
角田順編『石原莞爾資料Ⅱ（国防論策編）』〔新装版〕（原書房、一九九四年）。
角田順編『宇垣一成日記Ｉ』（みすず書房、一九六八年）。
帝国公民教育協会編『青年教育と国家総動員』（一九三八年）。

内務省地方局編纂「地方改良事業講演集　上巻」『地方改良運動史資料集成　第4巻』、(柏書房、一九八六年)。

長岡外史「各隊長召集ノ際ニ於ケル長岡軍務局長口述要旨」『偕行社記事』第三九二号(一九〇九年)。

永田鉄山『国家総動員と青年訓練』(平和協会、一九二六年)。

『日蓮主義新講座』第壹號〜第参號(獅子王文庫、一九三四年)。

『農民闘争』一七・一八号。(一九三二年一月・二月)。

林茂・辻清明編『日本内閣史録』2〜3(第一法規出版、一九八一年)。

平沼騏一郎回顧録編纂委員会編『平沼騏一郎回顧録』(一九五五年)。

本多日生「実社会への交渉」『統一』一六四号(一九〇八年)。

文部省編『国体の本義』(一九三七年)。

陸軍省編纂『陸軍省沿革史』(巌南堂書店、一九二九年)。

■参考論文

赤澤史朗「満州事変の反響について」『歴史評論』三七七号(一九八一年)。

荒川憲一「石原構想の限界と可能性」『再考・満州事変』軍事史学会編(錦正社、二〇〇一年)。

荒川憲一「戦間期の戦争経済研究について」『軍事史学』三五巻三号(一九九九年)。

荒瀬豊「日本軍国主義とマス・メディア」『思想』通号三九九(一九五七年)。

五百旗頭真「石原莞爾における日蓮宗教」『広島大学政経論叢』第一九巻五・六号。広島大学政経学会(一九七〇年)。

五百旗頭真「石原莞爾における日蓮宗教(二)」『広島大学政経論叢』第二〇巻。広島大学政経学会(一九七〇年)。

五百旗頭真「石原莞爾における支那観の形成(一)」『広島大学政経論叢』第二一巻。広島大学政経学会(一九七一年)。

伊勢弘志「石原莞爾の『最終戦争論』における満州事変の位置づけ」明治大学大学院『二〇〇五年度　文学研究論集』第二三号(二〇〇五年)。

伊勢弘志「石原莞爾の対米観の形成と『最終戦争論』の中の満州事変」戦略研究学会編『年報戦略研究』第四号（二〇〇六年）。

伊勢弘志「昭和期の軍部の思想」明治大学大学院『二〇〇六年度　文学研究論集』第二六号（二〇〇七年）。

伊勢弘志「大正期の思想潮流についての一考察‐思想運動としての『銀河鉄道の夜』‐」駿台史学会編『駿台史学』第一三一号（二〇〇七年）。

伊勢弘志「仏教と現代社会‐近代日蓮主義を事例とする『顛倒の論理』の考察」（蓮華寺仏教研究所、二〇一三年）。

伊勢弘志「日本『十五年戦争』論的前世今生」（日本における「十五年戦争」論の研究史）『抗日戦争研究』第九一期（中国社会科学院近代史研究所、二〇一四年）。

遠藤芳信「一八八〇年～一八九〇年代における徴兵制と地方行政機関の兵事事務管掌」『歴史学研究』四三七号（一九七六年）。

伊勢弘志「石原莞爾における信仰問題」『日本史研究』六二七号（二〇一四年）。

臼井勝美「満州事変と若槻内閣」『軍事史学』一八巻二号（一九八二年）。

遠藤芳信「一八八〇年代における陸軍司法制度の形成と軍法会議」『歴史学研究』四六〇号（一九七八年）。

遠藤芳信「一八九一年歩兵操典の研究」『軍事史学』第一七巻二号（一九八一年）。

功刀俊洋「軍部の国民動員とファシズム」『歴史学研究』第五〇六号（一九八二年）。

斎藤聖二「国防方針第一次改訂の背景」『史学雑誌』九五編六号（一九八六年）。

島貫武治「第一次世界大戦以後の国防方針、所要兵力、用兵綱領の変遷（下）」『軍事史学』九巻一号（一九七三年）。

清家基良「石原莞爾と大東亜戦争」『軍事史学』二七巻四号（一九九二年）。

副島昭一「日中戦争とアジア太平洋戦争」『歴史科学』一〇二号（一九八五年）。

野村乙二朗「石原莞爾の満州事変」同前。

野村乙二朗「石原莞爾　革命的戦略家の生涯」（1）～（24）『政治経済史学』（二〇〇八年～二〇一二年）。

野村実「第二次世界大戦における日本の戦争計画」『軍事史学』一四巻二号（一九七八年）。

秦郁彦「戦争終末構想の再検討」『軍事史学』三一巻一・二号（一九九五年）。

秦郁彦「満州領有の思想的源流」前掲『再考・満州事変』。

松沢哲成「満州事変と『民族協和』運動」『国際政治』第四三号（一九七〇年）。

三輪公忠「満州事変と八紘一宇‐石原莞爾を中心に」前掲『再考・満州事変』。

湯浅晃「ブルジョア自由主義の興起」『講座日本社会思想史』第二巻（芳賀書店、一九六九年）。

吉田裕「満州事変下における軍部」『日本史研究』第二三八号（一九八二年）。

■参考文献

麻田貞雄『デモクラシーと日米関係』（南雲堂、一九七三年）。

浅野和生『大正デモクラシーと陸軍』関東学園大学研究叢書9（一九九五年）。

阿部博行『石原莞爾：生涯とその時代』（法政大学出版局、二〇〇五）。

雨宮昭一『近代日本の戦争指導』（吉川弘文館、一九九七年）。

荒川章二『軍隊と地域』（青木書店、二〇〇一年）。

伊勢弘志『近代日本の陸軍と国民統制‐山縣有朋の人脈と宇垣一成』（校倉書房、二〇一四年）。

石原莞爾生誕百年祭実行委員会編『永久平和への道』（原書房、一九八八年）。

伊藤嘉啓『石原莞爾のヨーロッパ体験』（芙蓉書房出版、二〇〇九年）。

井上清『天皇の戦争責任』（岩波書店、一九九一年）。

井上寿一『危機の中の協調外交』（山川出版社、一九九四年）。

入江辰雄『日蓮聖人と石原莞爾』（たまいらぼ、一九八四年）。

臼井勝美『満州事変』（中公新書、一九七四年）。

臼井勝美『中国をめぐる近代日本の外交』（筑摩書房、一九八三年）。

臼井勝美『満洲国と国際連盟』（吉川弘文館、一九九五年）。

江口圭一『十五年戦争小史』（青木書店、一九八六年）。

江口圭一『日本帝国主義史論』（青木書店、一九七五年）。

江口圭一編『体系日本現代史1日本ファシズムの形成』（日本評論社、一九七八年）。

江口圭一編『「日本ファシズム」論』（校倉書房、一九七七年）。

エドガー・スノー『極東戦線一九三一～三四』梶谷善久訳（筑摩書房、一九八七年）。

大谷栄一『近代日本の日蓮主義運動』（法蔵館、二〇〇一年）。

岡義武『山県有朋』（岩波書店、一九五八年）。

海後宗臣編『臨時教育会議の研究』（東京大学出版会、一九六〇年）。

加藤陽子『戦争の日本近現代史』（講談社、二〇〇二年）。

北岡伸一『日本陸軍と大陸政策』（東京大学出版会、一九八七年）。

クリストファー・ソーン『満州事変とは何だったのか。上・下』市川洋一訳（草思社、一九九四年）。

黒沢文貴『大戦間期の日本陸軍』（みすず書房、二〇〇〇年）。

黒野耐『帝国国防方針の研究』（総和社、二〇〇〇年）。

現代史の会編『季刊現代史』九号。（一九七八年）。

小池聖一『満州事変と対中国政策』（吉川弘文館、二〇〇三年）。

国柱会編『国柱会百年史』（国柱会、一九八四年）。

後藤孝夫『辛亥革命から満州事変へ』（みすず書房、一九八七年）。

小林英夫『昭和ファシストの群像』（校倉書房、一九八四年）。

小松和生『日本ファシズムと「国家改造」論』（世界書院、一九九一年）。

小山弘健・浅田光輝『日本帝国主義史。上巻』（新泉社、一九八五年）。
『立正安国論』斉藤信雄訳（まどか出版、二〇〇二年）。
酒井哲也『大正デモクラシー体制の崩壊』（東京大学出版会、一九九一年）。
佐藤元英『昭和初期対中国政策の研究』（原書房、一九九二年）。
白土菊枝『将軍石原莞爾 - その人と信仰に触れて』（まこと会、一九九五年）。
白土みどり『最終戦争時代論』（邦文社、一九七一年）。
島田俊彦『関東軍』（中公新書、一九六五年）。
島田俊彦『満州事変』（人物往来社、一九六六年）。
清家基良『戦前昭和ナショナリズムの諸問題』（錦正社、一九九五年）。
田中智学門下青年協議会編『戦後の田中智学論を糾す』（一九九八年）。
田中芳谷『田中智学先生略伝』（獅子王文庫、一九五三年）。
種村佐孝『大本営機密日誌』（芙蓉書房、一九八五年）。
塚瀬進『満洲国「民族協和」の実像』（吉川弘文館、一九九八年）。
土屋詮教『日本宗教史』（自修社、一九二五年）。
筒井清忠『昭和期日本の構造』（有斐閣、一九八四年）。
手塚富雄『一青年の思想の歩み』（講談社、一九六六年）。
戸頃重基『近代日本の宗教とナショナリズム』（富山房、一九六六年）。
戸頃重基『近代社会と日蓮主義』（評論社、一九七二年）。
内務省史研究会編『内務省と国民』（文献出版、一九九八年）。
中村菊男『昭和陸軍秘史』（番町書房、一九六八年）。
中村菊男『天皇制ファシズム論』（原書房、一九六七年）。

中村菊男『満州事変の衝撃』中村勝範編（勁草書房、一九九六年）。

中村政則・江村栄一・宮地正人「日本帝国主義と人民」『論集日本歴史12大正デモクラシー』由井正臣編（有精堂出版、一九七七年）。

野沢豊『中国近代化の社会構造』（汲古書院、一九六〇年）。

野村乙二朗『石原莞爾』（同成社、一九九二年）。

野村乙二朗『東亜聯盟期の石原莞爾資料』（同成社、二〇〇七年）。

秦郁彦『軍ファシズム運動史』（原書房、一九六二年）。

波多野澄雄『太平洋戦争とアジア外交』（東京大学出版会、一九九六年）。

馬場伸也『満州事変への道』（中央公論社、一九七二年）。

林久治郎『満州事変と奉天総領事』（原書房、一九七八年）。

早瀬利之『石原莞爾満州合衆国』（光人社、二〇〇三）。

早瀬利之『石原莞爾満州備忘ノート』（光人社、二〇〇四）。

藤本治毅『石原莞爾』（時事通信社、一九九五年）。

藤原彰編『十五年戦争史1』（青木書店、一九八八年）。

古屋哲夫編『日中戦争史研究』（吉川弘文館、一八八四年）。

保坂正康『昭和陸軍の研究』（朝日新聞社、一九九九年）。

細谷千博編『太平洋戦争への道』（朝日新聞社、一九六三年）。

堀真清編『宇垣一成とその時代』（新評論、一九九六年）。

マーク・ピーティ『「日米対決」と石原莞爾』大塚健洋他共訳（たまいらぼ、一九九三年）。

前島省三『昭和軍閥の時代：日本ファシズムの形成過程』（ミネルヴァ書房、一九七四年）。

松岡幹夫『日蓮仏教の社会思想史的展開』（東京大学出版会、二〇〇五年）。

松沢哲成『日本ファシズムの対外侵略』（三一書房、一九八三年）。

松戸行雄『日蓮思想の革新』（論創社、一九九四年）。

三輪公忠『日本・一九四五年の視点』（東京大学出版会、一九八六年）。

山口重次『石原莞爾：悲劇の将軍』（世界社、一九五二年）。

山口重次『満洲建国：満洲事変正史』（行政通信社、一九七五年）。

山田朗『大元帥・昭和天皇』（新日本出版社、一九九四年）。

山田朗『軍備拡張の近代史』（吉川弘文館、一九九七年）。

山田朗『昭和天皇の軍事思想と戦略』（校倉書房、二〇〇二年）。

山室信一『キメラ‐満洲国の肖像』（中公新書、一九九三年）。

山本有造編『「満州国」の研究』（京都大学人文科学研究所、一九九三年）。

横山臣平『秘録石原莞爾』（芙蓉書房、一九七一年）。

吉田久一『日本近代仏教社会史研究　上・下』改定増補版（川島書店、一九九一年）。

陸軍省編『明治軍事史　下』（原書房、一九六六年）。

劉　傑『日中戦争下の外交』（吉川弘文館、一九九五年）。

歴史学研究会編『太平洋戦争史』（東洋経済新報社、一九五三年）。

若槻泰雄『排日の歴史‐アメリカにおける日本人移民』（中央公論社、一九七二年）。

渡辺明『満洲事変の国際的背景』（国書刊行会、一九八九年）。

渡辺宝陽「田中智学」田村芳朗・宮崎英修編『講座日蓮4　日本近代と日蓮主義』（春秋社、一九七二年）。

事項索引

や行

ら行

わ行

た行

な行

は行

ま行

人名索引

著者略歴
伊勢 弘志（いせ ひろし）
1977年大分県生まれ。明治大学大学院文学研究科修了。博士（史学）。
現在、明治大学文学部助教。
著書『近代日本の陸軍と国民統制 - 山縣有朋の人脈と宇垣一成』（校倉書房、2014年）。
論文「石原莞爾における信仰問題」『日本史研究』627号（2014年）。「戦時教育と音楽 - 歌に見る戦時と社会 - 」『昭和のくらし研究』no.11、昭和館（2013年）。「嘉仁巡啓に見る国民統制政策と政策主体」『日本歴史』第750号（2010年）。「石原莞爾の対米観の形成と『最終戦争論』の中の満州事変」『年報戦略研究』第4号（2006年）。

石原莞爾《いしはらかんじ》の変節《へんせつ》と満州事変《まんしゅうじへん》の錯誤《さくご》
——最終戦争論と日蓮主義信仰——

2015年8月10日　第1刷発行

著　者
伊勢《いせ》 弘志《ひろし》

発行所
㈱芙蓉書房出版
（代表　平澤公裕）
〒113-0033東京都文京区本郷3-3-13
TEL 03-3813-4466　FAX 03-3813-4615
http://www.fuyoshobo.co.jp

印刷・製本／モリモト印刷

ISBN978-4-8295-0657-8